Christoph Martin Wieland

**Sämtliche Werke**

Teil Zwei

Christoph Martin Wieland

**Sämtliche Werke**
*Teil Zwei*

ISBN/EAN: 9783743366992

Hergestellt in Europa, USA, Kanada, Australien, Japan

Cover: Foto ©ninafisch / pixelio.de

Manufactured and distributed by brebook publishing software (www.brebook.com)

Christoph Martin Wieland

**Sämtliche Werke**

# C. M. WIELANDS

# SÄMMTLICHE WERKE

ACHT UND ZWANZIGSTER BAND

PEREGRINUS PROTEUS

ZWEYTER THEIL

NEBST EINIGEN KLEINEN AUFSÄTZEN.

LEIPZIG

BEY GEORG JOACHIM GÖSCHEN. 1797.

# PEREGRINUS PROTEUS.

## ZWEYTER THEIL.

# Inhalt.

## VI. Abschnitt.

Peregrin wird durch den Tod seines Vaters Besitzer eines grofsen Vermögens, und seine Obern lassen sich endlich gefallen, den gröfsten Theil davon, als ein zum Bau des Reichs Gottes beygetragenes Scherflein, zu ihren Handen zu nehmen. Er wird nach Nikomedien berufen, erhält zur Belohnung der Treue, welche er bisher in dem angefangnen Werke seiner Heiligung bewiesen, das Versprechen, dafs er nun ohne weiters zum Anschauen der höchsten Geheimnisse des Reichs des Lichts zugelassen werde, und empfängt von Hegesias, als dem dazu von Kerinthus verordneten Mystagogen, den wirklichen Unterricht in der erhabenen Gnosis, hinter deren emblematischen und allegorischen Bildern Kerinthus das wahre Geheimnifs seines weit grenzenden politischen Plans verbarg.

Peregrin, dessen unheilbare Fantasie in dieser aus
magischen und kabbalistischen Quellen ge-
schöpften Gnosis die nahe Befriedigung seiner
höchsten Wünsche ahndet, nimmt die Bilder für
die Sache selbst, und bestärkt dadurch seine Obern
in dem Urtheil, daſs er ihrem Orden bloſs als
Werkzeug, aber als solches durch seinen Eifer für ihre Sache, die ihm die Sache Gottes war,
und durch die unbedingten Aufopferungen, wozu
sie ihn immer bereit sahen, desto gröſsere Dienste thun könne. Anstatt also die Decke von seinen Augen wegzunehmen, unterhalten sie ihn vielmehr in seiner schwärmerischen Vorstellungsart,
und bestimmen ihn endlich, nach einer neuen strengen Vorbereitung, in den Missionen zu arbeiten, durch welche der Orden die in Asien zerstreuten Brüdergemeinen nach und nach mit sich
zu vereinigen suchte. Peregrin wird zu diesem
Ende in eine Pflanzschule der Kerinthischen Sekte
nach Ikonium, und von da nach Syrien abgeschickt. Der glückliche Fortgang seiner Arbeiten wird durch eine von Parium aus gegen ihn
gerichtete Kabale unterbrochen: er wird vor dem
Statthalter von Syrien angeklagt und kraft des bekannten Trajanischen Edikts ins Gefängniſs
geworfen. Berichtigung der Erzählung des Lucianischen Ungenannten. Peregrins Gemüthszustand
bey der Fortdauer seiner Einkerkerung.

## VII. Abschnitt.

Unverhoffter nächtlicher Besuch, den er von Diokleen im Gefängnifs erhält. Sie entdeckt sich ihm als die Schwester des Kerinthus, macht ihn mit der geheimen Geschichte ihres Bruders und mit dem Innern seines grofsen Plans bekannt, und öffnet ihm dadurch auf einmahl die Augen über die ganze Kette von Täuschungen, wodurch er von Kerin-thus und Hegesias bisher zum blinden Werkzeug ihrer politischen Absichten gemacht worden war. Peregrin erhält durch ihre Vermittlung seine Frey-heit wieder, unter der Bedingung Syrien sogleich zu verlassen. Er stellt sich als ob er in alle ihre Absichten mit ihm eingehe, verläfst sie aber bald darauf heimlich, und entflieht nach Laodicea, fest entschlossen, alle Gemeinschaft mit Kerinthus und seinem Anhang auf immer abzubrechen.

## VIII. Abschnitt.

Der schwärmerische Hang zur theurgischen Magie, von welchem Peregrin bisher beherrscht und unter mancherley Gestalten getäuscht wurde, macht nun allmählich einer andern Art von Schwärmerey Platz, deren erste Wirkung sein plötzlicher Entschlufs ist, sich für sein übriges Leben mit der liebens-würdigen Familie von Johanniten zu vereini-

gen, welche ihn bald nach seiner ersten Bekanntschaft mit Kerinthus, auf seiner Reise von Pergamus nach Pitane, so freundlich aufgenommen hatte.
Dieses Vorhaben wird durch das unvermuthete Zu-
sammentreffen mit einem gewissen Dionysius
von Sinope vereitelt, mit welchem er vor etlichen Jahren zu Ikonium bekannt worden war. Beide
theilen einander die Geschichte ihrer ehemahligen
Verbindung mit Kerinthus und die während derselben gemachten Beobachtungen und Erfahrungen
mit. Gründe, warum Dionysius Peregrins Trennung von Kerinthus und Diokleen eher mißbil-
ligt als gut heißt, nun aber, da dieser Schritt einmahl geschehen war, und Peregrin seinen unüber-
windlichen Abscheu, an dem Plan dieser gefährlichen Geschwister Antheil zu nehmen, erklärt, darauf besteht, daß er alle Gemeinschaft mit den Christianern, von welcher Sekte sie seyn möchten, gänzlich aufheben müsse. Merkwürdige Äußerungen
des Dionysius über die Tendenz des damahligen
Christianismus, und über Hierarchie und Theokratie überhaupt. Peregrin, bey welchem sich inzwischen aus den Trümmern seines ehemahligen Plato-
nisch-magischen Systems eine neue, wiewohl nicht
weniger schwärmerische Vorstellungsart entwickelt
hat, entschließt sich, die Eudämonie (das ewige
Ziel seiner Wünsche) zwar auf einem andern, aber
seinem zeitherigen sehr nahe liegenden Wege zu

suchen, und das höchste Ideal eines vollkommnen
Cynikers zum Zweck und Vorbild seines übrigen Lebens zu machen.    Er trennt sich von seinem
Freunde Dionysius, der ihm vergebens anbietet
sein unscheinbares aber sicheres Glück mit ihm zu
theilen, und kehrt im Kostum eines Cynikers nach
Parium zurück, um die Überbleibsel seines, gröſsten
Theils dem Kerinthus aufgeopferten, Vermögens in
Sicherheit zu bringen.    Seine Verwandten verursa-
chen ihm neue Ungelegenheiten und Kränkungen,
welchen er sich durch den raschen Entschluſs, dem
Volk von Parium ein Geschenk von dem Rest seines Erbgutes zu machen, auf einmahl entzieht.    Er
begiebt sich nun nach Alexandrien in Ägypten, um
die Schule des Filosofen Agathobulus zu besuchen, nachdem er sich von dem Ertrag eines kleinen Meierhofes ( dem einzigen, was er sich bey Ver-
schenkung seines Vermögens an die Parianer men-
taliter vorbehielt ) ein zur höchsten Nothdurft
eines Cynikers ungefähr hinreichendes Einkommen
versichert zu haben glaubte, welches ihm zwar in
der Folge durch die Bemühungen seiner Feinde wieder entzogen, durch einen unverhofften Zufall aber
reichlich ersetzt wird.    Er findet zu Alexandrien
nicht was er suchte, und bestärkt sich dadurch in
dem Vorsatz, die Austerität der Heroen des cynischen Ordens in seinen Maximen, Reden und Handlungen aufs äuſserste zu treiben.    Karakter seiner

Misanthropie, und seltsame Leibesübungen und
Selbstpeinigungen, wodurch er die Gewalt über seinen
thierischen Theil bis zur völligen Apathie zu treiben
sucht. Der grofse, wiewohl zweydeutige Ruf, in welchen er sich durch diefs alles setzt, zieht ihm die Aufmerksamkeit eines vornehmen jungen Römers zu, von
welchem er sich bereden läfst, ihn in der Eigen-
schaft eines Freundes und Hausgenossen nach Rom
zu begleiten. Peregrin tritt seine Reise nach der
Hauptstadt der Welt mit dem ganzen Enthusiasmus
eines Menschen an, der dem glorreichsten Werke,
das ein moralischer Herkules unternehmen
konnte, der Sittenverbesserung dieser zur
tiefsten Unsittlichkeit und Verderbnifs herab gesun-
kenen Stadt, entgegen geht, und findet sich, zu seinem Erstaunen, abermahls in allen seinen Erwar-
tungen betrogen. Er verläfst das Haus des jungen
Römers; der Unmuth versäuert und erbittert seine
Sinnesart immer mehr, und er benutzt die Freyheit,
welche der Schutz Mark-Aurels damahls allen
Griechischen Filosofen zu Rom gewährte, seiner
bösen Laune durch die heftigsten Satiren und die
schonungsloseste Züchtigung des Lasters und der
Lasterhaften Luft zu machen.

## IX. A b s c h n i t t.

Peregrin setzt sich durch sein Betragen in Rom
in den Ruf ein erklärter Weiberhasser zu seyn,
und behauptet diesen Ruf bey verschiedenen Proben,
auf welche er gestellt wird. Diefs giebt Gelegenheit, dafs auch bey der jungen Faustina von ihm
gesprochen wird, und diese Prinzessin (in deren
Karakter leichter Frohsinn und arglose Guthorzig-
keit die Hauptzüge waren) kommt auf den Einfall,
den cynischen Weiberfeind von Person kennen zu
lernen. Peregrin wird ihr vorgestellt, und benimmt
sich auf eine so linkische Art, dafs Faustina in
einem Anstofs von muthwilliger Fröhlichkeit Lust
bekommt, den Versuch selbst zu machen, ob die
Apathie dieses seltsamen Sonderlings gegen die fei-
neren Verführungskünste, die sie gegen ihn anzuwenden gedenkt, aushalten werde. Sie geht darüber mit einer andern Römischen Dame eine Wette
ein, und weifs, ohne ihrer eigenen Würde etwas
zu vergeben, die bald von ihr ausfündig gemachte
schwache Seite des unheilbaren Schwärmers so geschickt anzugreifen, dafs sie endlich einen Triumf
über seine Misogynie erhält, der ihr selbst zwar
den Preis der Wette verschafft, aber den armen Peregrin zur Fabel des Hofes und der Stadt macht.
Der Unwille über diesen, seinem nichts arges

besorgenden Herzen gespielten Streich treibt jetzt seinen cynischen Menschenhaſs so weit, daſs er alle
Grenzen der Klugheit überspringt, und nicht nur
Faustinen und ihre Freundinnen, sondern auch ihren
Gemahl und den Kaiser ihren Vater selbst in seinen Deklamazionen nicht verschont. Faustina, die
sich zu einer billigen Entschädigung gegen Peregrin
verbunden glaubt, wird mit allem, was sie für ihn
thun will, auf eine so beleidigende Art abgewiesen,
daſs Peregrin am nächsten Morgen vom Präfekt der
Stadt Rom den Rath erhält, die Stadt ohne Auf-
schub zu verlassen. Er gehorcht, und kehrt nach
Griechenland mit dem Vorsatze zurück, der Menschen weniger als jemahls zu schonen, und, da er
sie nicht besser machen könne, sie durch den ungefälligen Spiegel, in welchen er sie zu sehen zwingen
wollte, wenigstens zu demüthigen und zu beschä-
men. Das gegenseitige unangenehme Verhältniſs,
das zwischen ihm und der Welt daraus entsteht,
nöthigt ihn, sich unweit von Athen in die ein-
samste Abgeschiedenheit zurückzuziehen, wo der
Cyniker Theagenes, wiewohl wegen seiner
plumpen Rohheit zu einer engern Verbindung mit
Peregrin unfähig, beynahe der einzige Mensch ist,
der sich ihm durch seine Anhänglichkeit erträglich
macht. Endlich fühlt sich Peregrin von einem Le-
bensüberdruſs und von einer Lust zu sterben ergrif-

fen, die mit jedem Tage zunehmen, und die für
ihn anständigste Art, sein Leben freywillig zu endigen, zum Hauptgegenstand seiner Gedanken machen.
So wie seine ganze Art zu seyn, seine strenge Enthaltsamkeit, und, mehr als alles andere, seine Erfahrungen, die dünnen Fäden, wodurch er noch am
Leben hängt, einen nach dem andern abreifsen, erwacht hingegen das alte, nie ganz erloschne Gefühl
seiner dämonischen Natur wieder in seiner
ganzen Stärke und in eben demselben Verhältnifs,
wie der natürliche Trieb zum Leben die seinige ver-
liert. Er sehnt sich immer ungeduldiger nach jenem höhern Leben der Wesen seiner Gattung; er
fühlt, dafs er den Menschen nur noch durch seinen
Tod nützen kann, und beschliefst zu sterben.
Gründe, die ihn bewegen, die Todesart des Herkules allen andern vorzuziehen, und vier Jahre zuvor
öffentlich anzukündigen. Erwähnung der Zirkelbriefe, die er unmittelbar vor seinem Tod an alle
Griechischen Städte abgehen liefs, in der schwärmerischen Erwartung, dafs sie, als der letzte Wille
eines zur Bestätigung seiner Lehre sterbenden Weisen, gewaltig auf die Gemüther wirken, und ihn noch
im Tode selbst zum Wohlthäter der ganzen Hellas
machen würden. Peregrin beschliefst damit seine
nicht selten auf Unkosten seines Verstandes aufrich-
tigen Bekenntnisse, indem er sich, wie es scheint,

mit der Hoffnung tröstet, seinen neuen Freund überzeugt zu haben, dafs er in seinem Erdeleben, wenn
auch ein S c h w ä r m e r , wenigstens ( was ziemlich
selten ist ) ein e h r l i c h e r Schwärmer gewesen
sey.

# SECHSTER ABSCHNITT.

# Peregrin

## fährt in seiner Geschichte fort.

Nach etlichen Jahren erfolgte der Tod meines
Vaters; plötzlich, aber niemand befremdend,
da man, seiner Leibesbeschaffenheit und Lebensweise nach, schon lange voraus vermuthet
hatte, daſs ein Stickfluſs etwas früher oder
später seinem Leben ein Ende machen würde.
Keiner Seele in Parium, am' wenigsten mir
selbst; fiel nur der Gedanke einer Möglichkeit ein, daſs nach mehrern Jahren die bos-
hafteste Verleumdung fähig seyn könnte, von
diesem Umstande den Stoff zu jenem schändlichen Gerüchte herzunehmen, dessen dein
ungenannter Redner zu Elis sich so boshaft
und zuversichtlich gegen mich bedient hat.
Das gute Vernehmen, welches immer zwischen meinem Vater und mir, der Verschiedenheit unsrer Grundsätze und Neigungen ungeachtet, vorwaltete, und die Achtung, in

welche mein sittlicher Karakter und ein Betragen, das keiner Art von Verleumdung die
mindeste Blöfse gab, mich bey meinen Mitbürgern gesetzt hatte, machte einen solchen
Argwohn eben so unnatürlich, als es die That
selbst gewesen wäre. Meines Wissens hatte ich
um diese Zeit in ganz Parium keinen Feind. Der
einzige M e n e k r a t e s, der seit mehrern Jahren
alle nur ersinnliche Künste der Erbschleiche-
rey (die du in deinen Todtengesprächen so
meisterlich geschildert hast) angewandt hatte,
um sich eine anselmliche Stelle in dem letzten
Willen meines Vaters zu verschaffen, liefs
mich einige Erkältung seiner Freundschaft
spüren, nachdem sich bey Bekanntmachung
des Testaments gezeigt hatte, dafs seiner gar
nicht darin erwähnt, und nur seine Gemahlin
Kallippe, als Nichte meines Vaters, mit einem
nicht sehr erheblichen Legat bedacht worden
war. Die Wahrheit zu gestehen, auch diese
Dame, die seit meiner Zurückkunft nach
Parium ihre alten Ansprüche an mich bey
jeder Gelegenheit ohne Erfolg erneuerte, gab
mir seit Eröffnung des Testaments wenig
Ursache, sie für meine besondere Gönnerin
zu halten; indessen kam ihr Mifsvergnügen
doch zu keinem öffentlichen Ausbruch. Erst
nachdem ich durch meine Entfernung von Parium, und durch das Gerüchte, dafs ich unter

die Christianer gegangen sey, ein Gegenstand
des allgemeinen Tadels meiner Mitbürger geworden war, erlaubte sie sich (wie ich lange
nachher erfuhr) Anmerkungen und Winke
über mich, die den ersten Grund zu der Verleumdung legten, auf welche ich zu rechter
Zeit wieder zurück kommen werde.

## Lucian.

Ich brauche dich wohl nicht erst zu ver-
sichern, mein Bester, dafs du bey mir schon
gerechtfertiget bist. Wäre die Rede nur von
irgend einer grofsen Narrheit, so wirst du
mir erlauben zu sagen, dafs meine Partey
genommen wäre: aber wer dich eines Buben-
stücks beschuldiget, hat seinen Prozefs bey
mir verloren, und wenn er auch ganz My-
sien zum Zeugen gegen dich aufstellen könnte.
Doch, das versteht sich von selbst. — Wohlan
denn, Freund Peregrin! das einzige Hinder-
nifs, das deiner gänzlichen Vereinigung mit
den Christianern im Wege stand, ist nun fort-
geräumt; du bist frey und Herr über ein an-
sehnliches Vermögen — Doch nein! ich ver-
gesse, dafs du dir bereits einen unsichtbaren Herren gegeben hast, dessen sichtbare
Hausverwalter schon vorläufig bedacht gewesen waren, dich aller Sorge, was du mit deinem

Erbgut anfangen wollest, zu entbinden. Vermuthlich hattest du nun nichts angelegneres,
als alles je eher je lieber dem wundervollen
Unbekannten zu Füfsen zu legen?


### Peregrin.

Das konnte nicht fehlen. So bald ich von
der ganzen Erbschaft, die sich nach Abzug
einiger Vermächtnisse auf zwey hundert und
zwanzig Talente belief, Besitz genommen hatte,
schrieb ich an Hegesias: Ich hoffte, man
würde nun kein längeres Bedenken tragen,
in meine gänzliche Absonderung von den Kindern der Finsternifs einzuwilligen, und zu
erlauben, dafs ich mich selbst, und alles was
ich besäfse, einzig und allein dem Dienst
unsers Herren und der Beförderung seines
Reiches aufopferte.

In der That hatte Hegesias, durch seine
Verbindungen mit den vornehmsten Kaufleu-
ten und Wechslern in den Asiatischen Han-
delsplätzen, bereits auf eine so gute Art, dafs
ich ihm noch dafür verbunden seyn mufste,
dafür gesorgt, dafs ein grofser Theil meines
Vermögens schon zu seinen Befehlen stand.
Er begnügte sich also, ohne etwas bestimm-
tes auf mein Ansuchen zu antworten, mir

eine Zusammenkunft in Nikomedien vor-
zuschlagen, wo wir uns mündlich darüber
besprechen könnten; als bis dahin er von
dem Profeten (wie Kerinthus gewöhnlich
von seinen Anhängern genannt wurde) zu
vernehmen hoffte, was der Wille unsers Herrn
in Absicht meiner wäre.

Auf diese Antwort beschleunigte ich meine
Abreise mit Ungeduld; und, nachdem ich alle
meine Angelegenheiten zu Parium in Ordnung
gebracht, schiffte ich mich, unter dem Vorwande die mir angefallnen Landgüter in Bithynien zu besichtigen, nach Nikomedien ein,
ohne mich das gemächliche Leben, welches
ich im Schoofse des Vergnügens unter meinen Mitbürgern hätte geniefsen können, auch
nur einen Augenblick dauern zu lassen; so
voll war meine ganze Seele von den Herr-
lichkeiten, die in der Gemeinschaft der Kinder des Lichts auf mich warteten, und von
dem hohen Beruf, dem ich entgegen eilte!
Denn wie konnte der höchste Stolz eines
Sterblichen einen gröfsern Gedanken erstre-
ben, als an dem glorreichen Werk aller Äonen,
welche ihre göttlichen Kräfte und Einflüsse
zur Zerstörung des Reichs des Gottes dieser Welt und seiner Dämonen verei-
nigten, ein Mitarbeiter zu seyn, und eine

neue Erde unter dem Zepter des Mensch-
gewordnen Logos regieren zu helfen? —
Du kennest doch diese Sprache, Lucian?

## Lucian.

Meinen Ohren wenigstens ist sie nicht so
fremd als meiner Vernunft.

## Peregrin.

Auch dieser wird sie sehr verständlich
seyn, wenn ich dir diese vorgeblichen Geheimnisse der Geisterwelt aus der räthselhaf-
ten Bildersprache unsrer Sekte in die gewöhnliche Menschensprache übersetze. Erinnere
dich der grofsen Entwürfe eines Alexanders und Julius Cäsars, — aus dem ganzen Erdboden ein einziges Reich, aus allen
Völkern eine einzige Nazion zu machen, diesem ungeheuern Reiche eine einzige Hauptstadt zum Mittelpunkt zu geben, und in diesem Mittelpunkt ihr stolzes Selbst zur regie-
renden Seele des Ganzen zu machen.

Mein Kerinthus hatte keinen kleinern
Plan; und wiewohl es ihm mit dem seinigen
nicht besser gelang als dem grofsen Alexander,
so bin ich doch gewifs, dafs er sich schmei-

cheln darf, den ersten Grund zu der grofsen
Revoluzion gelegt zu haben, die wir in den
Zeiten der Theodosier zu Stande kommen
sahen. Diese furchtbare Umkehrung
der Dinge, die er mir gleich bey unsrer
ersten Zusammenkunft so feierlich ankündigte,
der Untergang des Reichs der Dämonen, das Herabsteigen der Stadt Gottes, zu welcher sich die Völker der
Erde versammeln, und deren blitzende
Strahlen die Feinde des Lichts ver-
zehren sollten — alle diese pompösen
Bilder waren keine Worte ohne Sinn; gans
gewifs wufste er was er damit sagen wollte:
und was konnte diefs anders seyn, als dafs
es der neuen Theokratie der Christianer gelin-
gen werde, die alte Religions-und
Staatsverfassung umzustürzen? Diese
Revoluzion zu bewirken und zu beschleunigen, war der wahre Zweck des geheimen
Ordens, wovon ich einige Jahre nicht sowohl
ein sehendes Mitglied, als ein blindes
Werkzeug war.


Lucian.

Dein Kerinthus war ein kalter klu-
ger Mann. Ein so warmer treuherziger Enthusiast, wie du, war zu seinem Plane sehr

gut zu gebrauchen, aber nur so lange als
man deine Vernunft in dem gehörigen Hell-
dunkel zu erhalten wufste. Alles war verloren, wenn man dich sehen liefs, was hinter
dem hoch tönenden mystischen Prunk verborgen steckte, und wie natürlich diese theurgische Magie war, womit man die herrschende Leidenschaft deiner Seele gefesselt
hatte.

### Peregrin.

Der Erfolg wird zeigen, dafs du richtig
gerathen hast, Lucian. Hegesias empfing mich
zu Nikomedien mit der zärtlichsten Bruder-
liebe; führte mich in die dortige Gemeine
ein, welche nicht sehr zahlreich, aber gänzlich unter dem Zauber des Kerinthus war;
bezeugte mir die Zufriedenheit des Vorstehers
über die Treue, die ich bisher in dem ange-
fangenen Werke meiner Heiligung bewiesen
hätte, und endigte mit der Versicherung: dafs
er nun kein Bedenken mehr trüge, den letzten Vorhang wegzuziehen, und mich in Geheimnisse schauen zu lassen, welche selbst
dem gröfsern Theile der Brüder nur in Bildern und Symbolen geoffenbaret würden.

Dieses Versprechen spannte, wie du denken kannst, meine Erwartung auf den höch-

sten Grad; und Hegesias, dem das Mystago-
genamt hierbey aufgetragen war, wuſste dem
geheimen Unterricht, den ich nun einige
Wochen lang von ihm empfing, alles das
Feierliche, Heilige und Magische zu geben,
wodurch seine Wirkung auf ein Gemüth, wie
das meine, zehnfach verstärkt werden müſste.
Die Gnosis umleuchtete mich wie ein über-
irdisches Licht, das aus offnem Himmel auf
mich herab strömte; ich fühlte mich davon
empor getragen, fühlte die schauervolle Gegenwart und das gewaltige Eindringen der göttlichen Urkräfte in das Innerste meines
Wesens, und glaubte, mit Einem Worte, in
manchen Augenblicken jenes hohe dämoni-
sche Leben, jenes unmittelbare Zusammen-
flieſsen mit der göttlichen Natur — ein Gefühl, unter welchem (wie viel Täuschung
auch dabey seyn mag) alle menschliche Sprache einsinkt — wirklich zu erfahren,
wovon in meiner ersten Jugend, und in
dem Hain Uraniens zu Halikarnaſs, nur der
schwache Schimmer leiser Vorempfindungen
(wie ich jetzt wähnte) in meiner Seele
aufgedämmert hatte. — Vermuthlich würde
eine ausführliche Darstellung dieser erhabenen Gnosis wenig Interesse für dich
haben —

### Lucian.

Darauf kannst du dich verlassen! nicht das allermindeste!

### Peregrin.

Ich begnüge mich also zu sagen, daſs sie weder mehr noch weniger als ein Gewebe von theosofisch - magiſchen Träumereyen war, welche Kerinthus eben so leicht den Grundbegriffen des damabligen Christenthums anzupassen wuſste, als sie sich mit jeder andern Moral und Religion in Verbindung setzen lieſsen. Denn es war eine der natürlichen Folgen seiner Theorie, daſs der menschliche Geist, trotz der dichten Rinde von kaltem und finsterm Stoffe, womit er nach seiner Verbannung aus den empyreischen Wohnungen umzogen worden, doch nie so ganz verfinstert geblieben sey, daſs nicht, gleichsam durch die Risse und Spalten dieser Kruste, einige Funken und Strahlen des allumflieſsenden Oceans von Feuer und Licht, der sich ewig aus dem Abyssus der Gottheit ergieſst, in sie eingedrungen wären, und —

### Lucian.

Genug, genug, lieber Peregrin! — Mir ist nichts unausstehlicher als diese dithy-

rambische Art von Filosofie, die sich die
Miene giebt, das unergründliche Geheimnifs der Natur ausfündig gemacht zu
haben; und doch mit allen den Fantasiebil-
dern, in welche sie ihre vorgeblichen Offenbarungen verkleidet, entweder nichts; als
was jedermann schon längst gewufst hatte,
offenbart, oder geradezu platten Unsinn sagt.
Indessen hat mich gleichwohl die Neugier
einst verleitet, unter so vielen andern Ausge-
burten der menschlichen Thorheit, mich auch
mit diesem gnostischen Aberwitz bekannt
zu machen: und du kannst also getrost voraussetzen, dafs es überflüssig wäre, dich über
das ganze theurgische System deines hoch-
würdigsten Profeten weiter auszubreiten; wie
viel oder wenig es auch mit dem Ebioniti-
schen, Valentinianischen, und andern
dieser Art, wovon es in der Folge verschluu-
gen wurde, gemein haben mochte. Die Voll-
ständigkeit deiner eigenen Geschichte wird,
denke ich, nichts dadurch verlieren.

### Peregrin.

Erlaube mir nur noch diese einzige Anmer-
kung. Es kommt bey dieser gnostischen
Theosofie alles im Grunde darauf an, dafs
die abstrakten Begriffe der gemeinen Filosofie

darin versinnlicht, und den Wörtern,
wodurch sie bezeichnet werden, die unbekannten Wesen und Urkräfte selbst, wovon
jene metafysischen Begriffe nur leere Hülsen
sind, untergelegt werden: und gerade diefs
war es, was diese Art zu filosofieren für alle
warmen Köpfe und glühenden Herzen eben so
anziehend und verführerisch machte, als sie
den kalten Köpfen deiner Art immer ver-
ächtlich seyn mufste.   Ihr wufstet, dafs
die Göttin, in deren Arme man euch zu
führen versprach, nur ein Wolkengebilde
war; was für Genufs hätte euch also eine wis-
sentliche Täuschung verschaffen können? Wir Ixionen hingegen glaubten in der
Wolke die Göttin, deren Gestalt sie uns
vorspiegelte, selbst zu umfassen, und fühlten uns selig, nicht nur weil wir nicht wufsten dafs wir getäuscht wurden, und also
unser Genufs (so lange die Täuschung
dauerte) wirklich war; sondern auch, weil
die Ähnlichkeit der Wolke mit der
Göttin etwas wirkliches, und also der
Gegenstand, der uns in diese Entzückun-
gen setzte, mehr als ein blofses Hirngespenst
war.   Denn, wofern auch dem Menschen in
jenem irdischen Leben alle unmittelbare Gemeinschaft mit der unsichtbaren Welt versagt
ist, so wird doch niemand zu läugnen begehren,

daſs in dem unergründlichen Geheimnisse der Natur (wie du es nanntest)
etwas sey, das sich zu den Äonen oder Ur-
kräften der Gnostiker, und dem ewigen
Urwesen, aus welchem sie ausströmen, ungefähr so verhält, wie die Juno der Fabel
zu der Wolke, womit Jupiter den Ixion
täuschte. Immerhin mögen also die Bestre-
bungen der wärmsten Einbildungskraft, sich
zum wirklichen Anschauen dieser unerreich-
baren Gegenstände zu erheben, vergeblich
seyn: so sind doch diese Gegenstände selbst
wirklich; so besitzt doch die menschliche Seele
das Vermögen sich eine Art von Schatten-
bildern von ihnen zu machen; und so ist
begreiflich, wie jenes bloſse Bestreben in den
innern Sinnen begeisterter Menschen Gefühle und Erscheinungen hervorbringen kann, die bey aller Täuschung noch immer
Realität genug haben, um das Subjekt derselben, wenigstens seiner eigenen Schätzung
nach, unbeschreiblich glücklich zu machen.


Lucian lächelnd.

Ich glaube etwas davon zu begreifen,
Freund Peregrin. Aber weiter, wenn ich
bitten darf!

## Peregrin.

Der geheime Unterricht, den mir Hegesias
während meines Aufenthalts zu Nikomedien
ertheilte, anstatt dafs er der letzte Grad meiner Iniziazion gewesen seyn sollte, (wie
ich mir schmeichelte) war ohne allen Zweifel vielmehr eine Art von Probe, worauf
man mich stellte, um zu sehen ob ich würdig
sey zum Aufschlusse des wahren Geheimnisses
zugelassen zu werden. Denn in diesem Punkte
sich nicht zu irren, mufste ihnen aus mehr
als Einer Rücksicht sehr angelegen seyn. Wäre
meine Vernunft damahls schon meiner Fantasie
mächtig genug gewesen, dafs ich — anstatt
alle diese Blendwerke einer den Thatsachen
des Christenthüms untergelegten theurgischen Magie (woraus die Gnosis des Kerinthus gröfsten Theils zusammen gewebt
war) im Wortverstande zu nehmen und
mich unbeschreiblich dafür zu erbitzen — vernünftige Zweifel gegen den wörtlichen Sinn
derselben und gegen ihre Übereinstimmung mit
der reinen Lehre des Gottgesandten geäufsert,
und den scharf sehenden Menschenkenner Hegesias durch mein ganzes Benehmen überzeugt
hätte, dafs ich durch schimmernde Luftgestal-
ten nicht zu täuschen sey: so würde er wohl
kein Bedenken getragen haben, mir das Innere
des Ordens wirklich aufzuschliefsen, mich des

Unterschiedes zwischen seiner exoterischen
und esoterischen Lehrart zu verständigen,
und, kurz, mir zu vertrauen, dafs der buch-
stäbliche Sinn nur für die schwächern und
schwärmerischen Seelen, der moralische
und politische hingegen (der alles wieder in die natürliche Ordnung der
Dinge einleitete, und welchem jener nur
zur Hülle dienen sollte) nur für die Wenigen
sey, die an der Spitze der ganzen Verbrüderung
standen, und eben darum heller sehen mufsten als die übrigen. Aber einen Enthusiasten
meiner Art, einen Menschen, dem das, was
Kerinthus und Hegesias nur als Mittel zu ihrem Zwecke gebrauchten, der Zweck selbst
war, und dem, so wie man die Binde von
seinen Augen genommen hätte, auf einmahl
alle Lust zum Werke vergangen wäre, konnte
man unmöglich in ein Geheimnifs von dieser
Wichtigkeit sehen lassen.

Sie beschlossen also (wie die That zeigte)
den einzigen Gebrauch von mir zu machen,
wodurch ich ihrer Sache wirklich Nutzen
schaffen konnte, und wozu ich mich selbst
so treuherzig darbot. Sie bemächtigten sich,
zu Beförderung des Reichs Gottes, nach und
nach und mit meinem besten Willen, meines
Erbgutes; mich selbst aber, so bald sie sahen,

daſs der Eifer für die Ausbreitung der heil-
samen Lehre (wie sie ihre Gnosis nannten) meine ganze Seele in Flammen gesetzt
hatte, bestimmten sie in den Missionen
zu arbeiten, welche der Orden in allen Theilen der Asiatischen und morgenländischen Provinzen des Römischen Reichs unterhielt. Denn
aufserdem, daſs sie mich bereit sahen, für
die Sache Gottes (wofür ich die ihrige ansah)
alles mögliche zu wagen und zu leiden, glaubten sie in meinen Fähigkeiten und selbst
in meinem Äufserlichen alles zu finden,
was ihnen einen glücklichen Proselyten-
macher in meiner Person versprechen konnte.
Ein einziges Requisit ging mir noch ab: ich
sah für einen Missionar noch zu wohl genährt
aus.    Aber dafür wuſste der kluge Hegesias
in kurzem Rath zu schaffen.    Das heilige
Werk, wozu mich der Herr erwählt hatte,
erforderte eine strenge Vorbereitung; und so
muſste ich einige Monate lang so viel fasten,
wachen und beten, daſs die wenige Nahrung
und die vielen in erhitzender Betrachtung
und Kontemplazion durchwachten Nächte mir
bald genug das Ansehen eines Indischen
Büfsers gaben, welches in der That ein
wesentliches Erfordernifs zu dem Beruf ist,
dem ich mit brennendem Verlangen entgegen
ging.

Endlich kündigte mir Hegesias an, daſs er
eine Reise zu machen hätte, auf welcher ich
sein Gefährte seyn würde. Wohin, sagte er
mir nicht, und mir war es nicht erlaubt zu
fragen; denn ein unbedingter Gehorsam gegen
alle Winke des Vorstehers — von welchem
vorausgesetzt wurde, daſs er seine Verhal-
tungsbefehle unmittelbar von unserm Herren
empfange — war eine der ersten Pflichten,
zu deren Erfüllung ich mich, vor meiner angeblichen Einführung in das innere Heiligthum
des Ordens, verbindlich gemacht hatte. Hegesias selbst schien in diesem Stücke nichts vor
mir voraus zu haben. Er verbarg mir sorg-
fältig, daſs er die rechte Hand, ja, im eigentlichen Verstande des Wortes, das Faktotum
des hochwürdigen Kerinthus war, und wollte
dafür angesehen seyn, daſs er ein eben so
blindes und passives Werkzeug in der Hand
des Herren sey als ich selbst.

Nach einer langen Wanderschaft, auf welcher wir Bithynien, Galazien und Frygien die
Kreuz und die Quer durchzogen und überall die Brüder besucht und gestärkt hatten, langten wir endlich zu Ikonium an,
wo Kerinthus eine der ansehnlichsten Pflanz-
schulen seiner Sekte angelegt hatte. Wir fanden ihn mitten unter seinen Zöglingen, welche

(wie ich in der Folge erfuhr) theils von ihm
selbst, theils von einem seiner Vertrauten, zu
der nehmlichen Bestimmung, wozu der Herr
meine Wenigkeit, erwählt hatte, ausgebildet
wurden. Kerinthus empfing mich mit
aller Zärtlichkeit und Offenheit, die mich
(falls ich noch gezweifelt hätte) gewifs machen
mufsten, dafs ich ein Jünger von der ver-
trautesten Klasse sey, und dafs er vor mir
kein Geheimnifs mehr habe; und, so lange
ich zu Ikonium lebte, zeichnete er mich
durch tausend Merkmahle einer besondern
Achtung vor den übrigen Brüdern, welche,
wie ich, zum fahrenden Apostolat bestimmt waren, aus. Nichts konnte, bey allem
Anschein von der offensten Mittheilung, fei-
ner seyn als sein Betragen gegen mich; wiewohl ich diese Reflexion zu machen erst lange
nachher fähig war, und damahls alles so für
wahr nahm wie es schien. Um dir nur
ein einziges Beyspiel davon zu geben, so
wufste er es so einzurichten, dafs ich es
selbst war, der die erste Anregung von dem
Amte, wozu er mich bestimmt hatte, that,
indem ich ihm davon als von einem Geschäfte sprach, wozu ich mich innerlich berufen fühlte. — „Ich zweifelte keinen Augenblick, (war seine Antwort) als mir geoffenbaret wurde dafs du zu diesem hohen Beruf

erwählt seyest, dafs dir auch die Gewifsheit
davon in deinem Innersten würde gegeben
werden."

Von dieser Zeit an unterhielt er sich mit
mir, so oft wir allein waren, von keinen
andern Gegenständen, als die sich auf dieses
Geschäft bezogen, und theilte mir eine
Menge Verhaltungsregeln und Kautelen mit,
die ich dabey zu beobachten haben würde.
Er verbarg mir nicht, dafs von mehr als fünf
hundert gröfsern und kleinern Brüdergemeinen, welche damahls durch Asien, Syrien
und Ägypten zerstreut waren, kaum der sie-
bente Theil in näherer und unmittelbarer Verbindung mit ihm stehe; und dafs es daher
von unumgänglicher Nothwendigkeit sey, zahlreiche Arbeiter auszusenden, um der Verwirrung, dem Mifstrauen und den Spaltungen,
welche der Geist der Finsternifs unter den
Gemeinen zu unterhalten geschäftig sey, vor-
zubeugen, und alle diese zerstreuten Schafe,
durch die engeste Verbindung ihrer Hirten
unter einander, nahe genug beysammen zu
halten, um die Stimme des Oberhirten immer
hören zu können, und von keinen blinden
oder betrügerischen Leitern irre geführt zu
werden. Er liefs sich hierüber, besonders
über die Klugheit, womit die Vorsteher der

verschiedenen Gemeinen geprüft, behandelt und gewonnen werden müfsten, in sehr genaue Instrukzionen ein, die ich übergehe, weil sie mich zu weit von mir selbst abführen, und einem Menschenkenner, wie du, wenig neues sagen würden.

## Lucian.

Ich mufs gestehen, Peregrin, dafs ich der Entwicklung dieses Theils deiner Geschichte mit Verlangen entgegen sehe.

## Peregrin.

Wir kommen ihr immer näher, lieber Lucian. Nur Eines Umstandes mufs ich, ehe ich mein so genanntes Apostolat wirklich antrete, noch vorher erwähnen; und dieser war, dafs ich während meines Aufenthaltes zu Ikonium, unter andern jungen Männern, die in der Pflanzschule des Kerinthus beysammen lebten, einen kennen lernte, der meine Aufmerksamkeit auf sich gezogen haben würde, wenn ihn der Vorsteher auch nicht durch eine besondere Art von fein beobachtender Hochachtung von den andern unterschieden hätte. Er nannte sich Dionysius, war (dem Ansehen nach) einige Jahre älter als ich, und

hatte Paflagonien (wo er aus einer kleinen
Stadt gebürtig, war) schon in seinen ersten
Jünglingsjahren verlassen, um sich zu Atben
aus einem Paflagonier zu — einem Menschen bilden zu lassen. Nach'dem er in dieser ehrwürdigen Grabstätte der Sokraten und
Platònen über zehn Jahre von einer Filoso-
fenschule zur andern herum geirret und nirgends hinlängliche Befriedigung gefunden
hatte, begab er sich, um mit der Natur und
den Menschen durch eigenes Anschauen bekannt zu werden, auf Reisen; durchwanderte
Griechenland, Italien, Gallien, Spanien, das
Römische Afrika und Ägypten; wurde zu
Alexandrien mit Hegesias, und durch diesen
mit Kerinthus bekannt, und gefiel sich so
wohl bey diesen Männern, (welchen, wenn
sie jemand an sich ziehen wollten, schwerlich zu widersteben war) dafs er, nachdem
sie einander eine Zeit lang beobachtet hatten,
den Entschlufs fafste, sich in ihren Mysterien
einweihen zu lassen, und sein Loos mit dem
ihrigen zu verketten. Die Heiterkeit und anscheinende Ruhe, die sich in der Fysionomie
dieses Dionysius ausdrückte, zog mich eben
so stark zu ihm, als ihn ich weifs nicht was
in der meinigen hinwieder anzuziehen und zu
interessieren schien. Wir suchten und fanden
einander öfters; aber die Aufrichtigkeit

m e i n e r S c h w ä r m e r e y hielt ihn (wie ich
in der Folge aus seinem eigenen Munde hörte)
wider seinen Willen in einer Art von Respekt, und unsre Gespräche blieben, wie unsre
Freundschaft, immer an der äufsersten Grenze
der Vertraulichkeit stehen. Kerinthus und
Hegesias schienen grofse Absichten mit ihm
zu haben; allein zu Beobachtungen dieser
Art waren meine Augen damahls noch nicht
hell genug. Ich trennte mich ungern von
diesem Menschen, den ich, seiner Kälte ungeachtet, ungemein liebenswürdig fand, und
der überdiefs wegen seiner mannigfaltigen
Kenntnisse ein unterhaltender Gesellschafter
war. Aber die Zeit kam, da wir, mit dem
Bedauern einander nicht näher gekommen zu
seyn, scheiden mufsten: er blieb bey unserm
Vorsteher zurück, und ich würde mit einem
jungen A k o l u t h e n, der mir zum Dienst
zugegeben war, nach K a p p a d o c i e n geschickt, um bey den Brüdergemeinen, die in
diesem grofsen Lande zerstreut waren und
unter die e i f r i g s t e n gerechnet wurden,
meine erste Mission anzutreten.

Über diesem Geschäfte, worin ich — da
ich es mit Kappadociern zu thun hatte —
ziemlich glücklich war, gingen einige Jahre
hin, binnen welcher Zeit es mir gelang, ver-

schiedene zahlreiche Gemeinen mit der Kerinthischen Schwärmerey anzustecken, und in
mehrern andern wenigstens einen so guten
Anfang zu machen, daſs es dem Profeten ein
leichtes war, das übrige durch seine eigene
Gegenwart, und durch einige Wunder, die
ich ihn verrichten sah, vollends zu Stande
zu bringen.

### Lucian.

Wunder? — Was nennst du Wunder,
Freund Peregrin?

### Peregrin.

Ich will damit eben nicht sagen, daſs er
den Mond vom Himmel herab gerufen habe,
um ihn in seinen linken Rockärmel hinein
und zum rechten wieder heraus rollen zu
lassen; oder daſs er durch sein bloſses Wort
Berge versetzt und Flüssen einen andern Lauf
geboten habe: indessen muſs ich doch bekennen, daſs ich ihn höchst seltsame Nerven-
krankheiten, welche (wie leicht zu erachten)
auf Rechnung böser Dämonen gesetzt wurden,
durch bloſses Handauflegen vertreiben sah;
wobey doch vielleicht, als kein unbedeutender Umstand, nicht zu vergessen ist, daſs

dieses Handauflegen mit einem ziemlich lange-
anhaltenden Streicheln und Reiben verbunden
war —

### Lucian.

Das laſs' ich gelten!

### Peregrin.

Einige Teufel wurden durch die bloſse
Kraft lieblich betäubender Wohlgerüche und
die Magie eines feierlich schönen Gesangs,
den er von den Brüdern und Schwesten mit
gedämpften Tönen anstimmen lieſs, vertrie-
ben. Ein paar Kranke — in der Einbildung
vermuthlich — wurden bloſs dadurch plötzlich gesund, daſs er ihnen, nach allerley vor-
bereitenden Feierlichkeiten, auf einmahl mit
mächtiger Stimme befahl zu glauben daſs
sie gesund seyen —

### Lucian.

Auch nicht übel!

### Peregrin.

Das stärkste Stück aber, das ich mit meinen eignen Augen gesehen habe, war die
Auferweckung einer — hysterischen Jung-

frau, welche, als er herbey gerufen wurde,
nach der Versicherung ihrer weinenden Verwandten, schon vor zwey Tagen gestorben
war —

### Lucian.

Und — den einzigen Umstand, dafs sie
noch lebte, ausgenommen — ohne Zweifel
alle Zeichen einer todten Person an sich
hatte?

### Peregrin.

Wie es auch damit beschaffen seyn mochte,
bey den ehrlichen Kappadocischen Bauern galt
diese Auferweckung für ein augenscheinliches
Wunder; und ich kann nicht läugnen, dafs
ich selbst bey dieser Gelegenheit so sehr
Kappadocier war als ein anderer; mit so vielem Anstand und in einer so grofsen Manier
wufste der hochwürdige Kerinthus seine Rolle
in solchen Scenen zu spielen. Kurz, die
Wirkung der Wunder, die er zum Beweise
seiner Sendung that, war so entscheidend, dafs
nicht nur alle anwesenden Brüder, die noch
an ihm gezweifelt hatten, sondern sogar viele
von der Neugier herbey gezogene Götzendiener
auf der Stelle gewonnen wurden. Ich, dem

er sich gleich im ersten Augenblick unsrer
Bekanntschaft als ein aufserordentlicher und
mit höhern Wesen in Verbindung stehender
Mann dargestellt hatte, wurde vielleicht durch
diese Dinge am wenigsten befremdet: indessen gaben sie doch meinem Glauben an ihn
einen neuen Schwung; und ich zog nun,
nachdem er mir seine wunderthätigen Hände
aufgelegt hatte, desto getroster auf das neue
Abenteuer aus, zu dessen Bestehung er mich,
mit den nöthigen Empfehlungen und Instrukzionen versehen, nach Syrien abschickte.

Die Eroberung dieser Provinz lag ihm sehr
am Herzen. Denn die Brüder zu Antiochia,
Seleucia und Laodicea am Meer waren
zum Theil reiche Handelsleute, von deren
Vermögen und Verbindungen in allen Theilen des Römischen Reiches der geheime Orden, dessen Seele er war, grofse Vortheile
ziehen könnte, wenn es ihm nur erst gelang,
die Gemeinen selbst auf seinen Ton zu stimmen, und mit seinen Anhängern in den Provinzen des kleinen Asiens in nähere Vereinigung zu bringen. Da die Syrer überhaupt
Leute von sehr lebhaften Sinnen und warmer
Einbildungskraft sind, so schien ich ihm zu
diesem Werk ein auserwähltes Rüstzeug zu
seyn; und damit meine Bearbeitung eines so

guten Bodens desto schneller und reichlicher
Früchte bringen möchte, hatte er mich durch
Hegesias und andere seiner heimlichen
Anhänger als einen Jünger aus der Schule
des heiligen Johannes ankündigen lassen,
der die Tradizion der wahren Lehre unmittelbar aus der lautersten Quelle geschöpft habe,
und sowohl dieses Vorzugs halber, als wegen
der Heiligkeit seines Lebens und seines Eifers
für die Ausbreitung des Reichs unsers Herren, als ein wahrhaft apostolischer Mann aufgenommen zu werden verdiene.

In der That hatte meine Schwärmerey um
diese Zeit den höchsten Grad ihrer Hitze
erreicht. Meine innige Liebe für das Ideal
der reinsten Menschheit, unter welchem ich
mir die Person unsers ersten Meisters dachte,
und mein Sinn für die Wahrheit seiner eben
so erhabenen als einfachen Lebensweisheit
hatte sich mit der schwärmerischen Gnosis
und dem Glauben an die bevorstehende Theokratie des Kerinthus völlig amalgamiert;
und meine von so viel brennbaren Materien
entzündete und in stetem Feuer erhaltene
Seele kochte und strudelte von einem so
heißen Verlangen, ihre Gefühle und Über-
zeugungen mit ihrer ganzen Fülle von Glauben, Liebe und Hoffnung über alle, die der-

selben nur einiger Mafsen empfänglich wären,
auszuströmen, dafs Kerinthus schwerlich ein
tauglicheres Subjekt zu Ausführung dessen,
wozu er mich sendete, hätte finden können.

Ich machte meine erste Erscheinung in
den Gemeinen, die unter der Aufsicht des
Bischofs von Laodicea standen, und wurde
allenthalben wie ein Engel, der geraden Weges vom Himmel käme, aufgenommen. Das
Evangelium Johannis, wovon mir Kerinthus eine
von ihm nach seinen Grundsätzen verfälschte
Abschrift mitgegeben hatte, und die Auslegung,
die ich — der selbst keine andere Abschrift
kannte — den Brüdern in ihren Versammlungen über die darin enthaltnen Geheimnisse
vortrug, wirkten aufserordentlich. Mein Ansehen unter diesen guten Leuten, deren gröfster Theil sich eben so treuherzig von mir
täuschen liefs als ich selbst getäuscht war,
nahm von Tag zu Tage zu, und — kurz,
meine Mission ging so gut von Statten, dafs
in weniger als zwey Jahren mehr als die
Hälfte der Gemeinen in Syrien und Palästina
unvermerkt in den feinen Netzen des Kerinthus gefangen war, und sammt ihren Vorstehern unter die unsichtbare Leitung und
Oberherrschaft eines Ordens kam, von dessen

Existenz sie nicht die geringste Ahndung
hatte.

Du stellst dir wohl von selbst vor, dafs
bey diesem Geschäfte von Zeit zu Zeit Schwierigkeiten und Hindernisse zu bekämpfen waren, deren Beschreibung meine Erzählung ohne
Noth verlängern würde. Dafür konnte ich
aber auch sicher auf beständige Unterstützung
der Unsichtbaren rechnen; und, was mir
am meisten zu Statten kam, war der Umstand, dafs die Bischöfe und andere Diener
der Gemeinen, welche mir hätten hinderlich
seyn können, durch ansehnliche Verbesserun-
gen ihrer Einkünfte, die ihnen aus der Ordenskasse (vermuthlich auf Unkosten meines
Erbgutes) zuflossen, klüglich gewonnen waren, sich wenigstens blofs leidend bey der
Sache zu verhalten.

Mitten in dem Laufe meiner apostoli-
schen Triumfe wurde ich ganz unvermuthet von einer unsichtbaren Hand aufgehalten, welche keinem der unsichtbaren
Obern, von welchen ich abhing, zugehörte.
Hättest du wohl gedacht, Lucian, dafs der
geheime Pfeil, der mich zu Antiochia
traf, in Parium abgeschossen wurde?

## Lucian.

In deiner Vaterstadt? — Ich begreife.
Deine Verwandten und präsumtiven Erben
hatten wohl keine Lust, ruhig zuzusehen,
wie das ansehnliche Erbgut, worauf das Gesetz, falls dir etwas menschliches begegnete,
ihnen die nächste Anwartschaft gab, in die
Brüderkasse der Christianer, wie in einen
Strudel der nichts wieder zurück gab, hinein stürzte?

## Peregrin.

Du hast es errathen, Lucian! Meine Entfernung von Parium — welcher man, wiewohl sie nichts weniger als heimlich geschehen war, in der Folge den Anschein einer
Entweichung zu geben suchte — hatte
grofses Aufsehen erregt, so bald man gewahr
wurde, dafs ich an kein Wiederkommen
dachte, und so bald man ausgekundschaftet
hatte, dafs ich unter den Christianern lebe,
und, wie es scheine, in sehr enge Verbindungen mit ihnen getreten sey. Einige Jahre
lang hatten meine Verwandten sich vergebens
Mühe gegeben, den Ort meines Aufenthalts,
seit der Zeit da ich Nikomedien verliefs, ausfündig zu machen; bis endlich der alte Mene-
krates von einem seiner Freunde, der einen

Korrespondenten zu Antiochia hatte, erfuhr,
dafs ich mich, in der Qualität eines Profeten
und Mystagogen der Christianer, bald zu
Laodicea, bald zu Antiochia oder Seleucia
aufhielt, und in grofsem Ansehen bey dieser Sekte stände. Meine Verwandten gingen
nun mit einander zu Rathe, wie sie es anfangen wollten, um wenigstens das, was von
der väterlichen Verlassenschaft noch zu Parium war; und das Landgut, das ich von
meinem Grofsvater geerbt hatte, aus den
Klauen der Christianer zu retten; und das
Resultat ihrer Berathschlagungen war endlich: durch Vermittlung des besagten An-
tiocheners mich dem kaiserlichen Stattbalter
als einen Christianer von der gefährlichsten
Art anzuzeigen, dessen unruhige Schwärmerey die Aufmerksamkeit der Regierung um so
mehr erregen müsse, weil er seinem Eifer
für die Ausbreitung dieser hassenswürdigen
Sekte bereits den gröfsten Theil eines ansehnlichen Erbgutes aufgeopfert habe.

Du erinnerst dich, Lucian, dafs die Straf-
gesetze gegen alle heimliche Zusammenkünfte
überhaupt, und gegen die ausdrücklich verbotenen geheimen Versammlungen der Christianer insonderheit, unter der milden Regierung des Kaisers Hadrianus zwar nicht auf-

gehoben, aber doch unvermerkt eingeschlafen
waren. Da sich die Christianer um diese
Zeit ziemlich ruhig verhielten, so waren die
Obrigkeiten überall unter der Hand angewiesen worden, sie auch hinwieder in Ruhe zu
lassen, und, ohne daß man sie ganz aus
den Augen verlöre, zu thun als ob man sie
nicht gewahr würde, so lange nicht besondere Umstände oder eine förmliche Anklage
es etwa nöthig machten, gegen diesen oder
jenen nach der Strenge der Gesetze zu verfahren. Die eben so unvernünftige als un-
menschliche Maxime, keine andere Religion
neben sich dulden zu wollen, war (wie du
weißt) den Priestern der alten gesetzmäßsi-
gen Religion so lange fremd geblieben, bis
diese neue, welche geduldet seyn wollte
ohne eine andere zu dulden, im Dunkeln und
durch die Nachsicht der Obrigkeiten und der
Priester unvermerkt so weit um sich griff,
daß die letztern nothwendig aus ihrer allzu
großen Sicherheit erwachen mußten. Es war
seit geraumer Zeit zur Mode geworden, die
Christianer und Epikuräer (weil beide
darin, daß sie die alte Volksreligion für
Aberglauben erklärten, gemeine Sache zu
machen schienen) gewisser Maßen mit einander zu vermengen; und da die Epikuräische
Sekte schon einige Jahrhunderte lang bestan-

den hatte, ohne dem Interesse der Priesterschaft merklichen Abbruch zu thun, (denn
man hatte ja Beyspiele, dafs Priester selbst,
ohne ihrem Amt oder ihrer Filosofie etwas
dadurch zu vergeben, Epikuräer waren) so
ging es ganz natürlich zu, dafs man sich,
gerade dieser Vermengung wegen, unvermerkt
angewöhnte, die Christianer für eben so unschädlich anzusehen als jene. Gleichwohl war
der Unterschied in diesem Punkte so grofs,
dafs er auch den sorglosesten Priestern der
alten Götter in die Augen springen mufste.
Die Epikuräer glaubten zwar so wenig als
die Christianer an die Pronöa (Vorsehung)
des grofsen Jupiter, aber seine Gottheit
machten sie ihm nicht streitig; sie spotteten
über alle Arten von Aberglauben, aber
die herrschende Religion respektierten sie
als ein politisches Institut der Gesetzgeber.
Indem sie also jenen verlachten, und
diese unangetastet liefsen, blieben sie
(dem Geist ihrer Filosofie gemäfs) in einer
Gleichgültigkeit gegen beide, die keinen Eifer, ihre Sekte auf Unkosten der
Staats- und Priesterreligion auszubreiten, unter ihnen aufkommen liefs. Bey den Christianern hingegen fand das vollkommenste Gegentheil Statt. Sie waren die erklärten Gegner nicht nur des Aberglaubens, sondern des

gesetzmäfsigen Dienstes der Götter selbst;
und der Enthusiasmus, womit sie den Dienst
ihres Einzigen, der keine andere neben sich
duldete, und den Glauben an seinen Ge-
sandten, welcher das Reich dieses Einzigen allgemein machen sollte, auszubreiten suchten, liefs mit Recht von ihnen erwarten, dafs sie nicht eher ruhen würden,
bis sie den alten Volksglauben und den darauf gegründeten Götterdienst, oder, in ihrer
Sprache zu reden, das Reich der Dämonen, gänzlich vertilgt haben würden.

Meine Verwandten zu Parium hatten,
bey dem Anschlag den sie gegen mich fafsten, sehr richtig darauf gerechnet, dafs Vorstellungen dieser Art die Priesterschaft zu
Antiochia in Feuer setzen und geneigt machen würden, ihre Angebung bey dem Statthalter von Syrien durch eine förmliche Klage
zu unterstützen; und, um dieser den gehö-
gen Nachdruck zu geben, hatte man solche
Mafsregeln genommen, dafs ich in einer
nächtlichen Versammlung der Brüder, mitten
in der Begehung unsrer heiligsten Mysterien
ergriffen wurde. Man begnügte sich, die
übrigen, mit der ernstlichen Vermahnung,
sich nie wieder in einer solchen gesetz-
widrigen Zusammenkunft betreten zu lassen,

nach Hause zu schicken: ich hingegen, als
Vorsteher und Mystagog dieser verbotenen
nächtlichen Zusammenkünfte, wurde vor
den Richter der ersten Instanz gebracht, und
so bald ich die Frage, ob ich ein Christianer sey? mit aller Entschlossenheit eines
Märtyrers bejahet hatte, dem Trajanischen
Edikt zu Folge, in ein öffentliches Gefängnifs abgeführt.

Diese Begebenheit, machte Anfangs um
so mehr Aufsehen zu Antiochia, weil sich
seit mehrern Jahren nichts ähnliches in dieser grofsen, reichen und unendlich üppigen
Hauptstadt zugetragen hatte. Man sprach
ein paar Tage von nichts anderm; dafür
wurde aber auch, so bald sie aufhörte etwas
neues zu seyn, gar nicht mehr daran gedacht. Die Christianer hingegen, und besonders die mit Kerinthus verbündeten Gemeinen, geriethen dadurch in aufserordentliche Bewegung: und, wiewohl man bald
merken konnte, dafs alles blofs auf meine
Person gemünzt sey, und die Brüder überhaupt wenig oder nichts defshalben zu befürchten hätten; so zeigten sie doch so viel
Unruhe, nahmen so warmen Antheil an
meinem Schicksal, und machten im Verborgenen so vielerley Anschläge und zum Theil

so viel wirkliche Schritte zu meiner Befreyung, daſs eben diese ihre unruhige Ge-
schäftigkeit wahrscheinlich nicht wenig dazu
beytrug, meine Gefangenschaft über ein ganzes Jahr hinaus zu ziehen. Kerinthus und
Hegesias waren zwar viel zu klug, um in dieser Sache unmittelbar zu erscheinen; aber ich
bin ihnen die Gerechtigkeit schuldig, zu gestehen, daſs sie sich durch die dritte Hand
mit vielem Eifer für mich verwendeten, und
groſse Sorge trugen, daſs es mir, so lang'
ich im Gefängniſs war, an keiner Bequem-
lichkeit, die um Geld zu erhalten war, fehlen möchte. Überhaupt, Lucian, ist dein
Ungenannter zu Elis, in seiner ganzen Erzählung, der Wahrheit nirgends so getreu
geblieben als da, wo die Rede von meiner
Gefangenschaft ist; alle Umstände, die er
anführt, sind buchstäblich wahr; den einzigen ausgenommen, daſs ich durch die Frey-
gebigkeit der Brüder nicht so reich ward
als er vorgiebt. Denn, wiewohl sie in solchen Fällen nichts zu sparen pflegten, den
Zustand ihrer Märtyrer (wie sie einen
jeden aus ihrem Mittel nannten, der deſswegen, weil er sich zum Christenthum bekannte, etwas leiden muſste) zu erleich-
tern, und, wo möglich, ihre Befreyung zu
bewirken, so waren sie doch viel zu gute

Ökonomen, um etwas überflüssiges und zweck-
loses zu thun. Man liefs keinen Bruder
Noth leiden; aber ihn durch ihre Freyge-
bigkeit reich zu machen, wäre gänzlich gegen den Geist des Ordens gewesen, bey welchem die einzelnen Glieder nur in so weit
in Betrachtung kamen, als der Vortheil des
Ganzen es erforderte.

Was mich betrifft, so hatte die Einkerkerung, durch den Gedanken, für welche
Sache ich litt, und durch alles das Heroische und Glorreiche, das in meiner Einbildung mit dem Nahmen eines Bekenners
und Dulders verbunden war, zumahl in
den ersten Tagen und Wochen, etwas so
Herzerhöhendes für mich, dafs ich mich
vielleicht in meinem ganzen Leben nie freyer
fühlte als damahls —

Lucian.

Zum klaren Beweise, dafs die Stoiker
ihrem Weisen zu viel schmeicheln, wenn
sie behaupten, Er allein habe das Vorrecht, selbst in Ketten und Banden frey zu
seyn. Der Schwärmer, der doch, um
nichts härteres zu sagen, gerade das Gegentheil des Weisen ist, kann diesem auch

hierin den Vorzug sogar noch streitig machen. — Übrigens, Freund Peregrin, würdest du mich verbinden, wenn du, diesem edeln Freyheitsgefühl unbeschadet, deinen Ausgang aus dem Kerker so viel möglich beschleunigen wolltest.

## Peregrin.

Sehr gern. Denn, wiewohl diese Epoke meines Lebens die letzte war, wo mir die hohe Stimmung meiner Einbildungskraft eine Art von Glückseligkeit verschaffte, deren Verlust ich in der Folge oft genug zu bedauern Ursache hatte: so muß ich doch gestehen, daß die allzu große Einförmigkeit dieses fantastischen Glücks nach Verfluß einiger Monate seinen Zauber merklich schwächte, und mich das Unangenehme der Einkerkerung und der Ungewißheit meines Schicksals zuweilen sehr lebhaft fühlen ließ.

Auch der Mangel an Umgang mit Menschen, die, anstatt bloß an mir zu saugen, auch mir, wie Hegesias und Kerinthus, etwas zu geben fähig gewesen wären, trug nicht wenig dazu bey, das Unbehagliche meines Zustandes zu vermehren. Zwar ermangelten die andächtigen Schwes-

tern und gutherzigen alten Mütterchen, welche meiner pflegten, nicht, durch Bestechung
des Kerkermeisters von Zeit zu Zeit kleine
Versammlungen von Glaubigen, die d a s
Wort von mir zu'hören Verlangen trugen, und bey dieser Gelegenheit sehr reich-
liche Liebesmahle in meinem Gefängnisse
zu veranstalten, auch überhaupt ihr möglich-
stes zu thun, mir ihre herzliche, und eben
dadurch oft sehr beschwerliche, christliche Liebe mit Worten und Werken zu
beweisen: aber —

Lucian lachend.

. Armer Peregrin! — Kein Aber, wenn
ich bitten darf — nur immer zu!

Peregrin.

Genug, es kam endlich so weit mit mir,
daß in gewissen Stunden — zumahl wenn
ich (wie öfters geschah) auf meinem nicht
allzu weichen Lager den Schlaf nicht finden
konnte — Erinnerungen und Bilder aus der
zauberischen Villa Mamilia in mir er-
wachten —

Lucian.

Und du wunderst dich noch darüber?

Peregrin.

Wenigstens geschah es sehr wider meinen Willen, das kannst du mir glauben! und
ich kämpfte oft bis aufs Blut, um dieser
Anfechtungen, (wie sie in unsrer Sprache hiefsen) als Eingebungen böser Dämonen,
los zu werden: ich sage bis aufs Blut, im
wörtlichen Verstande; denn ich geifselte mich
zuweilen, wenn mir Satan zu mächtig werden wollte, so unbarmherzig, dafs mein Rük-
ken des folgenden Tages meinen mitleidigen
Wärterinnen nicht wenig zu schaffen machte.

Lucian.

Und was war der Erfolg dieser listigen
Art dem Feind in den Rücken zu fallen?

Peregrin.

Ich kann nicht läugnen, dafs ich übel
dadurch ärger machte.

Lucian.

Das hätte ich dir vorher sagen wollen,
mein guter Peregrin. Diesen Dämon mit

Fasten und Beten zu bekämpfen, das
lafs' ich allenfalls gelten: aber Ruthen und
Geifseln sind immer für ein besseres Mittel
gehalten worden, ihn vielmehr aufzureitzen
als zu dämpfen.

### Peregrin.

Der Hauptfehler war wohl, dafs ich (nach
den Grundsätzen der Kerinthischen Filosofie)
gleich Anfangs solchen sehr natürlichen
Anfechtungen die Wichtigkeit gab, sie in
meinem Wahne zu übernatürlichen zu
erheben. Eben dafs ich sie für Anfälle böser Geister hielt, und mich mit so grofsen
Bewegungen und Anstalten gegen sie zur
Wehre setzte, mufste die Sache immer ernst-
hafter und schwieriger machen. — Doch,
es ist hohe Zeit, auf die Begebenheit zu
kommen, die das Ende aller dieser Ausschweifungen und meine gänzliche Trennung von
den Chistianern herbey führte.

### Lucian.

Ich bin lauter Ohr.

# SIEBENTER ABSCHNITT.

## Peregrin.

Eines Abends, da die lange Dauer meiner
Gefangenschaft und die Lauigkeit, womit
meine Freunde an meiner Befreyung zu arbeiten schienen, meiner Geduld härter als gewöhnlich zusetzten, öffnete sich die Thür meines Gefängnisses, und eine verschleierte Frau,
mit einem Korb auf dem Kopfe und einer
Lampe in der Hand, trat herein, und grüfste
mich (indem sie die Lampe auf einen kleinen
Tisch und den Korb auf den Boden setzte)
mit dem wohl bekannten Friedenswun-
sche der Christianer. Ihr Anzug war die
gewöhnliche Kleidung der Diakonissen,
das ist, der ältlichen Wittwen, die sich dem
Dienste der Brüdergemeinen widmeten; ein
dunkelbrauner Habit von der gemeinsten Wolle,
mit einem ledernen Gürtel zusammen gehalten: aber in ihrer Gestalt war etwas, das mit
diesem Anzuge kontrastierte, und, in eben
dem Augenblick, da es mich befremdete, eine

schlafende Erinnerung zu erwecken schien.
Ich war betroffen, und das Herz schlug mir
vor Erwartung, was aus dieser Erscheinung
werden sollte, ohne dafs ich ein Wort hervorbringen konnte. Auch die unbekannte
Schwester schien keine Eile zu haben, die
Unterredung anzufangen. Das erste, was sie
that, war, dafs sie in grofser Gelassenheit
ihren Korb aufdeckte, ein kleines Rauchfafs
voll glühender Kohlen heraus nahm, etwas
Räuchwerk darauf warf, und das ziemlich
dumpfe Gewölbe mit einem Wohlgeruch erfüllte, der es auf einmahl (wenigstens für
Einen Sinn) in ein Zimmer eines Feenpalasts
verwandelte.

Diefs erweckte neue Rückerinnerungen:
mein Erstaunen nahm zu; ich erwartete mit
Ungeduld, was auf diese magische Vorbereitung folgen würde. — „Und dein Herz sagt
dir noch immer nichts, mein Bruder Peregrin?" sprach sie endlich mit einer Stimme,
die mich zu oft in Entzücken gesetzt hatte,
um mich länger im Zweifel zu lassen; und
mit dem letzten Worte schlug sie ihren
Schleier zurück und öffnete ihre Arme.

Was seh' ich? Dioklea? rief ich aufser
mir, indem ich in ihre Arme sank; ists mög-

lich? Dioklea hier? Dioklea eine Chris-
tianerin?

„Und warum nicht? versetzte sie lächelnd. Ich habe so vielerley Rollen gespielt,
warum nicht auch diese? die einzige, die
es vielleicht der Mühe werth war noch zu
lernen?"

Eine Rolle nennst du es? rief ich mit
Bestürzung.

„Stoſse dich nicht an dieses Wort, lieber Peregrin; es ist nicht so übel gemeint als
du es aufnimmst. Es gehört, wie du weiſst,
Zeit dazu, eine lange gewohnte Sprache zu
verlernen, und sich eine ganz neue anzuge-
wöhnen. Ich wollte nichts damit sagen, als
worin wir unfehlbar beide einverstanden sind,
daſs wir nichts weiseres und besseres thun
konnten, als das, was wir ehemahls waren,
mit dem, was wir nun sind, zu vertauschen."

Ganz gewiſs, Dioklea, hast du das beste
Loos erwählt! Aber, o sage, wie und wann
und wo warest du so glücklich, dich von
der schändlichen Mamilia los zu reiſsen?

Wer war das gebenedeite Werkzeug deiner Erleuchtung?

„Kerinthus."

Ists möglich? Kerinthus? rief ich mit Entzückung aus; Kerinthus, der mich auf eine so wunderbare Weise gerettet hat, Kerinthus hat auch dich aus den Klauen der Dämonen gerissen, und der unermeſslichen Seligkeiten des Reichs der Himmel theilhaftig gemacht?

„Ich habe dir noch weit wundervollere Dinge zu entdecken, mein lieber Proteus; aber vor allen Dingen laſs dich bitten, diese seltsame Sprache, die dir, wie ich höre, so geläufig geworden ist als ob du nie eine andere gesprochen hättest, mit einer natürlichern zu vertauschen."

Lucian.

Darum hätte ich dich selbst bitten wollen.

Peregrin.

„Fast sollte ich denken, (fuhr sie fort) du wärest noch nicht über die Schwelle des innern Heiligthums unsers Ordens gekommen:

oder glaubst du etwa, daſs dieſs bey mir
der Fall sey, mein Bruder? so irrest du dich
sehr. Ich bin von den Jüngern hinter
dem Vorhang, [1] lieber Peregrin; ich bin
— was du gewiſs nicht vermuthest, nie errathen würdest, ich bin —"

Und was denn? rief ich —

„Die Schwester, die leibliche
Schwester des Kerinthus," sagte sie
mit einem lächelnden Blick, und einem Tone,
der über mein Erstaunen zu triumfieren
schien.

Sprichst du im Ernste? Du? Du, Anagallis Dioklea, die Schwester des Kerinthus? —

„In vollem Ernste, lichtstrahlender Peregrinus Proteus, erwiederte sie indem sie meine
Hand ergriff; hier hast du meine Hand darauf, die leibliche Schwester des groſsen Profeten Kerinthus, wiewohl nicht länger Anagallis noch Dioklea, sondern Theodosia."

1) So hieſsen diejenigen Schüler des Pythagoras, vor welchen er nichts geheimes hatte.

Bisher, lieber Lucian, hatte ich, ungeachtet des Eindrucks der Gegenwart dieser Zaubrerin, und des magischen Nimbus von
tausend süfsen, Herz und Sinne schmelzen-
den Erinnerungen, in welchem sie vor meinen Augen stand; noch immer ausgehalten:
aber gegen diese Entdeckung, und gegen
den leisen Druck ihrer Hand in dem nehmlichen Augenblicke — hielt ich nicht länger
aus. Es war als ob ich plötzlich aufhörte,
der vorige Mensch zu seyn. — Ich warf mich,
oder taumelte vielmehr, unwissend wer ich
war und was ich that, zu ihren Füfsen, um-
fafste ihre Knie, drückte mich mit der Entzückung eines Rasenden an sie an, stiefs sie
einen Augenblick darauf wieder von mir,
sprang auf, schlug mich mit der Faust vor
die Stirne, sank mit dem Kopf aufs Lager
hin, sprang wieder auf, stürzte auf Diokleens Schulter, und brach glücklicher Weise in
einen Strom von Thränen aus, der mir
die Sprache wiedergab, und wahrscheinlich
meine Vernunft rettete. O so war auch
diefs alles Täuschung! rief ich endlich
aus, indem ich mein Gesicht an ihren leicht
verschleierten Busen drückte — Aber Du
bleibst mir! Anagallis oder Dioklea, oder unter welchem Nahmen du dich mir darstellst,
unter jedem Nahmen, unter jeder Verkleidung

bist du — du selbst! Nicht wahr, Dioklea,
Du täuschest mich nicht?

Sie umarmte mich statt der Antwort mit
der ruhigen Zärtlichkeit einer Schwester, indem sie mich bat, mich zu fassen, und diese
stürmischeu Bewegungen zu mäfsigen. „Ich
habe dir noch unendlich viel zu sagen, setzte
sie hinzu; aber du mufst erst ruhiger werden. Setze dich, lieber Peregrin. — Ich
bringe in diesem Korb Erfrischungen mit,
die deine Lebensgeister besänftigen werden;
und ich hoffe, schon meine Gegenwart soll
wie Homers Nepenthe auf dich wirken,
und dich aller unangenehmen Dinge vergessen
machen. Ich habe dafür gesorgt, dafs uns
niemand stören wird. Die Nacht ist unser;
sogar die frommen Bettler und die Schaar
von alten Weibern, die sonst immer vor der
Thür lagen und Wache bey dir hielten, sind
durch einen Polizeybefehl entfernt. Dioklea
denkt an alles, wie du weifst." — Unter
diesen Reden schickte sie sich an, ihren Korb
auszupacken, und, um desto rüstiger zu seyn,
legte sie den Wittwenschleier, den braunen
Überrock und den ledernen Gürtel ab, und
stand in einer faltenvollen schneeweifsen Tunika, die von einem Gürtel von künstlichen
Rosen zusammen gehalten wurde, mit halb

aufgebundnen, halb wallenden Haaren, nym-
fenähnlicher und reitzender, däuchte mich, als
jemahls, vor mir da.

### Lucian.

Armer — oder vielmehr **nicht** armer,
reicher, an süfsen Täuschungen reicher Peregrin! Und du hättest gewollt, dafs dich Dioklea nicht täuschen sollte?

### Peregrin.

Ach! was mich täuschte, war immer in
mir **selbst!** Ich wage es kaum —, denn in
der That, entweder du bist so gefällig und
erlässest mir ein Geständnifs, wofür ich wirklich keine Worte zu finden weifs — oder
was ich dir gestehen mufs, die Wirkung,
welche Dioklea — du weifst, was für Reitze,
was für Erinnerungen dieser Nahme umfafst
— Dioklea, in diesem Anzug, in einem so
gefährlichen Augenblicke, beym magischen
Schein einer einzigen Lampe, nach einer so
langen Trennung, nach einem so enthaltsamen
Leben als ich seit sieben Jahren geführt hatte,
in diesem Aufruhr aller meiner äufsern und
innern Sinne, auf mich machte, das Geständnifs dieser Wirkung — Nein Lucian, fordre

es nicht! — es wirft mich zu sehr vor dir
zu Boden! Du würdest nicht begreifen können, wie dieses Weib, — die das war was
ich wufste, — die, wiewohl noch immer voller Reitze, doch gewifs in einer ruhigern Gemüthsstimmung und bey hellem Tageslichte
wenig Eindruck auf meine Sinne gemacht
hätte, in diesem Augenblicke den Mann,
den ich dir bisher geschildert habe, aus einem
Enthusiasten von der höchsten Klasse, aus
einem halben Engel — in einen wüthenden
— ich kann das Wort nicht aussprechen —
in einen —

Lucian.

So lafs es mich sagen — in einen Satyr verwandeln konnte. — Freund Peregrin, das begreife ich so gut, dafs ich noch
keine von allen deinen Begebenheiten besser
begriffen habe; so gut, dafs diefs Geständnifs
in meinen Augen allen deinen übrigen das
Siegel der Wahrheit aufdruckt, und dafs ich,
hätte Dioklea in jenem nehmlichen Augenblick, unter solchen Umständen, unmittelbar
nach einer so heftigen Revoluzion in deinem
ganzen Seyn und Wesen, auf einen Menschen
wie du, diese Wirkung nicht gethan, entweder geglaubt hätte, du verschweigest mir

etwas, oder gezwungen gewesen wäre, in deine ganze bisherige Erzählung ein Miß, trauen zu setzen. — Gieb dich also zufrieden, daß du, mit allen deinen Visionen und trotz der hohen Gnosis des Kerinthus, doch nur ein Mensch, das ist, ein Ding warst, das unter gewissen Umständen und Bedingungen ein halber Engel, unter andern ein ganzer Satyr seyn kann, — und sage mir, wie benahm sich die schöne Theodosia in diesem Sturme?

### Peregrin.

Ich bin ihr die Gerechtigkeit schuldig, zu sagen, daß sie das Mögliche und das Unmögliche versuchte, um dem wütheuden Nymfolepten zu entgehen; aber ihre Kräfte reichten nicht so weit. Überdieß war die Thür von außen verriegelt, und noch lauter zu schreyen als sie wirklich schrie, — uns beide dadurch zum Stadtmährchen von Antiochia zu machen, und auf die unschuldigen Christianer eine Nachrede zu bringen, welche gewiß von ihren Feinden sehr grausam gemißbraucht worden wäre, dazu war sie zu verständig und zu edel denkend. — Aber laß mich kein Wort weiter von dieser widerlichen Scene sagen; denn Du, der alles so

gut begreift, begreifst auch diefs, dafs
Dioklea —

### Lucian.

O gewifs begreife und billige ich sogar,
— unter allen vorwaltenden Umständen, versteht sich — dafs sie dir vergab; dir, da
du (wie ich mir leicht vorstellen kann) im
Staube vor ihr lagst, und, von Scham und
Reue beynahe vernichtet, um Gnade flehtest,
eben so aufrichtig vergab, als sie gethan haben würde, wenn du sie durch eine unfreywillige Bewegung mit einem Messer verwundet hättest. — Nichts davon zu sagen, dafs
eine Dame von Diokleens Stand, Alter und
Karakter sich im Grunde durch einen so aufserordentlichen Beweis der Gewalt ihrer Anzie-
hungskraft weniger beleidigt als geschmeichelt
finden mufste.

### Peregrin.

Diefs, Lucian, war wohl nicht der Fall
mit Diokleen. Was geschehen war, verrückte ihren ganzen Plan, und konnte ihr
also unmöglich anders als äufserst unangenehm
seyn. Und in der That, wenn ich bedenke,
dafs dieser Sturm, wie du es zu nennen die

Güte hattest, vielleicht das einzige war, was
mich von den Verführungen dieser schlauen
Kreatur retten, und in die ruhige Fassung
setzen konnte, ohne welche es mir, aller
Wahrscheinlichkeit nach, unmöglich gewesen
wäre, ihren Anschlag auf mich zu vereiteln:
so bin ich beynahe versucht, jenen wilden
Ausbruch, der so ganz und gar nicht in meinem natürlichen Karakter war, eher für das
Werk meines guten Genius zu halten, oder
wenigstens in die Zahl der unerklärbaren Zufälle zu setzen, durch welche wir, indem
wir blofs als blinde Werkzeuge einer mechanisch auf uns wirkenden Ursache handeln,
von irgend einem grofsen Übel befreyet oder
irgend eines grofsen Gutes theilhaftig werden; Zufälle, wovon jeder Mensch, vielleicht
ohne Ausnahme, auffallende Beyspiele aus seiner eigenen Erfahrung anzuführen hat. Der
Verfolg meiner Erzählung wird dich, denke
ich, überzeugen, dafs ich Grund habe diese
Bemerkung zu machen.

## Lucian.

Etwas, wovon ich sehr stark überzeugt
bin, ist: dafs die gute Mutter Natur, die
ihre Kinder nicht leicht im Stiche läfst, sehr
mütterlich dafür gesorgt hat, dafs wir, um

den Glauben an uns selbst (diefs so unentbehrliche Triebrad in unserm Wesen) durch
keine unsrer Vergehungen oder Thorheiten
gänzlich zu verlieren, für jede Anklage in
unserm eigenen Busen eine Entschuldigung finden, welche unvermerkt die Gestalt
einer Rechtfertigung gewinnt, und wenigstens uns selbst beruhigt, wenn sie auch
nicht immer vor einem ganz unparteyischen
Richter bestehen könnte. — Aber weiter,
Peregrin!

## Peregrin.

Als ich endlich, wiewohl nicht ohne grofse
Mühe, meine so gröblich beleidigte Freundin
wieder besänftiget sah, und einige Becher von
einem Weine, der die Bacchanalien der Villa
Mamilia in unsre Erinnerung zurück rief, das
gute Verständnifs zwischen uns wieder hergestellt hatten, bat ich sie, mir zu erklären,
durch was für ein Wunder die Tochter des
Apollonius, die weltberühmte Tänzerin Anagallis, die Vertraute der üppigsten aller Römerinnen, mit Einem Worte, die schöne
Dioklea, aus einer sehr irdischen Priesterin der himmlischen Venus in eine Schwester
des erhabnen Kerinthus und in eine Christia-
nerin umgestaltet worden sey.

Ich bin, versetzte sie, mit der Entschliefsung hierher gekommen, dich über alle
diese Dinge ins Klare zu setzen; und wiewohl ich wenig Ursache habe, viel Vertrauen
in deine Weisheit zu setzen, so will ich es
doch, auf die Gefahr noch einmahl von meinem Herzen betrogen zu werden, mit dir wagen, und deiner Freundschaft für mich, an
welcher ich nie gezweifelt habe, das Geheimnifs meiner Seele anvertrauen. Alles müfste
mich betrügen, (setzte sie hinzu) oder das
Schicksal hat uns, nach einer so langen Trennung, wieder zusammen gebracht, um an einem
grofsen Plane mit einander zu arbeiten, und,
wie oft uns auch die Umstände noch ferner
trennen möchten, dem Geist und Herzen nach
immer aufs engeste vereiniget zu bleiben. —
Nach dieser Vorrede forderte sie, als die einzige
und absolute Bedingung, ohne welche alle
Gemeinschaft zwischen uns sogleich unwider-
ruflich aufgehoben werden müfste, dafs ich
ihr feierlichst angeloben sollte, von diesem
Augenblick an zu vergessen, dafs sie jemahls
Dioklea und Anagallis für mich gewesen sey,
nichts andres mehr in ihr zu sehen, als meine
neu gefundene Schwester T h e o d o s i a, und
mit dem heiligen N a h m e n eines B r u d e r s
auch die Gesinnungen und das Betragen eines
Bruders gegen sie anzunehmen. Es war

natürlich, daſs ich mich auf alle Fälle gegen einen solchen Antrag sträubte; aber, da
sie mit grofsem Ernst darauf bestand, blieb
mir nichts andres übrig als zu gehorchen, und
es lediglich auf die Bescheidenheit meines
Betragens und ihre eigene Grofsmuth ankommen zu lassen, ob und unter welchen Umständen sie für gut finden würde, von der
strengen Bufse, welcher ich mich unterwarf,
mit der Zeit etwas nachzulassen.

Nachdem dieser vorläufige Punkt berichti-
get war, fing sie an, mir das Wesentlichste
von der geheimen Geschichte ihres Bruders
und ihrer eignen mitzutheilen. Kerinthus
war einige Jahre älter als sie; sie stammten
von Jüdischen Ältern ab, die ihnen aber noch
in ihrer Kindheit entrissen wurden. Noth
und Dürftigkeit brachten ihren Bruder dahin,
sich selbst und seine kleine Schwester auf
eine gewisse Zeit an eine Bande herum zie-
hender Tänzer und Luftspringer zu verhan-
deln. Etliche Jahre darauf fiel die kleine
Dorkas, wie sie sich damahls nannte, in
die Hände eines gewissen Hermias, eines
Weisen von dem Aristippischen Orden, der
zu Athen privatisierte, und sich, aus nicht
ganz uneigennützigen Absichten, ein Geschäft
daraus machte, die Anlagen, die er in ihr

entdeckte, theils selbst, theils durch die besten Meister, die er finden konnte, auszubil-
den. Sie sprach von diesem ihrem zweyten
Vater mit der Wärme und Zärtlichkeit einer
Tochter, die ihm alles was sie war zu danken hätte. Aber auch Er wurde ihr nach
einigen Jahren durch den Tod geraubt; und
weil das kleine Vermächtnifs, das er ihr hin-
terlassen konnte, ziemlich bald aufgezehrt
war, so befand sie sich nun in dem Falle,
von den Talenten zu leben, welche sie zu
Athen erworben hatte; und in der That erfüllte sie, indem sie zu Smyrna, Efesus, Antiochia, und in andern Hauptstädten der östlichen Provinzen des Reichs, unter dem Nahmen Anagallis als mimische Tänzerin
auftrat, wirklich die Absicht, zu welcher Hermias (der sie auf keinem andern Wege glücklicher machen zu können glaubte) sie mit so
vielem Aufwand erzogen hatte.

Inzwischen hatte das Schicksal auch mit
ihrem Bruder auf mancherley Art gespielt. Er
war ehemahls zugleich mit ihr nach Athen
gekommen, und Hermias hatte, aus Liebe zu
ihr, ein paar Jahre für seinen Unterhalt gesorgt, und ihm Gelegenheit verschafft, in den
Schulen der Rhetorn und Filosofen die erste
Bildung eines Geistes zu erhalten, der schon

damahls nichts gemeines zu versprechen schien.
Nach Verfluſs dieſer Zeit fand Hermias Gelegenheit, den jungen Menschen an einen seiner Freunde zu Korinth zu empfehlen, der
ihn zu Handlungsgeschäften gebrauchte, und
in dessen Gesellschaft er verschiedene Reisen
machte, auf einer derselben aber, durch die
Unruhe seines immer ohne bestimmten Zweck
empor strebenden Geistes, von ihm getrennt,
und zuletzt nach Alexandrien verschlagen
wurde, wo er einige Zeit in Gemeinschaft
mit den Juden lebte, sich in der Religion
seiner Väter unterweisen liefs, und mit verschiedenen übel berechneten Entwürfen, seinem unglücklichen Volke aufzuhelfen, umging,
deren Vereitlung ihn von Alexandrien wieder
weg, und von einem Abenteuer zum andern
trieb. Er hatte sich in Ägypten mit d e r H e r-
metischen Filosofie bekannt gemacht,
und wanderte nun durch Chaldäa und Medien
bis nach der heiligen Stadt B a l k , an die
Ufer des Oxus, um sich in den Mysterien der
Chaldäer und der Zoroastrischen
Schule einweihen zu lassen.

Während der ganzen Zeit, da Kerinthus
von seinem rastlosen und mit Entwürfen
schwangern Geiste in den Morgenländern
herum getrieben wurde, zeigte sich seine

Schwester nach- und nach in allen Provinzen
der Römischen Herrschaft als die erste Tanz-
künstlerin ihrer Zeit, und bezauberte sowohl
auf den öffentlichen Schauplätzen, als in den
Privathäusern, wohin sie eingeladen wurde,
alle Augen und Herzen. Seitdem sie sich
dieser Lebensart ergeben hatte, waren mehr
als zehn Jahre verflossen, in welchen sie ihren Bruder unvermerkt völlig aus dem Ge-
sichte verloren hatte: als sie unverhofft eine
Einladung von ihm erhielt, sich mit ihm zu
einer Unternehmung zu verbinden, von welcher er sich und ihr grofse Vortheile versprach. Er hatte sich nehmlich zum Haupt
einer Brüderschaft aufgeworfen, welche in
den nördlichen Provinzen von Kleinasien von
Ort zu Ort herum ziehen wollte, um die Liebhaber fanatischer Religionsübungen in den
Mysterien der Isis einzuweihen, und dieses
Institut zugleich mit einem Orakel und andern
Chaldäischen und magischen Operazionen zu
verbinden, welche unter den roben Völkern
in Paflagonien, Galazien, und im Pontus grofse
Ausbeute hoffen liefsen. Kerinthus hatte dazu
einer Priesterin vonnöthen, auf deren Geist
und Geschmeidigkeit er sich in allen Fällen
verlassen könnte; und der öffentliche Ruf
hatte ihm über diesen Punkt einen so vor-
theilhaften Begriff von seiner Schwester

gemacht, dafs er sich des glücklichsten Erfolge
seiner Unternehmung gewifs hielt, so bald sie
an der Ausführung Antheil nehmen würde.
Da die schöne Anagallis um diese Zeit des
Theaters ziemlich überdrüssig war, so ging
sie um so williger in die Vorschläge ihres
Bruders ein, als sie sich von dieser neuen
Lebensart tausend Gelegenheiten versproch,
ihren erfinderischen Kopf auf eine angenehme
Art zu beschäftigen, und weil überdiefs, seit-
dem sie aufgehört hatte den Augen des Publikums in den Hauptstädten etwas neues zu
seyn, die Quellen zu Bestreitung ihres grofsen
Aufwandes immer unergiebiger wurden. Sie
begab sich also zu ihrem Bruder, der sie zu
Smyrna erwartete; liefs sich von ihm in der
Rolle, welche sie in seinem geheimen
Isisorden spielen sollte, unterrichten;
durchwanderte hierauf mit ihm und seiner
Gesellschaft einen grofsen Theil des kleinern
Asiens, und rechtfertigte durch ihre Talente
für diesen neuen Zweig der Schauspielkunst
und Mimik die Meinung vollkommen, welche
Kerinthus von ihr gefafst hatte. Allein diese
wandernde Lebensart war, bey allen ihren
Annehmlichkeiten, auch grofsen Beschwerden
und Gefahren ausgesetzt; nicht alle Abenteuer
fielen glücklich aus, und Anagallis, oder P a-
r i s a t i s (wie sie sich jetzt nennen liefs)

ging schon einige Zeit mit ihrem Bruder zu
Rathe, wie sie ihre Fähigkeiten auf eine ed-
lere und seines hoch strebenden Geistes wür-
digere Art beschäftigen könnten: als ein glücklicher Zufall sie mit der schönen und reichen
Römerin Mamilia Quintilla bekannt machte,
und die beiden Damen eine so grofse Zuneigung für einander fafsten, dafs sie von nun
an beschlossen, sich nie wieder zu trennen.
Kerinthus war eben abwesend, als sich dieses
zutrug; sie benachrichtigte ihn schriftlich davon, und er liefs sich um so eher gefallen
seine Schwester in so guten Händen zu lassen, da er selbst im Begriff war, neue Verbindungen einzugehen, und bereits über dem
grofsen Entwurfe brütete, mit dessen Ausführung wir ihn beschäftigt gesehen haben; jedoch mufste sie ihm versprechen, dafs sie so
viel möglich einen ununterbrochnen Brief-
wechsel mit ihm unterhalten und immer bereit
seyn wollte, ihm, bey jeder Aufforderung, zu
seinem Vorhaben (woraus er ihr damahls noch
ein Geheimnifs machte) beförderlich zu seyn.


Lucian.

Ah! nun klärt sich auf einmahl alles auf,
was dich bey deiner ersten Zusammenkunft
mit Kerinthus beynahe nöthigen mufste, ihn

für ein übermenschliches Wesen, oder wenigstens für einen Wundermann vom ersten
Range anzusehen.

## Peregrin.

Mich hatte dieser fatale Lichtstrahl in
dem Augenblicke durchblitzt, da ich aus Diokleens Munde hörte, dafs sie die Schwester
des Kerinthus sey; und daher diese heftige
Revoluzion, die auf einmahl mein ganzes Wesen erschütterte. Es brauchte für mich nichts
mehr, als mir zwey solche Personen wie Kerinthus und Anagallis in einem solchen
Verhältnisse zu denken, um alles übrige dunkel voraus zu sehen, und mich verrathen und
betrogen zu glauben. Indessen wollte ich doch
aus ihrem eignen Munde hören, wie es damit
zugegangen; und sie ermangelte nicht, mir
von freyen Stücken alles Licht zu geben,
das ich wünschen konnte.

Ich habe wohl nicht nöthig, (fuhr sie
mit dem halb ironischen Lächeln, das in ihrem Gesicht einen so eigenen Zauber hatte,
fort) mich über meine Begebenheiten, so lange
ich in Verbindung mit Quintillen war, weitläufig auszubreiten, da du selbst eine Haupt-
rolle dabey gespielt, und schon damahls, als

wir in der Villa Mamilia beysammen lebten,
den Schlüssel zu der ganzen Maschinerey,
durch welche man dir so beneidenswürdige
Täuschungen verschaffte, von mir bekommen
hast. Ich eile also zu einem Umstande, der
sich bald nach deiner Entfernung von uns
zutrug, und dir einen neuen Schlüssel zu dem
wunderbaren Abenteuer, das dir zu Smyrna
aufstiefs, geben wird.

Und nun erzählte sie mir: Ihr Bruder hätte
ihr seit ihrer zweyten Trennung so viel Nachricht von sich gegeben, dafs sie daraus erse-
hen können, er habe endlich einen Wirkungs-
kreis gefunden, worin er seine Fähigkeiten
zu einem sehr grofsen und ehrenvollen Zweck
anwende, und sich einen gewisser Mafsen
unsichtbaren, aber nur desto wichtigern Einflufs verschaffe, dessen Grenzen nicht abzuse-
hen wären. Er meldete ihr von Zeit zu Zeit,
dafs sein Geschäfte, trotz der vielen Schwierigkeiten die er zu bekämpfen habe, den glücklichsten Fortgang gewinne, sagte aber nie
warum es eigentlich zu thun sey, und drückte
sich über alles in einer so geheimnifsvollen
Sprache aus, dafs ihre Neugier dadurch um
so stärker gereitzt werden mufste, da er noch
immer auf ihre künftige Mitwirkung Rechnung zu machen schien. Wenige Tage nach

meiner Entweichung erschien er selbst zu Halikarnaſs, und lud seine Schwester zu einer
geheimen Zusammenkunft ein, worin er sich
über die Natur seiner neuen Verbindungen,
über seine Plane, und über die Mittel, wodurch er sich, so zu sagen, zum König
eines unsichtbaren Reichs zu machen
hoffte, ausführlich gegen sie heraus lieſs.
Seine Reisen durch den gröſsten Theil des
Reichs hätten ihm mancherley Gelegenheiten
verschafft die Christianer genauer kennen zu
lernen, und sich von ihrem Institut, oder
vielmehr von dem, was es unter den
Händen eines fähigen und unternehm-
menden Mannes werden könne, ganz
andere Begriffe zu machen als man gewöhnlich davon habe. Er hätte gefunden, was
sich vielleicht noch keiner aus ihrem Mittel
deutlich gedacht haben möchte — daſs es
ganz dazu gemacht seỵ die gröſste
Revoluzion in der Welt zu bewirken, und daſs dazu, nächst der Zeit, die
alles zur Reife bringen muſs, nichts weiter
erfordert werde, als vermittelst eines geheimen Ordens wo nicht alle, wenigstens den
gröſsern Theil der Brüdergemeinen, in ein
wohl organisiertes Ganzes zu verbinden, und unter die unsichtbare Leitung eines
Einzigen zu bringen, der durch seinen

Geist, seine Talente, seinen Muth und eine
unermüdliche Thätigkeit und Beharrlichkeit,
einem so viel umfassenden Amte gewaóhsen
sey. — Du kennest meinen Bruder, fuhr sie
fort, und so brauche ich dir nicht zu sagen,
wer dieser Einzige war, den er zur Ausführung seines Plans bestimmte, und ob er
von dem Augenblick an, da dieser grofse Gedanke in seinem erfindungsreichen Geiste auf-
blitzte, mit etwas anderm beschäftigt war, als
mit den Mitteln, wodurch er ihn in Wirklichkeit setzen könnte. Er wurde ein Christianer, und that sich durch die Behendigkeit,
womit er den Geist ibres Instituts erfafste,
durch die Beredsamkeit und das Feuer seines
Vortrags in ihren Versammlungen, durch den
neuen Schwung, den er ihren Lieblingsideen
zu geben wufste, und durch den brennenden,
aber immer von Klugheit geleiteten Eifer, womit er sich für einzelne Gemeinen sowohl als
für die allgemeine Sache verwendete — in
kurzer Zeit so sehr hervor, dafs er das Vertrauen vieler einzelner Vorsteher und dadurch
immer neue Gelegenheiten erhielt, das Innere
ihrer Verfassung und Umstände, und (was
für ihn das wichtigste war) die einzelnen
Personen sehr genau kennen zu lernen, die
entweder zu seinem geheimen Vorhaben als
Werkzeuge oder als wirkliche Milarbeiter

brauchbar waren, oder, wenn er sie zu keinem von beiden aufgelegt fand, durch andere
Mittel und Wege, wo nicht gewonnen, wenigstens verhindert werden mußten, ihm mit
Erfolg entgegen zu arbeiten.

Mitten unter diesen rastlosen Bemühungen brachte er den geheimen Orden zu Stande,
mit dessen Hülfe er nun, da die Mitglieder
durch eine große Anzahl der Asiatischen Gemeinen zerstreut waren, an dem Vereinigungs-
werke arbeiten konnte, wodurch er dem Institut der Christianer die Festigkeit und den
genauen Zusammenhang geben wollte, ohne
welche (wie er glaubt) seine immer weitere
und schnellere Ausbreitung und endlich sein
Triumf über die herrschende religiöse und
politische Verfassung unmöglich seyn würde.
Der Anfang zu diesem allen war gemacht.
Aber noch immer suchte er Ordensglieder, denen er sich ganz vertrauen könnte, und welche mit den allzu seltnen Fähigkeiten ausge-
rüstet wären, die er bey den unmittelbaren
Organen seines Plans zu finden wünschte:
und da er mir (setzte sie hinzu) die Ehre
erwies, von den meinigen eine sehr günstige
Meinung zu hegen; so ließ er nichts unver-
sucht, um mich zu bewegen, daß ich alle
andere Verbindungen und Entwürfe aufgeben,

und die Geistesgaben, die mir seine brüder-
liche Parteylichkeit zuschrieb, der Beförderung eines Werkes widmen sollte, wovon er
meine Vernunft selbst überzeugte, dafs es das
gröfste, glänzendste und vortheilhafteste sey,
was Personen, die sich über den gewöhnlichen Menschenschlag erhaben fühlten, jemahls
unternehmen könnten. Er beantwortete alle
meine Fragen, löste alle meine Zweifel, entdeckte mir alle seine Hülfsquellen, und über-
führte mich von der wirklichen Ausführbar-
keit seines Plans, bis zur Unmöglichkeit weiter etwas dagegen einzuwenden. Aber meine
Zeit war noch nicht gekommen. Ich hing
noch zu stark an Mamilien, oder (aufrichtig
zu reden) an allem, was meine Verbindung
mit ihr Angenehmes und Vortheilhaftes hatte;
und Kerinthus selbst schien das letztere wich-
tig genug zu finden, um endlich seine Ansprüche auf mich, wiewohl ungern, der Betrachtung, dafs ich ihm in meinen damahligen Verhältnissen vielleicht nützlicher seyn
könnte, aufzuopfern. Indem wir diese Sache
noch mit vielem Eifer zwischen uns verhan-
delten, stellte sich mir auf einmahl das Bild
meines lieben Flüchtlings dar. Gieb dich zufrieden, Bruder, rief ich mit einer Art von
Begeisterung, ich habe einen Mann gefunden,
der dich für deine fehl geschlagene Hoffnung

reichlich entschädigen wird! — einen jungen
Mann, der so ganz in deine Plane pafst, als
ob ihn die Natur und das Glück absichtlich
und ausdrücklich für dich ausgebildet hätten.
Und nun, mein lieber Peregrin, erzählte ich
ihm alles, was ich von deiner Geschichte aus
deinem eigenen Munde wufste, und was mir
selbst mit dir begegnet war; und du kannst
leicht ermessen, ob ich ihn dadurch begierig
machte, einen so seltenen, so liebenswürdigen und so ganz entschiedenen Schwärmer je
eher je lieber in seine Partey zu ziehen. Wir
überlegten mit einander, was du nach deiner
Entweichung von Halikarnaſs vermuthlich für
einen Weg genommen haben könntest; und
da ich nicht zweifelte daſs du über Smyrna
zurück gehen würdest, so beschloſs Kerinthus
sich unverzüglich dahin zu begeben, und inzwischen allenthalben, wo du wahrscheinlich
auf deiner Wanderung durchkommen würdest,
durch seine Freunde Erkundigungen von dir
einzuziehen. Nach einiger Zeit erfuhr ich
den glücklichen Erfolg des Plans, den er dieser Verabredung zu Folge entworfen hatte,
und erhielt groſse Danksagungen von ihm,
daſs ich ihn in den Stand gesetzt, eine Eroberung zu machen, von welcher er seiner Unternehmung wichtige Vortheile versprach.

Dioklea fuhr nun fort, mir von dem, was
sich bis auf diese unsre, von meiner Seite so
unverhoffte Zusammenkunft mit ihr selbst zugetragen, so viel zu berichten, als sie für
nöthig hielt, mich zu überzeugen, dafs es
auch damit ganz natürlich zugegangen sey.
Die schöne Mamilia wurde des Aufenthalts
in diesen Gegenden von Kleinasien überdrüssig, und Dioklea begleitete sie zuerst nach
den berühmten Bädern von Dafne, unweit
Antiochien, sodann nach Alexandrien, und
endlich nach Italien zurück, wo die üppige
Römerin eine schöne Villa, welche sie in der
Gegend von Bajä besafs, zu ihrem gewöhn-
lichsten Aufenthalt machte, und von dem Beyspiele der neuen Bekanntschaften, in welche
sie hier verwickelt wurde, hingerissen, sich
allen Arten von Ausschweifungen mit so wenig Mäfsigung überliefs, dafs ihre aus einem
feinern Thone gebildete Freundin es endlich
nicht länger bey ihr aushalten konnte. Sie
trennten sich von einander; und Dioklea,
welche sich von der Rolle, die sie in der Unternehmung ihres Bruders spielen könnte, eine
neue, den Fähigkeiten ihres Geistes und ihrem gegenwärtigen Alter angemefsnere Art
von Thätigkeit versprach, säumte nun nicht
länger sich mit ihm zu vereinigen, und, nachdem sie in kurzer Zeit alle dazu erforder-

lichen Kenntnisse und die Einweihung in den
innersten Mysterien seines Ordens unter dem
Nahmen Theodosia erhalten hätte, ihm an
der Beförderung seiner geheimen Theokratie
mit eben so vielem Eifer als Erfolg arbeiten zu
helfen. Diese Vereinigung mit Kerinthus erfolgte bald, nachdem ich mich wieder von
ihm getrennt hatte, um meine Mission nach
der Syrischen Küste anzutreten.

Wie billig, war es eine ihrer ersten Sorgen, sich nach ihrem alten Freunde Proteus
bey ihm zu erkundigen; und so erfuhr sie
nicht nur alles, was ich — in der Meinung
für die Sache Gottes und der ganzen Menschheit zu arbeiten — für ihn und seine Sache gethan hatte, sondern auch zugleich, dafs
Kerinthus, weit entfernt mich seines innersten Vertrauens würdig zu halten, mich bisher nur als ein blofses Werkzeug seiner
Absichten betrachtet habe, einen Menschen
von gutem Willen, dessen Schwärmerey man
benutzen müsse, ohne ihm jemahls auch nur
ahnden zu lassen, dafs das, was er für den
Zweck hielt, blofs ein Mittel zu dem
wahren Zweck seines Ordens sey. Ich konnte,
(sagte mir Dioklea mit aller Wärme unsrer
ehemahligen Freundschaft) ich konnte mich
mit dem Gedanken nicht versöhnen, einen

Mann wie Du in den Augen meines Bruders so klein zu sehen. Wir stritten uns oft über dieses Kapitel, ohne dafs ich mit allem, was ich ihm zu deinem Vortheil sagte, etwas über seine vorgefafste Meinung gewinnen konnte, welche (wie ich mir selbst nicht verbergen kann) auf Beobachtungen und Maximen gegründet war, die einen kältern und weniger für dich eingenommenen Kopf als der meinige nothwendig zurückhaltend machen mufsten. Mit Einem Worte, Kerinthus scheint sich überzeugt zu haben, dafs du seiner Sache als Apostel, und allenfalls auch als Märtyrer, unendliche Mahl nützlicher seyn könnest, als du ihm seyn würdest, wenn er dich ohne Schleier in sein Geheimnifs schauen liefse. Aber er mag seiner Schwester verzeihen, wenn sie eine bessere Meinung von dir hegt, und nichts dabey zu wagen hofft, indem sie, einen alten Freund zu retten, gewisser Mafsen zur Verrätherin an einem Bruder wird. In der That sah ich kein anderes Mittel, dich aus der gegenwärtigen Gefahr zu ziehen und vor künftigeh sicher zu stellen. Nein, mein lieber Peregrin! du sollst nicht das Opfer eines schwärmerischen Eifers werden; wenn Kerinthus Märtyrer für seine Sekte braucht, so mag er sich nach solchen umsehen, an welchen mein Herz weniger Antheil nimmt.

Übrigens kennest du meine Art zu denken.
Es ist angenehm sich zuweilen einer unschäd-
lichen und vorüber gehenden Schwärmerey
der Fantasie oder des Herzens zu überlassen,
so wie zuweilen eine kleine Trunkenheit angenehm und unschädlich ist: aber sein ganzes Leben durch zu schwärmen, und darüber
zum blinden Werkzeuge fremder Absichten
und Entwürfe zu werden, ist eine eben so
undankbare als verächtliche Art von Existenz.
Man gewinnt immer bey der Wahrheit, auch
dann, wenn sie uns der schmeichelhaftesten
Täuschungen beraubt. Der schlechte Erfolg,
womit ich dir diese Filosofie vor sieben Jahren in der Villa Mamilia predigte, hätte mich
billig abschrecken sollen, einen neuen Versuch
zu machen: aber diefsmahl, Peregrin, hast
du so wenig dadurch zu verlieren, dafs ich
dir die Augen öffne, und der Vortheil, hell
in diesen Dingen zu sehen, ist dagegen so
entschieden, dafs ich weder deinem noch meinem Verstand ein grofses Kompliment mache,
wenn ich mir schmeichle, dich, noch ehe
wir uns wieder trennen müssen, gänzlich zu
meiner Vorstellungsart bekehrt zu haben.

Und nun fing sie an, sich in eine ausführliche Darstellung sowohl der Beschaffenheit und Lage, worin ihr Bruder die Ange-

legenheiten der Christianer gefunden habe,
auszubreiten, als über den Plan, nach welchem er sie unvermerkt zu befestigen, empor
zu bringen, und den gröfsten und edelsten
Zweck, der jemahls zum Besten der Menschheit gefafst worden, dadurch zu bewirken
gesonnen sey. Sie wandte alle ihre Beredsamkeit an, mich von der Realität und Er-
reichbarkeit dieses Zweckes, und von der Un-
sträflichkeit und Unfehlbarkeit der Mittel, die
er zu wirklicher Erreichung desselben zusammen spielen lasse, zu überführen. Die erhabnen Offenbarungen der unsichtbaren Welt,
zum Beyspiel, die du (sagte sie lächelnd)
mit einer in der That allzu kindlichen Einfalt
im buchstäblichen Verstande genom-
men hast, scheinen mir weder mehr noch
weniger als die unschuldigste Poesie; entweder bildliche Einkleidungen grofser Wahrheiten, um sie, die in ihrer reinsten Form
den meisten Menschen unverständlich seyn
würden, anschaulich und eben dadurch geschickt zu machen auf das Gemüth dieser Menschen zu wirken — oder Versinnlichung edler
Zwecke, welche, ohne dieses unschuldige Mittel, die eigennützige Trägheit sinnlicher Menschen kalt lassen würden, hingegen, so bald sie
ihnen als Befriedigungen ihrer liebsten Wünsche gezeigt werden, ihre ganze Seele erhitzen

und alle ihre Kräfte in Bewegung setzen. Ist
nicht die Natur selbst die erste und gröfste
Zaubrerin? Täuscht sie etwa nicht uns alle
durch Fantasie und Leidenschaften? und sind,
dieser Täuschung ungeachtet, Fantasie und
Leidenschaften, von Vernunft geleitet, nicht
unentbehrliche Springfedern des menschlichen
Lebens? Mit welcher Billigkeit könnte man
es also einem Gesetzgeber, einem Religionsstifter, einem von den grofsen Heroen der Menschheit, die auf das
Ganze wohlthätig zu wirken geboren sind,
verargen, wenn sie sich der Mittel, welche
die Natur selbst zu diesem Ende in uns gelegt
hat, zu Beförderung des möglichsten und allgemeinsten Glücks der Menschen bedienen?
Ich möchte nicht behaupten, dafs Kerinthus
ein Wort mehr von der unsichtbaren Welt
wisse, als ich, du, oder irgend ein anderer
Erdensohn: aber wenn es höhere Wesen giebt,
die sich damit beschäftigen den Menschen Gutes zu thun, so hätte wahrlich keines von
ihnen einen edlern, göttlichern Gedanken in
die Seele eines Sterblichen hauchen können,
als die Befreyung der Menschheit von allen
Arten der Tyranney, der Vorurtheile und der
Leidenschaften, des Aberglaubens und des
Despotismus, der Cäsarn und der Priester,
welche der letzte Zweck der Theokratie

des Kerinthus ist. Was könnte die erhabnen
Benennungen des Reichs des Lichts, des
Reichs Gottes, verdienen, wenn eine solche Freybeit sie nicht verdiente? Und sogar
die Einflüsse der Äonen, und alle diese heiligen Mysterien der unsichtbaren Welt,
womit Kerinthus die Einbildung schwärmeri-
scher Seelen bezaubert, sind sie etwa ohne
Sinn und Bedeutung? Könnte, dürfte
wohl jener grofse Zweck, eh' er wirklich
erreicht ist, anders als durch unsichtbare
Kräfte, als durch eine geheime Verbindung unsichtbarer Beweger verfolgt werden?
Das Schwärmerische, Mystische und Wunderbare des Glaubenssystems und der religiösen
Übungen, welche Kerinthus den mit ihm ver-
bundenen Brüdern und Schwestern gegeben
hat, ist um so unentbehrlicher, da sein wahrer Plan sowohl vor denen, gegen welche,
als vor denen für welche er arbeitet, nicht
geheim genug gehalten werden kann. Denn
diese würden, wenn ihre Vorstellungen ganz
geläutert würden, weder den Werth der ihnen zugedachten Güter zu schätzen wissen,
noch begreifen können, dafs der Weg, worauf sie geführt werden, der richtigste und
sicherste ist: jene, welche den Glauben der
Christianer für eine unschädliche Schwärmerey zu halten angefangen haben, würden die

gewaltsamsten Mittel zu Ausrottung derselben anwenden, so bald sie wüſsten, daſs das
Reich der Freyheit und Glückseligkeit, mit
dessen Bau wir uns beschäftigen, nur auf den
Trümmern des ihrigen errichtet werden
könne.

Dioklea kannte mich so gut, daſs sie alles
gewonnen zu haben glaubte, wenn sie mir
sowohl die verhaſste Vorstellung, daſs ich
selbst betrogen worden sey, benehmen, als
meine natürliche Abneigung andere zu täuschen überwinden, und mich überreden könnte,
daſs diese Täuschung nicht in der Sache selbst,
sondern bloſs in den Formen, oder vielmehr
in den Hüllen liege, worin die Wahrheit
sich zeigen müsse, um desto mehr Liebhaber
anzulocken, und sich den Nachstellungen ihrer Feinde leichter zu entziehen. · Die Schein-
barkeit ihrer Gründe, durch die Beredsamkeit
ihrer Augen und den Reitz ihrer Stimme
und ihres ganzen Wesens verstärkt, überwältigte mich für den Augenblick: sie glaubte
mich gewonnen zu haben, und genoſs schon
im voraus den Triumf, den ihr meine Bekeh-
rung (wie sie es nannte) über den Unglauben ihres Bruders verschaffen werde. Sie
kündigte mir nun an, daſs der Statthalter von
Syrien einer ihrer wärmsten Freunde sey,

ohne mir zu verbergen, was für Rechte sie
sich während ihres ehemahligen Aufenthalts
in den Bädern von Dafne an seine Dankbarkeit erworben habe: alles sey bereits zu meiner Befreyung vorgearbeitet; ich würde morgen von dem Statthalter selbst vernommen
werden, welchem sie die Meinung beygebracht habe, dafs ich ihr naher Anverwand-
ter, und, einen unschuldigen Hang zur
Schwärmerey ausgenommen, ein Mann von
vorzüglichen Gaben, und in jeder Betrachtung
werth sey, dafs der allzu grofsen Wärme
meiner Einbildungskraft etwas zu gut gehalten werde. Sie unterrichtete mich hierauf
umständlich, wie ich mich bey diesem Römischen Satrapen zu benehmen hätte, und, nachdem sie mir gesagt batte, wo sie mich nach
meiner Freylassung anzutreffen hoffte, schieden wir von einander als die besten Freunde
von der Welt.


## Lucian.

Weifst du auch, Freund Peregrin, dafs
ich selbst von deiner Dioklea immer mehr
und mehr bezaubert bin, und es dir schwerlich verzeihen könnte, wenn du eigensinnig
genug gewesen wärest, ihre gute Meinung
von dir zum zweyten Mahle zu täuschen?

### Peregrin.

So mache dich nur gefaßt darauf, mir
auch diese Anomalie vergeben zu müssen,
da du mir so viele andere schon übersehen
hast. Denn in der That, dieser Zauber, womit sie mich seit dem ersten Augenblick unsrer Bekanntschaft gebunden hielt, und dem
du selbst, wie es scheint, nicht widerstehen
kannst, dauerte immer nur so lange sie gegenwärtig war. Kaum sah ich mich wieder
allein, so war mir ungefähr zu Muthe, wie
einem seyn müßte, der die Nacht mit der
lieblichsten Nymfe zugebracht zu haben geglaubt hätte, und sich beym Erwachen von
den dürren Armen einer alten Thessalischen
Zauberin umfangen sähe. Der große Plan
des Kerinthus — der mich vielleicht hätte
verblenden können, wofern er selbst, zu der
Zeit da ich ihn noch für den ersten aller
Menschen hielt, mir mit dem Feuer eines
Mannes, der kein anderes Interesse als das
allgemeine Beste der Menschheit hat, den
Aufschluß darüber gegeben hätte — war nun,
seitdem ich einen Scharlatan und eine
Schauspielerin an seiner Spitze sah,
nichts als ein betrügerisches Netz, worin er
mich und tausend andere gutherzige Menschen
gefangen hatte, um uns zu blinden Werkzeu-

gen, und, nach Erfordernifs der Umstände,
zu Opfern seiner Herrschsucht und seines
Eigennutzes zu machen. Es war mir unmöglich, einem Manne, der alles, was in meinen
Augen das Ehrwürdigste und Heiligste war,
blofs als Maschinen, Dekorazionen und Mas-
ken zu Ausführung eines weit grenzenden
politischen Plans gebrauchte, edle Absichten
dabey zuzutrauen; und nichts in der Welt
hätte mich dahin bringen können, mit dem
ehemahligen Vorsteher einer herum ziehenden
Bande von Isispriestern gemeine Sache zu machen, und wäre ich auch noch so gewifs gewesen, in nicht mehr Jahren, als Alexander
zu seinen Eroberungen brauchte, den Thron
unsrer heuchlerischen Theokratie mitten in
der Hauptstadt der Welt aufgerichtet zu sehen,
und der Zweyte nach Kerinthus in dieser allgemeinen Monarchie zu seyn.

Diesen Gesinnungen zu Folge bedachte
ich mich nicht lange, was ich von der Freyheit, die ich nun durch Diokleens Vermittlung wieder erhalten sollte, für einen Gebrauch zu machen hätte. So bald die Täuschung, die mir eine Wolke statt der Juno
in die Arme gespielt hatte, vorüber war,
konnte ich mich nicht schnell genug von den
Gegenständen meiner betrognen Liebe los

reifsen, für die ich nun eben so viel Wider-
willen empfand, als sie mich ehemahls ange-
zogen und gefesselt hatten. Aber wie ich
mich von Diokleen, welche ich wieder zu sehen nicht vermeiden konnte, auf eine bessere
Art als durch eine heimliche Flucht los machen könnte, dazu fand ich in dem ganzen
Umfang meiner Enbildungskraft kein Mittel.
Denn ich kannte die Schwäche meines Herzens und die magische Gewalt ihrer Überre-
dungen, ihrer Liebkosungen, und (wenn
nichts andres helfen wollte) ihrer Thränen,
zu gut, um nur daran denken zu dürfen, ihr
meine Entschliefsung und die Beweggründe
derselben eher zu entdecken, bis ich aus dem
Kreise heraus wäre, worin sie alles was sie
wollte aus mir machte. Diefs war die einzige Schwierigkeit, die mich keine geringe
Überwindung kostete. Denn der Gedanke an
die grofsen Summen, die aus meiner Erbschaft
in die Brüderkasse des Kerinthus und Hegesias geflossen waren, und welchen auch Dioklea, wiewohl nur im Vorbeygehen, bey mir
geltend zu machen nicht vergessen hatte, hielt
mich keinen Augenblick auf. Wie hätte auch
ein solcher Verlust einen Menschen kränken
sollen, der die Befriedigung eines einzigen
seiner schwärmerischen Wünsche mit allen
Schätzen von Indien noch sehr wohlfeil

erkauft zu haben geglaubt hätte, und, nachdem
er sich nun zum zweyten Mahle vom höchsten Gipfel seiner schönsten Hoffnungen her-
abgestürzt sah, nichts mehr zu verlieren hatte,
was bedauernswerth war!

Alles erfolgte nun wie Schwester Theodosia es vorher gesagt hatte. Ich wurde am
nächsten Morgen vor den Statthalter geführt,
fand ihn aber von einer so ungeheuern Menge
von Leuten, die entweder etwas anzubrin-
gen hatten oder auf seine Befehle warteten,
belagert, dafs er weder Zeit noch Lust zu
haben schien, mir zu der Schutzrede für die
Christianer, die ich meditirte, Gelegenheit zu
geben. Er begnügte sich zwey oder drey
Fragen an mich zu thun, deren Beantwortung
ihn vermuthlich in der Meinung, die ihm
Dioklea von mir beygebracht, bestärken mochte:
denn er erwiederte sie blofs mit einem ironischen Lächeln, und dem Befehl, mich, als
einen Menschen, von welchem der Staat und
die öffentliche Ruhe nichts zu besorgen habe,
auf der Stelle in Freyheit zu setzen, unter
der einzigen Bedingung, dafs ich die Provinz
Syrien sogleich verlassen und mich hüten
sollte, noch einmahl in verbotenen Versammlungen, von welcher Art sie seyn möchten,
betreten zu werden. Von der Klage, welche

meine Verwandten der Verschleuderung meines Erbgutes halben gegen mich erhoben hatten, wurde gar nichts erwähnt. Vermuthlich hatte die vorsichtige Dioklea, die mit ihrem Bruder auf Gewinn und Verlust in Gesellschaft getreten war, Mittel gefunden, diesen Punkt mit dem Statthalter in geheim auszumachen. Genug, meine guten Freunde zu Parium mufsten sich an dem Bescheid ersättigen, dafs man bey der vorgenommenen Untersuchung keine Ursache gefunden habe, den Beklagten der Gewalt, die ihm die Gesetze in Rücksicht seines Alters über die Anwendung seines Vermögens gäben, zu berauben. Und so endigte sich, lieber Lucian, diese ganze Sache, ohne dafs die Filosofie des Statthalters so viel zu meiner Entlassung mitgewirkt hätte, als dein Ungenannter zu Elis dich glauben machen wollte.

### Lucian.

Aber wie lief es nun mit Diokleen ab?

### Feregrin.

Die Lebhaftigkeit der Freude, womit sie mich empfing, hätte beynahe alle meine Entschlossenheit umgeworfen. Ich wufste mir nicht anders zu helfen, um das Bewufstseyn

des Widerspruchs zwischen meiner wirklichen
Gesinnung und der Person, die ich spielen
mußte, zu übertäuben, als daß ich mich dem
Eindrucke, den die Gegenwart dieser sonderbaren Frau immer auf mich machte, gänzlich
Preis gab, und den Gedanken an das, was
wir vorhatten, so viel möglich von ihr und
mir zu entfernen suchte. Indessen war es
doch unmöglich, daß der innerliche Zwang,
den ich mir anthun mußte um ruhiger und
fröhlicher zu scheinen als ich war, einem so
scharfen Auge wie das ihrige hätte entgehen
können. Sie zeigte mir von Zeit zu Zeit
einige Unruhe darüber; und da ich, in der
drückenden Nothwendigkeit, sie durch eine
Lüge zufrieden zu stellen, mich wenigstens
derjenigen bedienen wollte, die der Wahrheit
am ähnlichsten sah — oder vielmehr wirklich
zur Hälfte Wahrheit war —

### Lucian lachend.

Das nenne ich einen gewissenhaften
Schelm!

### Peregrin.

— so gab ich ihr endlich zu verstehen,
daß es sehr grausam von ihr gehandelt wäre,

wenn sie dem Zwange, den sie mir in der ver-
wichnen Nacht fürs Künftige zu einer Pflicht
gemacht hätte, die mir, bey dem was ich
für sie fühlte, weder leicht noch angenehm
seyn könnte, nicht wenigstens so viel zu gut
halten wollte, um die unfreywilligen Seufzer,
die mir von Zeit zu Zeit entführen, unge-
ahndet zu lassen. Sie beantwortete diese
Äufserung, welche sie, ohne eine zu geringe
Meinung von mir oder eine zu grofse von
sich selbst zu hegen, für sehr natürlich halten konnte, durch ein Betragen, das mir
einige Hoffnung liefs, wenn ich mich ihres
Zutrauens erst würdiger gemacht haben würde,
von ihrem Herzen zu erhalten, was in der
That bey einer Frau wie sie durch irgend
eine andere Art von Verführung schwerlich
zu erhalten war. Diese Wendung, welche
unsre Unterhaltung nahm, führte unvermerkt
Erinnerungen an Scenen aus der Vergangen-
heit herbey; dein armer Freund (wenn du
ihn anders dieses Nahmens noch würdig fin-
dest) wurde eben so unvermerkt immer wärmer, und es kam so weit mit ihm, dafs, wenn
Dioklea nur die mindeste Ahndung der Gefahr, von ihm verlassen zu werden, gehabt
hätte, es gänzlich in ihrer Gewalt gewesen
wäre, ihn bis zum Geständnifs seines treulo-
sen Vorhabens zu treiben, und ihm einen

Rückfall wenigstens auf lange Zeit unmöglich
zu machen. Aber von dieser Seite lebte
sie in der vollkommensten Sicherheit: und
da sie alle ihre Aufmerksamkeit und Kunst
blofs darauf wandte, dem, was sie für die
einzige Gefahr bey unserm neuen Verhältnisse
hielt, mit guter Art vorzubauen; so entging
ich zu meinem Glücke der einzigen, in welcher mein Entschlufs unfehlbar gescheitert
wäre. Denn ich hätte in diesen zärtlichen
Augenblicken, da meine Seele in dem Andenken so vieler unbeschreiblich wonnevoller
Tage dahin schmolz, die mir in der zauberischen Einsamkeit der Villa Mamilia mit ihr
zu einzelnen Stunden geworden waren, keine
Stirne gehabt, ihr etwas zu verheimlichen
oder abzuläugnen, wenn sie in meinem In-
wendigen hätte lesen können. So hingegen
schien sie, vielleicht aus Mifstrauen in ihr
eigenes Herz, nichts angelegners zu haben,
als mich von jenen verführerischen Erinnerungen zurück zu ziehen, und wufste mir auf
ihre eigene feine Art unvermerkt Fragen abzu-
locken, deren Beantwortung ihr Gelegenheit
gab, sich in eine umständliche Erzählung des
Merkwürdigsten einzulassen, was ihr in den
sieben Jahren unsrer Trennung begegnet war.
Eine Vertraulichkeit, die meinem wankenden
Vorsatz ungemein zu Statten kam, da es nicht

fehlen konnte, dafs sie mich dabey, manchen
Blick in ihr Inneres thun liefs, der mich in
der alten Entdeckung bestätigte, dafs sie eine
zu grofse Meisterin in der Mimik sey, als
dafs ein Mensch von meinem Schlage jemahls
hoffen dürfe, das, was der Natur oder der
Kunst in ihr angehöre, mit einiger Sicherheit
unterscheiden zu lernen.

### Lucian.

Meine erste Sorge, so bald du deine Le-
bensgeschichte glücklich zu Ende gebracht
haben wirst, soll seyn, diese Dioklea aufzu-
suchen, wofern sie anders in den Gegenden,
die uns zur Wohnung angewiesen sind, zu
finden ist.

### Peregrin.

Über diesen Zweifel kann ich dich beru-
higen, Lucian. Ich habe sie schon öfters und
immer in sehr guter Gesellschaft angetroffen.
Es soll mir ein Vergnügen seyn dich mit ihr
bekannt zu machen.

### Lucian.

Eine Gefälligkeit mehr, wofür ich dir verbunden seyn werde. Aber nun zum Verfolg
deiner eigenen Angelegenheiten!

## Peregrin.

Da mir auferlegt war, Antiochien noch
an dem nehmlichen Tage und ohne alles Aufsehen zu verlassen, und Dioklea alle Anstalten dazu bereits getroffen hatte; so begreifst
du, ohne mein Erinnern, daſs alles, was ich
dir so eben von unsrer gegenseitigen Lage
gesagt habe, das Merkwürdigste von den drey
Tagen ausmacht, an welchen wir auf ihrer
Rückreise zu ihrem Bruder, der uns zu Da-
maskus erwartete, zum letzten Mahl allein
beysammen waren.  Dioklea befand sich um
die dritte Nacht so ermüdet, daſs sie, so bald
wir in unsrer Herberge anlangten, sich sogleich zur Ruhe begab, und mir dadurch Zeit
verschaffte, meine beschlossene heimliche
Flucht ins Werk zu setzen. Glücklicher Weise
hatten wir uns den Abend zuvor über das,
was ich Heucheley nannte, ein wenig
mit einander entzweyt, aber auf meiner Seite
stark genug, daſs es mir bey Ausführung meines Vorhabens leichter ums Herz war als ich
selbst gehofft hatte.  Wir befanden uns nicht
weit von Gabala, in dem Hause einer Chris-
tianerin, einer guten alten Wittwe, die hier
von den Einkünften eines kleinen Landgutes
lebte, und, da sie kinderlos war, den Mann
Gottes Kerinthus, oder vielmehr die unter

seiner Verwaltung stehende Brüderkasse, zu
ihrem eventualen Erben eingesetzt hatte. Ich
liefs also meine geliebte Schwester Theodosia
in guten Händen. Überdiefs hielt ich es auch
für Pflicht, ihr von einer ziemlichen Summe
an Gold, welche sie mir bey unsrer Abreise
von Antiochien übergeben hatte, zwey Drit-
theile zurück zu lassen, wiewohl ich, ohne
mein Gewissen zu belasten, das Ganze, als
einen sehr kleinen Ersatz für das reiche Opfer, so ich der Brüderkasse dargebracht, hätte
behalten können. Meine Flucht hatte nicht
die geringste Schwierigkeit. Ich hinterliefs
einen Brief an Diokleen, worin ich ihr sagte:
„Die Aufschlüsse, die ich über das Geheimnifs des Ordens, in welchen mich meine un-
vorsichtige Gutherzigkeit verflochten habe, seit
kurzem erhalten hätte, machten mir eine gänzliche Aufhebung aller Gemeinschaft mit be-
sagtem Orden und seinen Vorstehern zum
unumgänglichen Gesetz. Ich begäbe mich hiermit freywillig und wohlbedächtlich alles An-
spruchs an alle Summen, welche Hegesias
und Kerinthus während unsrer Verbindung
von mir erhalten oder in meinem Nahmen bezogen hätten; und hoffte dagegen, dafs Sie
so billig seyn würden, mich für ein so be-
trächtliches Lösegeld hinwieder aller Pflichten
zu entlassen, die ich beym Eintritt in ihren

Orden übernommen, und deren Erfüllung mir
von nun an moralisch unmöglich sey. Im
Übrigen werde ihnen ihre Kenntnifs meines
Herzens Bürgschaft dafür leisten, dafs keines
von ihnen jemahls etwas nachtheiliges von
mir zu besorgen haben könne."

Ich machte, als alles im Hause im ersten
Schlafe lag, meinen Abzug durch ein Fenster,
das aus meinem kleinen Zimmer in den Gar-
ten ging, doch mit etwas mehr Bequemlich-
keit als ehemahls aus dem Fenster der schönen Kallippe; und da ich, vom Gefühl meiner Freyheit und dem schmeichelhaften Bewufstseyn der Leichtigkeit, womit ich der
Tugend so viele und grofse Opfer brachte,
begeistert, die ganze Nacht durch in Einem
fort lief, befand ich mich mit Anbruch des
Tages am Ufer des Meeres. Ich liefs mich
unverzüglich in einem Fischernachen nach Laodicea übersetzen, wo ich, in gröfster Verborgenheit, ein paar Tage zubrachte, meine
Lage zu überdenken, und zu sehen was für
eine Partey mir nach einer so grofsen Katastrofe meiner innerlichen und äufserlichen Umstände zu nehmen übrig sey.

# ACHTER ABSCHNITT.

—————

# Lucian.

Ich gestehe dir offenherzig, Freund Peregrin, daſs in deinem letztern Betragen gegen
Diokleen etwas iſt, das ich mit deinem Karakter, so wie er ſich bis zu dieser Epoke
gezeigt hat, nicht recht · zusammen reimen
kann. Mich dünkt, das feine moralische Gefühl, das dich sonst bey allen Verirrungen deiner Fantasie und deines Herzens nie verliefs,
müsse durch deinen langen Aufenthalt unter
den Christianern ein wenig abgestumpft worden seyn: denn wie wäre es sonst möglich
gewesen, daſs du eine Freundin, die schon
so viel für dich gethan, dir in diesem Augenblick einen so grofsen Beweis ihrer Theilneh-
mung und ihres Zutrauens gegeben hatte, auf
eine eben so unedle als unzärtliche Art, ohne
die geringste Rücksicht auf die Verlegenheiten, in welche sie dadurch gesetzt wurde,

hättest verlassen können? Blofs aus Freundschaft für dich, blofs weil sie den Gedanken
nicht ertragen konnte, dafs du, anstatt ein
Mitgenofs der Unternehmungen ihres Bruders,
nur ein Werkzeug, und wohl gar ein Opfer
derselben seyn solltest, hatte sie dir sein Geheimnifs entdeckt, und sich dadurch in den
Fall gesetzt, seinen ganzen Unwillen auf sich
zu laden, ja vielleicht seinen ganzen Plan
scheitern zu machen, woferr sie zu viel auf
dich gerechnet haben sollte. Würde sie diefs
gewagt haben, wenn sie nicht die gröfste
Meinung von deinem Edelmuth gehegt, dich
nicht schlechterdings für unfähig gehalten
hätte, ihr Zutrauen so zu belohnen wie du
thatest? Und wärest du fähig gewesen so
zu handeln, wenn du dich nur einen Augenblick an ihren Platz gesetzt hättest?

### Peregrin.

Welch einen warmen Sachwalter diese
Zauhrerin an dir gefunden hat, von deren
verführerischer Gewalt du dir nur erst jetzt
einigen Begriff machen kannst, nachdem es
ihr schon bey einer blofs mittelbaren Bekanntschaft gelungen ist, den kalten Lucian, den
erklärten Feind aller Täuschungskünste, durch
einen einzigen behenden Handgriff auf ihre

Seite zu bringen! Mit welcher Leichtigkeit
hat sie alle Aufschlüsse, die wir in dem Haine
der Venus Urania und auf dem Landgute der
edeln Römerin von ihrem wahren Karakter
erhalten haben, plötzlich aus deinen Augen
gerückt! Aber ich, mein lieber Lucian, ich
trug zu tiefe Narben von allem, was ich
durch ihren Leichtsinn, ihren Muthwillen,
ihre Eitelkeit, ihre eigennützige Gefälligkeit
gegen fremde Leidenschaften, gelitten hatte,
in meiner Seele; ich hatte zu viele, zu entscheidende Proben, wie hoch sie es in der
Mimik gebracht, und wie leicht es ihr sey,
die Gestalt, Miene, Sprache und Geberde
jeder schönen Empfindung, jeder Tugend,
jeder moralischen Grazie anzunehmen, als daſs
ich (zumahl nach Geständnissen, welche
nothwendig einen dem Kerinthus und ihr
selbst höchst nachtheiligen Eindruck auf mich
machen muſsten) so geneigt hätte seyn können, von der anscheinenden Groſsmuth ihrer
Freundschaft auf eine dauernde Art gerührt
zu werden. Ich begehre mich nicht zu rechtfertigen, Lucian; ich erzähle dir bloſs mit
aller Aufrichtigkeit, deren ich in unserm gegenwärtigen Zustande fähig bin, was ich von
meiner eigenen Geschichte weiſs; und Nachsicht mit meinen Verirrungen ist alles, worauf ich, bey einem Manne wie du, Anspruch

machen kann. Ich bin getäuscht worden,
und habe andere getäuscht; aber jenes immer unwissend, dieses immer ohne Vorsatz:
ich gestehe beides offenherzig; aber am Ende
ist es doch nur Gerechtigkeit, wenn ich sage,
daſs ich zu beidem fast immer durch Anscheinungen verleitet wurde, die so lebhaft auf mich wirkten daſs ich sie für Wahrheit hielt. Mich dünkt, ich habe in meiner Erzählung schon erwähnt, daſs es mir
während der vier Tage, die ich wieder mit
Diokleen lebte, nicht wenig kostete, daſs ich
nicht so offen und gerade gegen sie seyn
durfte, als es ihr Betragen gegen mich zu
fordern schien. Aber wie konnte ich anders,
da ich entschlossen war, mit einem so gefährlichen Menschen, als Kerinthus nun in meinen
Augen war, schlechterdings alle Gemeinschaft
aufzuheben? Der Abscheu, den ich nach so
unerwarteten und aus einem so glaubwürdi-
gen Munde erhaltenen Aufschlüssen gegen
ihn gefaſst hatte, war so übermäſsig als die
Verehrung, von welcher ich, so lang' ich ihn
in einer überirdischen Glorie erblickte, für ihn
durchdrungen war; er war zu heftig, um in
seiner ersten Energie von irgend einer andern Empfindung überwogen zu werden. Und
dennoch machte Dioklea meine Entschlieſsung
mehr als Einmahl wanken! Dennoch würde

sie allem Vermuthen nach einen gänzlichen
Sieg über mich davon getragen haben, wenn
sie in dem kritischen Momente, dessen du
dich erinnern wirst, tiefer in mich gedrun-
gen, und mich genöthiget hätte, ihr die
wahre Ursache meiner Verlegenheit und meiner Seufzer zu entdecken.

### Lucian.

Ich erinnere mich dieses kritischen Augenblicks sehr wohl, lieber Peregrin: aber erlaube mir zu bemerken, dafs es nicht Edelmuth und dankbares Gefühl für die aufserordentliche Freundschaftsprobe, die sie dir gegeben hatte, sondern etwas ganz anderes war,
was dich damahls in ihre Gewalt brachte.

### Peregrin.

Ich bekenne meine Schuld, und weifs zu
meiner Vertheidigung nichts weiter anzuführen als was ich schon gesagt habe. Im Fall
eines Zusammenstofses zweyer einander entgegen wirkender Gefühle mufs natürlicher
Weise das schwächere weichen; und diefs
geschah im vorliegenden Falle um so mehr,
da ich Diokleens Offenherzigkeit gegen mich,
in der Stimmung worin mich die Geheimnach-
richten von ihrem Bruder gesetzt hatten,

blofs als einen feinern Kunstgriff ansah, mich
stärker und unauflöslicher in die Unternehmungen eines Ordens zu verwickeln, der
schon allein da durch, dafs er im Grunde blofs
politische Absichten und Finanzspekulazionen
zum Zweck hatte, alles Anziehende für mich
verlor, und meiner ganzen Sinnesart zuwider
war. — Aber, es ist Zeit, den Rest meiner
Geschichte mit etwas schnellern Schritten
fortzusetzen.

### Lucian.

Doch nicht schneller, wenn ich bitten
darf, als das Interesse, das mir deine Geschichte eingeflöfst hat, gestatten kann. Du
bliebst zu Laodicea stehen, in Überlegungen
vertieft, was du nun mit deiner wieder er-
langten Freyheit und mit deinen neuen Erfahrungen anfangen wollest. Beide waren,
nach deiner Gewohnheit, etwas theuer erkauft!

### Peregrin.

Und mufsten eben darum auch einen
desto gröfsern Werth in meinen Augen haben.
Indessen übertreibe ich nichts, wenn ich sage,
dafs weder der Verlust des gröfsten Theils
meines Vermögens, noch die Trennung von

Kerinthus, Dioklea und meinen ehemahligen
Brüdern, mir das Vergnügen, mich wieder
frey zu wissen, verkümmern konnten. Es gehörte, wie du bereits bemerkt haben wirst,
zu den Eigenheiten meiner Sinnesart, daſs
dieselben Gegenstände, welche in dem Zau-
berlichte, worin sie mir erschienen, meine
ganze Seele eingenommen hatten, so bald ich
fand oder zu finden glaubte, daſs sie das nicht
waren wofür ich sie gehalten hatte, nur aus
meinen Augen gerückt zu werden brauch-
ten, um sich in wenigen Tagen auch aus
meinem innern Gesichtskreise so gänzlich zu verlieren, als ob alles, was zwischen
mir und ihnen vorgegangen, ein bloſser
Traum gewesen wäre. Ich trennte mich von
Kerinthus und seinen Anhängern, nachdem
der Sturm des ersten Augenblicks vorüber
war, ohne daſs es meinem Herzen das geringste kostete, als von Betrügern oder Betrognen, zwischen welchen und mir von nun
an keine Gemeinschaft mehr Statt fand; ohne
Reue oder Beschämung, und durch das Be-
wuſstseyn befriediget, daſs ich, durch die
edelsten Beweggründe in meine Verbindung
mit ihnen hinein gezogen, der guten Sache,
so lange ich sie dafür halten muſste, alles
aufgeopfert hatte. Aber noch lebte ein Bild
in meiner Seele, das mir zwar unter so vie-

len Gegenständen, welche unmittelbarer auf
mich gewirkt, und sich aller meiner Aufmerksamkeit bemächtigt hatten, nach und nach
aus dem Andenken gekommen war, aber nun,
in der tiefen Einsamkeit, in die ich mich
zurück geworfen sah, durch einen Kontrast,
der seine Liebenswürdigkeit verdoppelte, auf
einmahl wieder wie eine himmlische Erscheinung vor meiner Stirne stand; — und diese
war — das Bild der guten, unschuldigen,
unverfälschten Familie von Christianern, zu
denen mich mein Wegweiser Hegesias ehemahls in dem Walde zwischen Pergamus und
Pitane verirren liefs.  Du kenntest mich nun
so gut, Lucian, dafs ich dir nicht zu sagen
brauche, mit welchem Feuer meine Einbildungskraft, in dem abermahligen Schiffbruch,
den alle meine Hoffnungen und Wünsche er-
litten hatten, nach diesem Brete griff.  Meine
Partie war auf einmahl genommen.  Mein
grofsväterliches Erbe, — eine Kleinigkeit gegen das, was die Ordenskasse des Kerinthus
verschlungen hatte, aber mehr als hinlänglich
einen Menschen von mäfsigen Bedürfnissen zu
befriedigen — dieses Erbe, welches gröfsten
Theils in einem kleinen, nahe bey Parium
gelegenen Landgute bestand, war glücklicher
Weise noch in meinen Händen.  Mein Plan
war also, mit dem ersten Schiffe, das nach

Cypern und Rhodus befrachtet wäre, abzu-
gehen, von da nach Hause zurückzukehren
die Trümmer meines Vermögens zu Gelde zu
machen, und mich dann, wo möglich, unmittelbar mit jenem auserwählten Häuflein
ächter Jünger unsers guten Meisters zu vereinigen, um in paradiesischer Unschuld und
Abgeschiedenheit von der Welt, Ein Leib,
Ein Herz und Eine Seele mit diesen engel-
ähnlichen Sterblichen, im reinsten Genuls des
gegenwärtigen und in freudigster Erwartung
des zukünftigen Lebens, dieser hohen Eudämonie und göttlichen Befriedigung meines Innersten theilhaftig zu werden, welche schon
so lange vergebens das letzte Ziel meiner
Wünsche gewesen war.

### Lucian.

Bravo, Peregrin! Deine Imaginazion thut
wieder ihre Schuldigkeit, wie ich sehe; du
geniefsest wieder so überschwenglich viel
voraus, und alles in einer so überirdischen
Lauterkeit und Vollkommenheit — dafs die
guten ehrlichen Seelen, von denen du so viel
erwartest, schlechterdings in die Unmöglichkeit gesetzt sind, deiner Fantasie genug zu
thun, wenn sie auch noch so guten Willen
dazu hätten.

## Peregrin.

Diefsmahl liefs das Schicksal, oder meine
Wankelmüthigkeit (wenn du nicht etwa lieber einmahl meiner Vernunft die Ehre davon
geben willst) es nicht zur Probe kommen,
welche sehr wahrscheinlich gerade so ausge-
fallen seyn dürfte, wie du erwartest. Eine
unverhoffte Zusammenkunft mit einem Freunde,
den ich seit mehrern Jahren ganz aus den
Augen verloren hatte, verrückte mir den Ge-
sichtspunkt, woraus ich diese Dinge noch anzusehen gewohnt war, und das Schicksal
vollendete, was jener angefangen hatte.

Während dafs ich zu Lindus auf ein
Fahrzeug wartete, welches mich nach Mitylene bringen sollte, begegnete mir in einer
bedeckten Halle ein Mann, der bey meiner
Erblickung eben so verwundert still stehen
blieb, als ich bey der seinigen. Zu unsrer
beiderseitigen Freude entdeckten wir, Ich in
ihm den nehmlichen Dionysius von Sinope, mit welchem ich zu Ikonium in der
Pflanzschule des Kerinthus Bekanntschaft gemacht hatte, Er in mir den damahligen Vertrauten und Günstling des Profeten, der auf
eine geheime Mission nach Syrien abgeschickt
worden war. Der blofse Umstand, dafs wir

uns so allein zu Lindus wiederfanden, sagte
uns, dafs wir einander merkwürdige Dinge zu
entdecken haben würden. Dionysius war seit
kurzem, wie er mir sagte, durch eine Erbschaft nach Lindus gezogen worden, und gefiel sich da so wohl, dafs er diese anmuthige
Stadt zum Ziel seiner Wanderungen zu setzen Lust hatte.

Und wie machtest du es, fragte ich etwas
voreilig, dafs du dich und deine Erbschaft
aus den Klauen des Profeten Kerinthus in
Sicherheit brachtest?

Diese Frage sagt mir viel auf einmahl,
erwiederte Dionysius; aber wir müssen einen
bequemern Ort suchen, uns einander näher
zu erklären: und hiermit führte er mich in
seine Wohnung, und nöthigte mich, das
Gastrecht bey ihm anzunehmen. — Ich habe
dir schon gesagt, Lucian, dafs dieser junge
Mann den Schlüssel zu meinem Kopf und
Herzen bey sich trug; denn in der weiten
Welt fand sich schwerlich noch ein anderer,
der, was die Schwärmerey betrifft, ein voll-
kommnerer Gegenfüfser von mir gewesen
wäre, und doch in allem übrigen mehr mit
meiner Gemüthsart sympathisiert hätte als er.
Wir wurden also in wenigen Stunden ver-

traut genug, um nichts geheimes vor einander zu haben. Dionysius machte den Anfang
mich über seine ehemahlige Verbindung mit
Kerinthus ins Klare zu setzen.

Ich wurde, sagte er, durch einen Zufall
mit ihm bekannt. Er schien mir ein Mann
von tiefem Inhalt zu seyn, und alles, was
ich an ihm sah, fesselte meine Aufmerksamkeit. Auch Er schien mich hinwieder als
einen Menschen zu betrachten, der die seinige verdiente. Wir näherten uns einander
unvermerkt, aber von beiden Seiten so be-
hutsam, dafs ich lange nicht recht wufste,
was ich aus ihm machen sollte. Da wir einige
Tage in Gesellschaft reiseten, so fehlte es
uns nicht an Gelegenheit, allein beysammen
zu seyn; und so fiel die Unterredung nach
und nach auf alles, was für Personen von
Erziehung, Weltkenntnifs und gesetztem Karakter Interesse hat. Wir sprachen von Poli-
tik, von Filosofie, von Religion — immer
mit Rücksicht auf den gegenwärtigen Zustand
der Dinge. Kerinthus liefs sich über alles wie
ein Mann von grofsem Sinn und festen Grundsätzen vernehmen, aber immer so, dafs er
viel weniger zu sagen schien als er könnte.
Ich glaubte etwas Geheimnifsvolles in ihm zu
bemerken; aber er schien es zu tragen, wie

einer, der zwar nicht sehen lassen will was
er trägt, aber doch wohl leiden kann, daſs
man merke er trage etwas Wichtiges. Dieſs
schien mir auf mich gezielt zu seyn, und
machte mich desto behutsamer; denn es war
fest bey mir beschlossen, mich nicht verwik-
keln zu lassen. Alles was ich von seiner Art
zu denken heraus brachte, und worüber er
sich allmählich etwas deutlicher erklärte, war:
daſs die Welt zu einer groſsen Revoluzion
heran reife; daſs wir diesem Zeitpunkte schon
wirklich näher wären als man glaubte; daſs
in den Begriffen und Meinungen der Menschen eine zu groſse Veränderung vorgegangen sey, als daſs die alten Stützen länger halten könnten, welche die politische und moralische Welt seit einigen Jahrtausenden getragen hätten, und daſs eine neue, auf die
Würde und Bestimmung des Menschen gegründete Ordnung der Dinge nöthig sey, um
den fürchterlichen Folgen einer gänzlichen
Auflösung der gegenwärtigen Weltverfassung
zuvor zu kommen. Dieſs brachte mich zuweilen auf den Gedanken, daſs er vielleicht
ein Christianer seyn könnte; aber er affek-
tierte bey allem dem so gar nichts Profeti-
sches, sprach von allem so schlicht, wie es
die Natur der Sache und der begreifliche Zusammenhang zwischen Ursache und Wirkung

mit sich brachte, dafs ich immer wieder versucht war, ihn für einen blofsen Filosofen zu halten, wiewohl er sich mit ziemlicher Wärme gegen unsere Sektenfilosofie erklärte.

Ists möglich, unterbrach ich meinen Freund, dafs du mir von eben dem Manne sprichst, der mir zu Smyrna zwischen den Felsen des Vorgebirgs als eine Art von Genius erschien; der in meinem Innern las, sich mit einer Art von magischer Gewalt meiner ganzen Seele bemächtigte, und, als er wieder verschwand, mich in Ungewifsheit liefs, ob ich ihn für einen neuen Zoroaster, oder für einen Gott halten sollte?

Du siehest, fuhr Dionysius fort, dafs der Mann das grofse Talent hat, jeden nach seiner Weise zu bedienen; eine Gabe, wodurch schon einer der ersten Häupter seiner Sekte zu ihrer Ausbreitung so viel beygetragen hatte. Bey dir machte er den Profeten; bey mir den Weisen, den Menschenspäher, den freyen, gegen alle gleich wohlgesinnten Weltbürger, dessen Herz, auch wenn es von Eifer für die Rechte der Menschheit, von Verlangen ihrem Elend abgeholfen zu wissen glühte, dennoch immer unter den strengen Befehlen der Vernunft, unter der Leitung eines kalten

Kopfes stand. Mehr als Einmahl schien es
mir zwar, wenn er von der Nothwendigkeit
sprach, dafs alle aufgeklärte Menschen, die
es wohl mit ihren Brüdern meinten, mit ver-
einigten Kräften auf d a s e i n z i g N o t h w e n -
d i g e arbeiten sollten, als ob er absichtlich
wärmer würde, um zu sehen wie und was es
auf mich wirkte. Weil ich aber bey dergleichen Äufserungen allemahl in gleichem Verhältnisse kälter und einsylbiger ward, so zog
er sich immer unvermerkt wieder in seine
gewöhnliche Ruhe zurück, ohne dafs ich an
seinem Benehmen die mindeste Spur einer
fehl geschlagnen Hoffnung wahrnehmen konnte.

So blieben die Sachen zwischen uns, bis
es sich, da wir uns wieder trennen sollten,
zeigte, dafs wir einander unvermerkt interessant genug geworden waren, um zu wünschen es noch mehr zu werden: und da ich
bey meinen Reisen keine Zwecke hatte, die
ich an dem einen Orte nicht eben so gut als
an dem andern verfolgen konnte; so bot ich
ihm an, ihn nach I k o n i u m, dem Ziel seiner Reise, zu begleiten, und er schien es
mit sichtbarem Vergnügen anzunehmen. Wir
kehrten unter Weges zwey oder dreymahl in
Häusern ein, wo er das Gastrecht hatte, und
mich seinen Freunden als einen ihm sehr wer-

then Reisegefährten vorstellte. Ich wurde dadurch mit einigen Familien bekannt, die mir ein liebenswürdiger Schlag von Menschen zu seyn schienen, und sich ungemein gefällig gegen mich bezeigten; wiewohl es mir vorkam, als ob meine Gegenwart ihnen einigen Zwang auflege, den sie zu verbergen suchten.

Als wir endlich nur noch eine Tagereise von Ikonium entfernt waren, wußte Kerinthus das Gespräch unvermerkt auf die Christianer zu lenken, schien aber, nach seiner Gewohnheit, vor allen Dingen die Tiefe des Wassers sondieren zu wollen, eh' er sich zu weit hinein wagte. Ich erklärte mich ohne Bedenken: wiewohl ich wenig Kenntniß von dieser Sekte hätte, so könnte ich mich doch nicht überreden lassen, daß sie so bösartige und gefährliche Leute seyen, als ihre Feinde behaupteten. — Wie es scheint, sagte er lächelnd, hast du vielleicht noch keinen von ihnen sehr nahe gesehen. — Niemahls daß ich wüßte, war meine Antwort. — Aber vielleicht desto mehrere ohne es zu wissen, versetzte er. — Wie so, Kerinthus? — „Du hast auf unsrer letzten Reise dreymahl bey Christianern das Gastrecht genossen." — Ich betrachtete ihn bey diesen

Worten mit einem Blick, den er zu verstehen schien — „Und ich bin gewiſs, fuhr er
fort, daſs du schon tausendmahl in deinem
Leben mit Christianern gesprochen oder Geschäfte gehabt hast, ohne sie dafür anzusehen. Dafür kann ich dir wenigstens bürgen,
wenn dir im gemeinen Leben ein stiller,
friedfertiger, zuverlässig treuer und guter
Mensch, von unbescholtnem Ruf und reinen
Sitten, in den Wurf kommt, so kannst du
drey gegen Eins setzen, er ist ein Christianer." — Du machst mich begierig, sagte ich,
so gute Menschen, und noch begieriger, das
was sie zu solchen Menschen macht, genauer
kennen zu lernen; und da du, wie ich sehe,
selbst einer von ihnen, und vermuthlich ein
Mann von Ansehen unter ihnen bist, so kann
ich mich mit diesem Verlangen wohl an niemand schicklicher wenden als an dich. —
Kerinthus beantwortete dieses Kompliment
auf eine eben so bescheidene als leutselige
Art: er sagte mir, daſs auch sie ihre Mysterien hätten, zu welchen zwar, dem ersten
Ansehen nach, weniger harte und beschwerliche, aber im Grunde weit strengere Bedingungen erfordert würden als zu den Eleusinischen und andern dieser Art. — Ich antwortete: Da ich von einem Manne, wie Er,
keine Zumuthung, die der Vernunft oder dem

Herzen eines Menschen von gutem Willen
widerstehen könnte, zu besorgen habe, so
sey ich zu allem übrigen bereit. Und so wurde
denn ausgemacht, daſs ich, so bald wir in
Ikonium angelangt seyn würden, zur Vorbereitung für den ersten Grad der Weihe zugelassen werden sollte.

Nach einer Vorbereitung von wenigen
Wochen erhielt ich diesen ersten Grad; aber
dabey blieb es auch, und ich kann mich
nicht rühmen, weiter als bis an die Schwelle
des innern Vorhofes gekommen zu seyn. Denn
wiewohl ich eine Zeit lang ziemlich gute
Hoffnung von mir gab, so fand sich doch in
der Folge, daſs ich weder als Missionar, noch
als Märtyrer, noch als geheimer Minister und
Vertrauter im Reiche des Kerinthus (welches
ich von einem andern Reiche, wovon mir viel
Herrliches gesagt wurde, sehr gut zu unterscheiden wuſste) zu gebrauchen war: und da
ich überdieſs noch die Hand fest auf meinem
Geldbeutel hielt, und alles was mir gele-
gentlich von Verachtung des Irdischen, von
dem was der Herr bedarf, von der tausend-
fältigen Frucht, welche alles, was man für
seine Sache aufopfere, hier oder dort trage,
und, was dergleichen mehr war, ans Herz gelegt würde, weder verstehen wollte noch um

nähere Erklärung bat; so konnte ich deutlich
genug sehen, daß man nach Verfluß einiger
Monate an meiner Erwählung zu verzwei-
feln anfing, und als ich, dringender Fami-
lien-Angelegenheiten wegen, um meine Entlassung bat, noch froh war, eines beschwer-
lichen Beobachters los zu werden. Vermuthlich wünschte sich Kerinthus Glück, daß er
immer so zurückhaltend und verschlossen gegen mich geblieben war. Indessen hatte er
doch in Augenblicken, wo meine Neugier
mehr die Miene von Gelehrigkeit und Em-
pfänglichkeit haben mochte, einzelne Licht-
strahlen in meinen Kopf fallen lassen, die
sich darin sammelten, und mir zu sehr wahr-
scheinlichen Vermuthungen über den geheimen Plan dieses talentvollen moralischen Zau-
berers, wenn ich ihn so nennen kann, ver-
halfen. In der That wußte er seinen Plan,
das eigentliche große Mysterium seines Ordens, in sehr scheinbare moralische Hüllen einzuwickeln, welche, je nachdem die
Hoffnung mich noch zu gewinnen stieg oder
sank, dünner oder dichter wurden: aber eben
diese Kunstgriffe, wie leicht auch seine Hand
dabey war, verriethen mir was er verbergen
wollte; und je mehr ich ihn zu enträthseln
glaubte, desto mehr fand ich mich in der
Meinung bestärkt, daß er schwerlich den

Mystagogen unter den Christianern spielen
würde, wenn es in seiner Willkühr stände,
auf dem Wege eines Alexanders oder Julius
Cäsars zu seinem Ziele zu gelangen.

Dieß, lieber Lucian, war ein Punkt, worüber mein Freund Dionysius sehr authenti-
sche Nachrichten von mir zu erwarten hatte.
Damit ihm alles desto begreiflicher seyn könnte,
sah ich mich genöthigt meine Geschichte vom
Ey anzufangen.

### L u c i a n.

Man hat immer viel vor andern Sterblichen voraus, wenn man eine Geschichte wie
die deinige zu erzählen hat.

### P e r e g r i n.

Einem so ausgemachten Antipoden aller
Schwärmerey, wie Dionysius, mußte sie in
der That wunderbar genug vorkommen; und
doch merkte ich, daß von allen den außeror-
dentlichen Dingen, womit er dadurch bekannt
wurde, ich selbst doch das wunderbarste
in seinen Augen war. Er schien sich ganz
leicht zu erklären, wie man eine Mamilia
Quintilla, eine Dioklea, ein Kerinthus oder

Hegesias seyn könne: aber wie es möglich sey Peregrinus zu seyn, diefs, (wiewohl er zu höflich war, es mir ausdrücklich zu sagen)' diefs schien über seinen Begriff zu gehen. Indessen, da er sich doch nicht erwehren konnte an dem seltsamen Schwärmer Antheil zu nehmen, fand er, als ich mit meiner Erzählung zu Ende war, dafs es wirklich solcher Erfahrungen bedurft habe, um einen Menschen von dieser Gattung völlig zur Vernunft zu bringen; ein Vortheil, der, seiner Meinung nach, mit allem was er mir gekostet hatte, nicht zu theuer bezahlt war, Du kannst dir also vorstellen, wie der gute Mann erschrak, da er hörte dafs er meine Genesung zu voreilig vorausgesetzt habe, und dafs ich, weit entfernt endlich den rechten Talisman gegen alle Zaubereyen meines bösen Dämons gefunden zu haben, noch immer der alte Enthusiast sey, der sich nur in den Personen geirrt zu haben glaubte, und im Begriff stand, sich in ein neues Abenteuer zu wagen, wobey, seiner Meinung nach, zehn gegen Eins zu setzen war, dafs es keinen fröhlichern Ausgang nehmen würde. Ich hingegen hatte, seitdem das Bild meiner liebenswürdigen Johanniten wieder in mir lebendig geworden war, mich in den Gedanken mit ihnen zu leben schon so tief hinein gearbei-

tet, dafs ich nicht begreifen konnte, wie auch
der kaltblütigste aller Menschen einem so natürlichen und vernünftigen Projekte seinen
Beyfall versagen könne. Es mufs daran liegen, dachte ich, dafs du bey Erzählung deiner Begebenheiten zu schnell über d i e s e
hinweg geeilt bist; der gute Dionysius hat
keine Vorstellung davon, was für Engel von
Menschen es sind, zu denen mein Herz mich
so unwiderstehlich hinzieht. Ich bot also alle
meine Mahlerkunst auf, ihm eine Abschilde-
rung von dieser Familie und von der Glückseligkeit, die mich in ihrem Schoofs erwarte,
zu machen: aber ich trug meine Farben so
dick auf, dafs mein Gemählde gerade das Gegentheil dessen, was ich beabsichtete, bey ihm
wirken mufste.

„Beynahe, sagte er, sollte ich mir ein Gewissen daraus machen, dich von einem so
süfsen und so unschuldig scheinenden Wahn-
sinne zu heilen: aber ich sehe, dafs deine Fantasie dein Herz abermahl zum Besten hat, und
dafs du bey diesem neuen Lebensplan um so
gröfsere Gefahr läufst, weil es vielleicht nicht
so leicht seyn dürfte, dich, wenn die Täuschung vorüber seyn wird, von diesen ehrlichen Seelen wieder los zu winden, als von
den Komödianten und Gauklern, deren Spiel

du bisher gewesen bist. Ich sehe diesen
Ausgang zu gewiſs voraus, um eher von dir
abzulassen, bis ich dich überzeugt habe, daſs
dir, nachdem du einmahl glücklich genug gewesen bist den Kopf aus der Schlinge zu ziehen, keine andere Wahl übrig bleibt, als alle
Gemeinschaft mit den Christianern aufzuheben.

„Dein Unglück, lieber Peregrin, (fuhr er
fort) war bisher, daſs du dich immer blind-
lings von zwey Führern leiten lieſsest, die
dich nothwendig irre führen muſsten. Gefühl und Imaginazion sind sehr angenehme Gefährten, aber gefährliche Wegweiser durch den Labyrinth des Lebens.
Du hast dieſs nun schon so oft erfahren, daſs
es wahrlich hohe Zeit ist, es endlich einmahl
mit einem Führer zu versuchen, der unmöglich irre führen kann. Laſs also, anstatt
einem vielleicht betrüglichen Zuge nachzuge-
ben, die Vernunft entscheiden, was für
eine Partey du ergreifen sollst. Die Vernunft,
glaube mir lieber Peregrin, die Vernunft
ist der gute Dämon des Menschen, und
die Eudämonie, nach welcher du strebest, ist
die Frucht eines nach ihrer Vorschrift ge-
führten Lebens; oder es giebt gar nichts, das
diesen Nahmen verdient, diesseits des Mon-

des. Ich will jetzt nicht untersuchen, ob du, da du dich einmahl so tief mit Kerinthus eingelassen, da deine Fähigkeiten und Vorzüge dich zu einem ansehnlichen Posten in seinem unsichtbaren Reiche bestimmten, und die Freundschaft Diokleens (deren Aufrichtigkeit und Wärme zu bezweifeln, du, so viel ich sehe, keinen Grund hattest) dir unfehlbar das Innerste seines Ordens aufgeschlossen und einen unmittelbaren Antheil an den Vortheilen seiner Unternehmung verschafft haben würde, — ob du, sage ich, nicht klüger gethan hättest, bey ihm auszuharren, und ob nicht gerade das, was dich bewog seine Partey zu verlassen, dich zum Gegentheil hätte bestimmen sollen.

„Zwar bin ich so überzeugt als du, daß der ausserordentliche Mann, nach welchem die Christianer sich nennen und für dessen Jünger sie sich ausgeben, einen ganz andern Plan hatte, als der ist, an welchem Kerinthus arbeitet. Ganz gewiß war das Reich Gottes, welches Er ankündigte, und zu welchem er (nachdem ihm seine Absicht bey den Juden, seinen Stamm - und Glaubensgenossen, fehl geschlagen war) alle Menschen eingeladen wissen wollte, nichts weniger als eine politische Universalmonarchie.

Alles müfste mich trügen, oder dieses Reich
hatte mit der Theokratie oder Hierarchie, an welcher seine vorgeblichen Anhänger im Verborgnen arbeiten, und womit sie
über lang oder kurz die erstaunende Welt
überraschen werden, nicht mehr gemein, als
sein Geist mit dem ihrigen. Er war ein
Enthusiast im erhabensten Sinne dieses
ehrwürdigen Wortes, welches durch Vermengung mit Schwärmerey, Fanatismus und
Magismus so häufig entheiligt wird: aber seine
Lehre war zu einfach, sein Sinn zu laü-
ter, die Vollkommenheit, zu welcher er
einlud und die er an sich selbst darstellte, zu
rein und grofs, als dafs es sich nur denken
liefse, sie könnte jemahls das Antheil von
Hunderttausenden und Millionen seyn. Was
erfolgte also, und was mufste erfolgen?
Eines von beiden: entweder seine reine Theosofie mufste, wie die Weisheit und Tugend
(zwey nicht weniger profanierte Wörter!)
eines Archytas oder Sokrates, sich immer nur, unsichtbarer Weise, unter den
Wenigen erhalten und fortpflanzen, die seines Geistes waren; oder, wenn sie sichtbar werden, zu einer Art von Herrschaft über
die menschlichen Gemüther gelangen, und
irgend eine wichtige Veränderung in der
Welt hervorbringen sollte, so mufste sie sich

mit den Meinungen und Leidenschaften der
Menschen amalgamieren, und in der Hand
ehrgeitziger, planvoller und betriebsamer Menschen zu einer neuen Volksreligion, und als
solche zum Mittel eines Zwecks, der nicht
der Zweck des ersten Stifters war, kurz, zu
dem gemacht werden, was der Glaube und
die Mysterien der Christianer in den Händen
eines Kerinthus und Hegesias sind.

„Wie viel Antheil aber auch Regiersucht
und Eigennutz an der Unternehmung dieser
Männer haben mögen, so ist doch nicht zu
läugnen, daſs etwas Groſses in dem Gedanken ist, die Menschheit zugleich von den Ketten des Aberglaubens und des Despotismus zu
befreyen, und alle Völker der Erde, durch
einen Glauben, der die moralische Natur des
Menschen reinigt und veredelt, sie zu Kindern Eines Vaters, zu Mitgenossen gleicher
Rechte, zu Erben eben derselben Hoffnung
macht, in eine einzige Brüdergemeine
zu versammeln. Mag doch diese Idee, in
ihrer höchsten Vollkommenheit gedacht, un-
erreichbar seyn! Aber würden auch Jahrtausende dazu erfordert, um ihr von Stufe zu
Stufe näher zu kommen, und müſste gleich
das Gute, das für die Menschheit dadurch
gewonnen würde, mit tausend vorüber gehen-

den Übeln erkauft werden: immer bliebe der,
der den Grund zu einer solchen Revoluzion
gelegt hätte, ein Wohlthäter des menschlichen Geschlechts. Ich müſste mich sehr irren,
oder Kerinthus betrachtet sich selbst in diesem Lichte. Und, wiewohl man d e n keinen
Schwärmer nennen kann, der so künstliche
Maschinen mit so viel Klugheit und mit so
feinen Handgriffen zu Ausführung eines Werks,
wovon E r s e l b s t die Seele ist, zu verbinden
weiſs; wiewohl der Gebrauch w u n d e r b a-
r e r Mittel und einer Art von m o r a l i s c h e r
M a g i e ihm sogar das Ansehen eines B e t r ü-
g e r s geben: so wollte ich doch nicht behaupten, es sey unmöglich, daſs er, von der
Schönheit und Gröſse seines P l a n s begeistert,
sich selbst über die M i t t e l täusche, und
alles für recht und gut halte, was zu einem
so herrlichen Ziele führe; und dieſs um so
mehr, je scheinbarer der Gedanke ist, daſs
durch eine solche Anwendung das, was in
einem andern Zusammenhang der Dinge böse
seyn würde, in so fern als das Gute dadurch
befördert wird, sich wirklich in etwas Gutes
v e r w a n d e l t, und also aufhört zu seyn was
es war. Ich erinnere mich, von Kerinthus
etwas diesem ähnliches gehört zu haben; und
wenn die Alexander und Cäsarn, wie zu vermuthen ist, Augenblicke hatten, wo eine

unfreywillige innere Gewalt sie nöthigte einem
Richter in ihrem eigenen Busen Rechenschaft
zu geben, so waren es ohne Zweifel Sofismen
dieser Art, wodurch sie ihn zu bestechen
suchten.

„Wie es aber auch damit beschaffen seyn
mag, immer macht es dem Genie des Kerinthus in meinen Augen Ehre, dafs er (aller
Wahrscheinlichkeit nach) der erste war, der
in dem Glauben einer bisher so verachteten
Sekte das Mittel und Werkzeug fand, die
gröfste aller Revoluzionen zu bewirken. Es
ist sehr möglich, oder vielmehr es ist sehr
wahrscheinlich, dafs er mit seiner Unternehmung scheitern wird. Er betreibt sie zu lebhaft, und, als einer der die Früchte seiner
Arbeit selbst geniefsen möchte, zu eilfer-
tig; die Welt ist zu einer so grofsen Katastrofe noch nicht reif. Aber ich bin gewifs,
wenn auch Kerinthus unterliegt, das von ihm
angefangene Werk wird von andern Händen
im Verborgenen fortgeführt; und vielleicht in
weniger als zwey hundert Jahren werden unsre Nachkommen erstaunen, eine in ihren
Anfängen so unscheinbare und nichts geach-
tete Verbrüderung auf einmahl ihr Haupt erheben, die alte Religion und Verfassung verschwinden, und die Theokratie des Kerin-

thus, vielleicht unter einem andern Nahmen und mit einer andern Aufsenseite, aber ihrem Geist und ihren Grundsätzen nach eben dieselbe, der Welt Gesetze geben zu sehen. Ob diese sich viel besser dabey befinden wird, will ich dahin gestellt seyn lassen. Ich meines Orts gestehe, dafs ich kein Freund von den Theokratien bin, in welchen man die Gottheit die Rolle eines morgenländischen Schachs spielen läfst, während Menschen, unter dem Nahmen seiner Satrapen und Wessire, sich seiner Allgewalt so wohl oder so übel bedienen, als es ihre Fähigkeiten, Leidenschaften, Schwachheiten und Laster erlauben oder fordern.

„Ich weifs nur von Einer Theokratie, gegen welche keine Einwendung zu machen ist, weil sie weder Unrecht haben noch von irgend einer Macht aufgehalten werden kann; in welcher wir alle unsere Rolle spielen, ohne weder den Plan noch den Ausgang des Stücks zu kennen; in deren Plan alles, was ist und lebt, eingeflochten ist, alles von unbekannten Ursachen zu unbekannten Zwecken in ewiger Bewegung erhalten wird, alles zugleich Mittel und Zweck, Ursache und Wirkung ist, und der erste Beweger von allem ewig unsichtbar hinter der Scene bleibt.

„In dieser Theokratie, mein lieber Peregrin, bin ich was ich bin, wirke was ich
kann, und leide was ich muſs: von allen andern Autokratien, Demokratien, Aris-
tokratien und Theokratien halte ich
mich so fern als möglich. Ich verachte mich
selbst nicht so sehr, daſs ich von der Willkühr eines andern abhangen möchte, so lang'
es in der meinigen steht frey zu seyn: aber
ich bin auch nicht stolz oder eitel genug,
um über meines gleichen herrschen zu wollen.

„Aufrichtig zu reden, ist bey einer solchen Sinnesart gewöhnlich eine gute Porzion
Trägheit und Liebe zum seligen Leben der
Götter im Himmel, dem goldnen Müſsig-
gang; eine Liebhaberey, wovon ich mich
selbst nicht frey sprechen will, und woraus
du dir leicht erklären kannst, warum ich
keine Lust hatte, mich mit dem hoch strebenden Kerinthus auf das gefahrvolle Meer weit
aussehender, mühsamer, und vielleicht un-
denkbarer Abenteuer einzuschiffen.

„Du, Peregrin, hast keine Entschuldigun-
gen dieser Art: aber, wie geschickt du dich
auch während deiner Verbindung mit Kerinthus und Hegesias gezeigt hast, in ihrem
Operazionsplan eine der thätigsten Rollen zu

spielen, so begreife ich doch, wie dir durch
die Entdeckung, dafs, was du für Ernst hiel-
test, nur Spiel sey, die Lust dazu verge-
hen konnte. Aber, o mein Freund! du, dem
es so innig zuwider ist andere zu betrügen
oder von andern betrogen zu werden, warum
wolltest du dich von neuem in Gefahr begeben, der Betrogne eines magischen Gauk-
lers zu seyn, der in deinem eignen Busen sitzt? Die Farben, womit er dir die Seligkeit vormahlt, die im Schoofse der ver-
meintlichen Engel auf dem Meierhofe bey Pitane deiner warten soll, sind Zauber-
farben; das Licht, worin du diese guten
Menschen siehst, ist Zauberlicht. Eine
Zeit lang würdest du dich in das Paradies
der Morgenländer versetzt glauben, und unter
deinen Idealen von Unschuld und Liebe in
den seligsten Gefühlen zerfliefsen. Aber so
bald Zeit und Gewohnheit die erste Blüthe
des Genusses abgestreift hätte, würden diese
Engel unvermerkt zu armen, einfältigen Menschen herab sinken, mit denen du, aufser einiger Gleichförmigkeit in Gesinnungen des Herzens, wenig oder nichts gemein haben könntest. Du bist von Jugend an gewohnt mit
Personen von gebildetem Geiste zu leben, bist
selbst viel zu sehr entwickelt, als dafs du es,
bey einer wenig oder blofs mechanisch beschäf-

tigten Lebensart, unter so schlichten und ein-
förmigen Landleuten in die Länge aushalten
könntest. Ihr Unvermögen, das wirklich für
dich zu seyn, was dir deine Fantasie in ihrem Nahmen versprach, würde dich zuletzt
übellaunig machen: und wäre es einmahl dahin gekommen; so würde nicht nur
das, was du an ihnen liebst, viel von seinem Werth und Reitz verlieren; es würden
auch Unvollkommenheiten zum Vorschein
kommen, die du ehemahls nicht gesehen hattest, und die nun in deiner umgestimmten
Einbildung (eben so gewiß wie ehemahls das
Schöne und Gute) größer erscheinen würden
als sie sind. Was die natürliche Folge von
diesem allen seyn müßte, brauche ich dir
nicht zu sagen: aber ob es dann so leicht,
oder nicht wohl gar unmöglich seyn dürfte,
die Verbindungen, welche du in der ersten
Schwärmerey des Herzens mit diesen guten
Leuten eingegangen wärest, wieder aufzube-
ben, ist eine Frage, deren Beantwortung du
nicht auf den Erfolg ankommen lassen darfst.
Wenn also mein Rath etwas über dich ver-
möchte, so folgtest du meinem Beyspiel, und
brächest, nachdem du dich doch einmahl durch
einen Sprung aus dem Fenster von dem Profeten Kerinthus los gemacht hast, alle fer-
nere Gemeinschaft mit den Christianern ab.

Das was du suchest, lieber Peregrin, ist weder hier noch dort, weder bey dieser noch bey jener Partey oder Sekte; es ist in dir selbst oder es ist nirgends."

Verzeihe, Freund Lucian, wenn ich vielleicht in Anführung dieser Rede meines klugen und wohlmeinenden Wirthes zu weitläufig gewesen bin, wiewohl ich nur das Wesentlichste, dessen ich mich erinnere, ausgezogen habe. Aber ich hielt es für nöthig, weil diese Vorstellungen, und die Gewalt, die sein Geist unvermerkt über den meinigen erhielt, in den acht Tagen, welche ich bey ihm zubrachte, eine Veränderung in mir bewirkten, die in der Geschichte meines Lebens Epoke macht. Denn es gelang ihm nicht nur, mir das neue Projekt, worauf sich meine Fantasie geworfen hatte, gänzlich auszureden; sondern Er war es auch, der die Entschliefsung in mir veranlafste, so bald ich meine häuslichen Angelegenheiten zu Parium ins Reine gebracht haben würde, zu dem weisen Agathobulus nach Ägypten zu reisen, und in vertrauterem Umgang mit diesem Manne (welchen er mir als einen sehr vortrefflichen Menschen und als das Muster eines ächten Cynikers beschrieb) mich in der einzigen Lebensweise vollkommen zu machen, wobey ich,

vermöge der Selbstkenntniſs wozu mir die Erfahrung verholfen hatte, glücklich zu seyn
hoffen konnte.

„Wärest du, sagte mir Dionysius kurz zuvor ehe wir von einander schieden, wärest
du ein weniger ungewöhnlicher Mensch, Peregrin, so würde ich dir vorgeschlagen haben,
ob du nicht bey mir zu Lindus bleiben, und
an dem kleinen Handel, womit ich mich (um
nicht ganz müſsig zu gehen) beschäftige, Antheil nehmen wollest. Aber du bist nun einmahl nicht dazu gemacht, auf irgend einem
gebahnten Wege durchs Leben zu ziehen,
und es wäre vergeblich, zu erwarten, daſs
du hierin jemahls deine Natur ändern werdest. Ich sehe zwey Grundzüge in deinem
Karakter, die dich unvermeidlich bestimmen,
so lange du lebst, und vielleicht (setzte er lachend hinzu) in deinem Tode selbst, a u ſ s e r-
o r d e n t l i c h zu seyn. Du strebest nach
einem Lebensgenuſs, den nur i n n e r e V o l l-
k o m m e n h e i t geben kann; und wiewohl du,
durch den Zauber einer unaufhörlich geschäf-
tigen Einbildungskraft, dein bisheriges Leben
in lauter Verblendung und Täuschung zugebracht hast, so kenne ich doch wenige, und
vielleicht niemand, der die W a h r h e i t so
leidenschaftlich liebt wie du, und für den es

ein gröfseres Bedürfnifs wäre, sich in ihrem
Besitz zu glauben. Für einen solchen Menschen ist meines Erachtens nur Ein Mittel
sich zu retten. Er mufs sich von allen Banden der bürgerlichen Gesellschaft sowohl als
von allen besondern Verbindungen gänzlich
los wickeln, und, um allenthalben, immer,
und im höchst möglichen Grade unabhängig
zu seyn, sich schlechterdings auf die unentbehrlichsten Bedürfnisse des Körpers einschränken, und gegen allen äufserlichen Reitz von
Vergnügen und Schmerz, so wie gegen die
Urtheile der Menschen, ihren Beyfall oder
Tadel, ihre Verehrung oder Verachtung, gleichgültig zu werden suchen. Auf diesem
Wege wird er unfehlbar mit allem, was lebt
und ist, in das reinste Verhältnifs kommen,
und, frey von Wahn und Leidenschaft, in
ungestörtem Selbstgenufs und unumschränktem
Wohlwollen, sich selbst in allem und alles in
sich selbst fühlend, der göttlichen Natur so
gleichförmig werden, als die menschliche dessen fähig ist. Es steht mir wohl nicht zu,
dich zu einer Lebensweise aufzumuntern, zu
welcher ich selbst weder Lust noch Fähigkeit habe: aber, wenn dich die Schwierigkeiten des Weges, worauf es deines gleichen
vielleicht zu dieser Vollkommenheit bringen
können, nicht abschrecken, so bin ich ver-

sichert, daſs es das vernünftigste ist, was du
in deiner Lage und mit einer Sinnesart, wie
die deinige, unternehmen kannst."

Wie du siehest, Lucian, so war es weder
mehr noch weniger als das Ideal, das du in
deinem Cyniker aufgestellt hast, was, nach
der Meinung meines Freundes Dionysius, die
wahre Bestimmung des ehemahligen Günst-
lings der Mamilien und Diokleen seyn sollte.
Seltsam genug! aber vielleicht noch seltsa-
mer, daſs dem Günstling der Mamilien und
Diokleen nichts einfacher und einleuchtender
schien als dieser Gedanke. Er schmiegte sich
so schön an meine eigensten und innigsten
Lieblingsideen an, paſste so gut zu meinen
Umständen, und die Ausführung war so ganz
in meiner Gewalt! — Überdiefs schien mit
dieser reine, hohe Cynismus von dem ursprünglichen Institut der Christianer so wenig in irgend einem wesentlichen Punkte
verschieden zu seyn, daſs er, auch in dieser
Rücksicht, die einzige Partey war, die ich,
ohne meinem Gefühl zu widerstreben, ergreifen konnte. Denn wiewohl mich Dionysius,
in einer besondern Unterredung über d i e Person des S t i f t e r s  j e n e s  I n s t i t u t s, von
seiner Meinung zu überreden suchte, daſs er
(abgezogen, was vernünftiger Weise nur als

poetische Ausschmückung seiner Geschichte zu betrachten sey) mit allen andern
eminenten Weisen, deren beynahe jedes nahm-
hafte Volk in der Welt sich wenigstens Eines
rühmen könne, in eben dieselbige Linie zu
stellen sey: so war doch etwas in seinem individuellen Karakter, das er mir vor allen
übrigen voraus zu haben schien, und das mir
durch die Anhänglichkeit, die ich selbst für
ihn empfand, — ich, der ihn weder gesehen noch gehört hatte, die unbeschreibliche
Liebe begreiflich machte, womit diejenigen,
die mit ihm gelebt hatten, bis an ihren Tod
an ihm hingen. Du siehest also, Freund
Lucian, dafs der Cynismus, zu welchem
ich von diesem Augenblick an so leicht über-
ging als man einen Rock mit einem andern
vertauscht, im Grunde eine ziemlich chris-
tianische Miene hatte; und ich möchte
nicht dafür stehen, dafs es nicht abermahls
ein unversehener Streich meiner Einbildungskraft war, die Sokraten, Diogenen und
Epikteten mit einem so schönen Ideal zu
gruppieren, und durch das Licht, das von
ihm auf sie zurück fiel, sie desto würdiger
zu machen, von dieser Zeit an meine Helden
zu seyn.

## Lucian.

Du bedarfst bey mir keiner Entschuldigung deiner Apostasie, Peregrin; aber ich begreife, daſs du damahls einiger Entschuldigung bey dir selbst nöthig haben konntest.

## Peregrin,

Weniger als du glaubst. Denn in der That ward ich durch diesen Übergang zu einem Cynismus, wovon ich aller Wahrscheinlichkeit nach das einzige Exemplar in der Welt war, keiner meiner vorigen Gesinnungen ungetreu, und, die gnostische Geisterlehre des Kerinthus ausgenommen, blieb in meinem innern Mikrokosmos alles wie es war. Aber auch jene Träumereyen waren schon lange zuvor, ohne eine Spur in meinem Kopfe zurück zu lassen, in dem nehmlichen Augenblicke verschwunden, da ich erfuhr, daſs mein Profet derselbe Mann sey, der vor einigen Jahren mit einer Bande Isispriester in der Welt herum gezogen war. Alles, was sich also (wenn ich anders eine Stimme über mich selbst habe) von der Sache mit Wahrheit sagen läſst, ist dieſs: daſs mein Christianismus das reinigende Mittel war, durch welches ich gehen muſste, um des

hohen Cynismus fähig zu werden, zu welchem
ich mich von dieser Epoke an eben so warm
und aufrichtig, wie vormahls zu meinen magischen, erotischen und theosofischen Schwär-
mereyen, bis zu meinem letzten Augenblick
bekannte.

Dionysius, der zu Mitylene Geschäfte
hatte, begleitete mich bis dahin. Wir schieden als Freunde, die sich wiederzusehen
hofften; und diese Hoffnung wurde in der
Folge mehr als Einmahl erfüllt.

Wie ich nach Parium zurück kam, fand
ich überall eine sehr kalte Aufnahme. Ich
erklärte mir die Sache Anfangs, als etwas ganz
natürliches, aus der Verachtung, welche die
Einwohner einer Handelsstadt gegen einen
Mitbürger fühlen mußten, der ein großes
Vermögen, in einer Zeit, worin der geringste
von ihnen es dupliert und tripliert haben
würde, so heilloser Weise durchgebracht hatte.
Aber es fand sich bald, daß mein Kredit in
Parium noch viel schlimmer war als ich mir
einbildete. Meine Verwandten, deren Erbitterung gegen mich durch den Ausgang ihrer
zu Antiochien angebrachten Klage auf den
höchsten Grad gestiegen war, hatten unter
der Hand, durch allerley heimliche Kunst-

griffe, unter das Volk gebracht: man habe Anzeigen, dafs es mit dem plötzlichen Tode meines Vaters nicht richtig zugegangen sey. Bald darauf hiefs es: man sey der Sache näher auf die Spur gekommen; man sprach von einem Sklaven, den ich vor meiner Entfernung von Parium frey gelassen, und der bald darauf·verschwunden war. Endlich flüsterte man einander in die Ohren: es wäre leider nur zu gewifs, dafs Peregrin selbst der Thäter sey. Unvermerkt wurde davon als von einer ausgemachten Thatsache gesprochen, wovon die Familie die Beweise in den Händen hätte; und man nannte schon einen Tag, da die Klage gegen mich öffentlich angebracht werden sollte. Jetzt wollte jedermann so klug gewesen seyn, etwas von der Sache geahndet zu haben; jedermann hatte, als mein Vater todt war und begraben wurde, und bey Eröffnung des Testaments, und bey zwanzig andern Gelegenheiten irgend einen verdächtigen Umstand wahrgenommen; und nun klärte sichs auf, warum ich ohne irgend eine begreifliche Ursache mich selbst aus Parium verbannt hatte, und als ein von den Furien hin und her getriebener Vatermörder in der Welt herum geirret war.

Als mir diese Gerüchte endlich zu Ohren kamen, errieth ich, ohne ein Ödipus zu seyn,

sehr leicht, aus welcher Quelle sie geflossen,
und was meine Intestaterben damit zu gewinnen hofften. Sie wufsten sehr wohl, dafs
sie nicht beweisen konnten was nicht
geschehen war: aber sie kannten die Wirksamkeit dreister Verleumdung bey einem ohnehin schon gegen mich eingenommenen Volke,
und sie glaubten auch mich zu kennen. Kurz,
sie zweifelten nicht, ich würde aus Verdrufs
und Unwillen über eine so wenig verschul-
dete Aufnahme bald wieder davon gehen,
und sie dadurch berechtigen, zu sagen: die
Furcht vor der Anklage und vor der Strafe,
welcher ich nicht anders hätte entgehen können, habe mich zur Flucht getrieben. Sie
würden dann (wie sehr wahrscheinlich zu
vermuthen war) dem Abwesenden wirklich
den Prozefs gemacht, und, da sie in Parium
einen grofsen Anhang hatten, meine ewige
Landesverweisung und die Einziehung meines
noch übrigen Vermögens ohne Mühe ausge-
wirkt haben.

Ich hatte diesen geheimen Anschlag kaum
errathen, als mir plötzlich ein Mittel, ihn auf
einmahl zu Wasser zu machen, einfiel, welches, so einfach es auch in meinen Augen
war, schwerlich einem andern Parianer an
meinem Platze in den Sinn gekommen wäre.

Ich erschien bey der ersten öffentlichen Volks-
versammlung im ganzen Kostum eines Cynikers, bestieg den Redestuhl, und hielt eine
Anrede an meine Mitbürger, worin ich ihnen mit Wenigem von meiner zweymahligen
langen Abwesenheit Rechenschaft gab, und,
nach einer öffentlichen Profession meiner
Grundsätze und des Plans meines künftigen
Lebens erklärte: da ich künftig nur sehr wenig bedürfen und Parium ungesäumt verlassen
würde, um zu dem weisen Agathobulus nach
Alexandrien zu reisen, so glaubte ich von
meinem väterlichen Hause und von dem Landgute meines Grofsvaters keinen edlern Gebrauch
machen zu können, als indem ich, wie hiermit geschehe, meinen geliebten Mitbürgern,
dem Volke von Parium, eine mündliche und
in gehöriger Form schriftlich beurkundete
Schenkung davon machte.

Die Wirkung, welche diese Handlung auf
die untern Volksklassen that, denen nach meiner Verordnung die Einkünfte jener Grund-
stücke vornehmlich zu gut kommen sollten,
hat dein Ungenannter (der sich in allen un-
bedeutenden Dingen immer genau an die
Wahrheit hält) so richtig beschrieben, dafs
ich nichts weiter davon zu sagen brauche.
Ich war nun auf einmahl an meinen Verwand-

ten gerochen, und bey meinen Mitbürgern
gerechtfertigt. Aber während die Lüfte von
Lobpreisungen und Segnungen des edeln, grofs-
müthigen und weisen Peregrinus erschallten,
schlich ich mich aus dem Getümmel fort, und
verliefs Parium mit den Empfindungen, die
seine Einwohner werth waren, auf immer.

Ein kleiner Meierhof in Bithynien, und
einige böse Schuldforderungen aus der väterlichen Verlassenschaft, welche ich noch in
Taurien einzutreiben hatte, wenn ich die Rei-
sekosten daran wagen wollte, machten nun
den ganzen Rest meines ehemahligen Vermögens aus. Das Gütchen warf etwas über vier
hundert Drachmen jährlich ab. Ich machte
also den Überschlag, dafs mein Einkommen,
in so fern meine tägliche Ausgabe die Summe
von vier Obolen ¹) nicht überstiege, zu
den unentbehrlichsten Bedürfnissen meines
thierischen Theils hinreichen würde, und damit hielt ich mich für reich genug. Hatte
Sokrates jemahls mehr, oder Antisthenes
und Diogenes nur so viel gehabt? Nur der
Schmutz — mit deiner Erlaubnifs, Lucian —

¹) Ungefähr drey Groschen.

Lucian lachend.

Was für ein Gedächtnifs du hast, Peregrin! Wie? du erinnerst dich noch der ziemlich schmutzigen Tunika, worin ich dich in meiner Erzählung vor dem Scheiterhaufen paradieren liefs?

Peregrin.

Wäre sie zufälliger Weise (wie es sich doch auch hätte fügen können) just schneeweifs gewesen, so würdest du es mir, in der Laune worin du damahls warst, zur Hoffart ausgedeutet haben. — Der Schmutz also — war das einzige, worüber ich mit dem Cynismus kapitulierte; ich wollte, im Nothfall, lieber thierischer essen, um etwas menschlicher gekleidet zu seyn. Ich machte mir also zum Gesetz, das Wasser nicht zu sparen, da ich es doch beynahe überall, so gut als die freye Luft, umsonst haben konnte. Indessen gestehe ich gern ein, dafs ich keinen Anspruch an den Titel eines eleganten Cynikers machte. Ich vertauschte nun den Nahmen Peregrinus, den ich unter den Christianern geführt hatte, wieder mit dem Nahmen meines Grofsvaters Proteus, und schickte mich zu mei-

ner Reise nach Ägypten an, über welcher,
da ich sie zu Fufse machte, und überall, wo
die Natur meinem Geiste oder gute Menschen meinem Herzen Nahrung gaben, verweilte, beynahe ein 'ganzes Jahr verstrich.

Aber, ehe ich zu meinem Aufenthalt bey
Agathobulus komme, mufs ich noch mit zwey
Worten berichtigen, was der Ungenannte
zu Elis von dem vergeblichen und schimpf-
lichen Prozesse sagt, den ich mit den Paria-
nern wegen der bewufsten Schenkung vor
dem Kaiser geführt haben sollte. Es ist, wie
an allen seinen Anekdoten, etwas wahres
auch an dieser, aber mit so viel Unwahrheit
vermischt, als er nöthig hatte, damit eine an
sich sehr unschuldige Handlung mich bey seinen Zuhörern zugleich lächerlich und veräcbt-
lich machen müfste. Die Sache verhielt
sich so.

Es waren einige Jahre verstrichen, ehe
meine Verwandten zu Parium erfuhren, dafs
ich das vorerwähnte kleine Gütchen in Bithynien, woraus ich meinen nothdürftigen Unterhalt zog, aus dem allgemeinen Schiffbruche
meines Vermögens gerettet hätte. Der Streich,
den ich ihrer Bosheit durch die mehr erwähnte
Schenkung gespielt hatte, war zu empfind-

lich, als daſs sie nicht jede Gelegenheit, sich
deſswegen zu rächen, mit Begierde hätten ergreifen sollen. Sie zeigten also die gemachte
Entdeckung|dem Volk an, und behaupteten:
da ich mir in der Schenkung, die ich der
Stadt Parium von meinen noch übrigen liegenden Gründen gemacht, nichts ausdrücklich
vorbehalten hätte; so wäre unstreitig auch
der Bithynische Meierhof darunter begriffen,
und die Stadt wäre nicht nur vollkommen
berechtiget denselben als ihr Eigenthum anzu-
sprechen, sondern auch den Ersatz der seit
mehrern Jahren von mir bezogenen Nutz-
nieſsung zurück zu fordern. Die Parianer
lieſsen sich dieſs wohlgefallen, und fanden
bey dem Statthalter von Bithynien so gutes
Gehör, daſs sie ohne weitere Untersuchung
in augenblicklichen Besitz gesetzt wurden. Ich
befand mich damahls noch zu Alexandrien,
und erfuhr diesen Vorgang nicht eher als
durch das Ausbleiben meines kleinen Einkom-
mens, welches mir jährlich durch die Ver-
mittelung eines alten Freundes zu Smyrna
(eines ehemahligen Freygelaſsnen meines Vaters) zugeflossen war. Die Verlegenheiten,
in welche ich dadurch gesetzt wurde, nöthig-
ten mich an die Parianer zu schreiben, und
ihnen mit allem nur möglichen Glimpf vorzustellen: wenn ich mich auch in der Schen-

kungsurkunde unvorsichtiger Weise so ausge-
drückt hätte, dafs sie meinen eignen Buchstaben gegen mich geltend machen könnten;
so forderte doch die Billigkeit von ihnen, zu
bedenken, dafs es unmöglich meine Meinung
habe seyn können, mich selbst zu ihrem Vortheil sogar des Unentbehrlichsten, was ich
zum Leben nöthig hätte, zu berauben. Weil
aber diese Vorstellungen ohne Wirkung blieben, wandte sich mein Smyrnischer Freund,
wiewohl er keinen Auftrag dazu von mir
hatte, aus blofsem Mitleiden in meinem Nahmen unmittelbar an den Kaiser: aber alles
was er auch bey diesem mit vielem Bitten
und Betreiben ausrichtete, war, dafs das
strenge Recht den Sieg erhielt, und Suppli-
kant mit seinem unstatthaften Begehren zur
Ruhe verwiesen wurde.

Dieser Handel brachte mich dahin, meine
tägliche Ausgabe vor der Hand von vier
Obolen auf zwey zu beschränken; bis es bald
genug so weit mit mir kam, dafs ich mich,
um von niemand als eine Wohlthat meinen
Unterhalt zu erbetteln, entschliefsen mufste,
täglich in den Hafen herab zu steigen, und
durch einige Stunden harter Arbeit so viel zu
verdienen, dafs ich dem Hunger wehren konnte.
Ich hatte diese Lebensart bereits eine geraume

Zeit, zu grofsem Vortheil meiner Gesundheit, getrieben, als ein ganz unvermutheter Zufall mich mit einem *Cyprischen Kaufmanne* zusammen brachte, welchem ich vor mehr als zehen Jahren, in einer Verlegenheit, worein er, an einem Orte wo ihn niemand kannte, gerathen war, auf die blofse Bürgschaft seiner Fysionomie, oder vielmehr ohne jemahls auf Wiedererstattung zu rechnen, fünf tausend Drachmen geliehen hatte. Wiewohl diefs keine erhebliche Summe war, so war doch der Dienst, den ich dem Cyprier dadurch leistete, damahls von der äufsersten Wichtigkeit für ihn; und da ich darauf bestand, ihm meinen Nahmen zu verbergen, so bestand er nicht weniger hartnäckig darauf, dafs ich ihm versprechen mufste, wenn er jemahls so glücklich wäre mich wiederzufinden, so wollte ich mich nicht weigern das Doppelte von ihm anzunehmen. Wie wenig liefs ich mir damahls einfallen, dafs ich diesen Mann in meinem Leben wiedersehen würde! Und nun liefen wir einander, nach eilf oder zwölf Jahren, unverhofft am Ufer von Alexandrien in die Hände, und glücklicher Weise mufste es sich fügen, dafs die Fysionomie des Cypriers die Wahrheit gesagt hatte. Seine Freude mich wiederzufinden war so grofs, als ob er alle sechs Zauber-

ringe deines Timolaus ²) auf einmahl
gefunden hätte; aber sein Erstaunen war es
nicht weniger, mich in Umständen zu sehen,
worin mancher andere sich erlaubt hätte, einen
ehemahligen Wohlthäter nicht wieder zu erkennen. Der Cyprier verkannte mich nicht.
Er sagte mir, er wäre ein sehr reicher Mann;
aber die Hälfte seines Vermögens würde nicht
hinreichend seyn, ihn seiner Verbindlichkeit
gegen mich zu entbinden: — kurz, er nöthigte mich auf die edelste Art, nun auch an
meiner Seite die Bedingung, unter welcher
er meine Wohlthat angenommen, zu erfüllen,
und die Summe, die ihn gerettet hatte, doppelt von ihm zurück zu nehmen. Überdiefs
sagte er mir auch seinen Nahmen und den
Ort seines gewöhnlichen Aufenthalts, und
drang mir das Versprechen ab, wenn ich
mich jemahls wieder in Noth befände, ihm
vor allen andern Freunden, die ich haben
könnte, den Vorzug zu gönnen. Ich sagte
es ihm zu, machte aber nie Gebrauch davon.
Mit zehen tausend Drachmen war ich nun,
für einen cynischen Filosofen, ein Krösus.
Ich überrechnete, wie weit ich damit reichen

—

2) S. das Schiff oder die Wünsche, in Lucians Werken, 1. Theil, S. 317. f.

würde, wenn ich meine tägliche Ausgabe auf vier bis fünf Obolen festsetzte; und da ich nicht gesonnen war länger als bis zum sechzigsten Jahre zu leben, so fand sich, daſs ich — ohne irgend einen auſserordentlichen Zufall — meinen wackern Cyprier nicht weiter nöthig haben würde.

Der weise Agathobulus, dessen Ruf mich nach Alexandrien zog, erfüllte zwar die Vorstellung nicht ganz, die ich mir auf das Wort meines Freundes Dionysius von ihm gemacht hatte: und daran waren beide allerdings gleich unschuldig; denn welcher Sterbliche hätte einer Imaginazion wie die meinige ein Genüge thun können? Indessen war er doch unter den Lehrern der damahligen Alexandrinischen Schule der einzige, der mir einige Anhänglichkeit an seine Person einflöſste. Agathobulus ist mit gleich wenigem Rechte bald unter die Epikuräer, bald unter die Cyniker gezählt worden; denn er war im Grunde keiner Sekte zugethan. Er schien das Ideal des Weisen, welches er sich selbst zum Kanon vorsetzte, aus dem, was ihm an mehrern Einzelnen das Schönste dünkte, wie Zeuxis seine Helena, zusammen gesetzt zu haben; und, wenn er ja mit einem von den Alten verglichen werden müſste, so hätte man

ihn einen Aristipp im Kostum eines
Stoikers nennen können. So wie man ehemahls von Sokrates sagte, dafs er die Filosofie vom Himmel herab gerufen, und sie mit
den Menschen umzugehen, und an den mannigfaltigen Verhältnissen ihres häuslichen und
bürgerlichen Lebens Antheil zu nehmen gelehrt habe: so konnte man von Agathobulus
sagen, er habe die Lebensweisheit des Diogenes in der guten Gesellschaft eingeführt,
und, indem er die Strenge ihrer Maximen auf
eine ihm eigene Art mit Urbanität und Grazie zu mildern wufste, Wahrheiten und Tugenden, welche sich gewöhnlich in den Zirkeln der Glücksgünstlinge weder hören noch
sehen lassen können ohne überlästig oder lächerlich zu seyn, selbst dieser am meisten
verfeinerten, und eben darum verderbtesten
Klasse von Menschen ehrwürdig oder wenigstens erträglich gemacht. Da er ohne Leidenschaften war, und sich von Jugend an der
strengsten Ausübung der stoischen und cynischen Grundsätze ohne Mühe unterworfen
hatte, so war es ihm ein leichtes geworden,
seine Sitten unter den Weltleuten rein zu erhalten. Er stand von der üppigsten Tafel
eines Römischen Ritters so nüchtern auf als
von einem Sokratischen Mahle, und die reit-
zendste Gaditanische Tänzerin liefs seine

Sinne so ruhig als eine sechzigjährige Vestalin.
Kurz, Agathobulus lebte die Weisheit die
er lehrte, weil sie ihm eben so leicht aus-
zuüben war als das Athemhohlen und Ver-
dauen einem gesunden Menschen; und eben
diese Leichtigkeit, die von der prunkvollen
Gravität und steifen Pedanterie seiner meisten Professionsverwandten so stark abstach,
war die Ursache, warum die vornehmsten
Römer und Griechen zu Alexandrien sich in
die Wette beeiferten, ihn zum Tischgesell-
schafter zu haben. Wie die Eitelkeit der
Menschen aus allem, sogar aus dem, was ihr
zur Beschämung dienen sollte, Nahrung zu
ziehen weifs, so schienen besonders die Römischen Magnaten, die in dieser Hauptstadt
Ägyptens sehr zahlreich waren, ihre Toleranz gegen manche an sich selbst unangenehme
Wahrheiten, welche sie bey Gelegenheit von
dem Filosofen hören mufsten, sich selbst zu
keinem geringen Verdienst anzurechnen; aber
sie glaubten auch dadurch das Äufserste gethan zu haben, was sich von ihres gleichen
erwarten lasse, und hielten sich durch diese
Duldsamkeit ihrer an lauter Schmeicheley und
Beyfall gewöhnten Ohren aller Verbindlichkeit
überhoben, in ihren Urtheilen oder Handlungen auf besagte Wahrheiten die mindeste
Rücksicht zu nehmen. Der gute Agathobu-

lus, wenn seine Gefälligkeit gegen die Grofsen
anders so uneigennützig war als sie es in der
That zu seyn schien, verfehlte also seines
Zwecks gerade durch das, was er für das
einzige Mittel hielt dieser Klasse von Menschen beyzukommen. Man liefs ihm seine
Filosofie hingehen, weil der Witz und die
Laune, womit er sie würzte, seine Grillen-
fängerey (wie sie es nannten) unterhaltend
machte; aber um aller Wahrheiten willen, die
er ihnen täglich und oft mit grofser Freymüthigkeit predigte, geschah nicht eine einzige
Thorheit, Ungerechtigkeit und Schelmerey
weniger in Alexandrien.

Die zweydeutige Figur, welche Agathobulus unter diesen Umständen machte, be-
stärkte mich nicht wenig in dem Gedanken,
dafs die Filosofie, wenn sie unter so ver-
dorbnen Menschen, als unsre Zeitgenossen
waren, wenigstens ihre eigene Würde behaupten wolle, anstatt das geringste von der
Strenge und Austerität der Heroen des cynischen Ordens nachzulassen, sie vielmehr, wo
möglich, noch weiter treiben, und den blofsen
Gedanken verschmähen müsse, den Schleier
der Grazien oder den Gürtel der Venus zu
entlehnen, um sich zu einer gefälligen Ge-
sellschafterin dieser Menschen zu machen,

deren strenge Richterin und unerbittliche
Zuchtmeisterin zu seyn sie berufen sey.
Solche Betrachtungen konnten in einem Menschen meiner Art nicht lange müſsig liegen.
Die Erfahrungen, durch welche ich in der
ersten Hülfte meines Lebens gegangen war,
hatten mein Gemüth zu einer Art von Misanthropie gestimmt, deren in der That
nur solche Menschen fähig sind, die, indem
sie einem jeden mit Liebe, Zutrauen und
Wohlwollen entgegen kamen, entweder allenthalben abgewiesen und zurück gestoſsen wurden, oder, so oft sie sich den lockendsten
Einladungen der Sympathie, den verführend-
sten Anscheinungen von Aufrichtigkeit und
Wahrheit überlieſsen, sich am Ende so grausam getäuscht und betrogen sahen, wie dieſs
in den wichtigsten Verbindungen meines ver-
gangnen Lebens mein Fall gewesen war. Ich
glaubte die Menschen zu hassen; aber im
Grunde war es doch nur der Antheil den
ich an ihnen nahm, war es doch nur die
Liebe zur Menschheit, was mich zum
Entschluſs brachte, im ganzen Rest meines
Lebens einen Weg einzuschlagen, der, anstatt mich für alles was ich von den Menschen gelitten hatte zu rächen, zu nichts führen konnte als mich selbst, ohne Gewinn für
mich oder andere, zum Gegenstand ihres

Hasses zu machen. Denn wo anders hin
hätte mich die Entschliefsung führen sollen,
mit freywilliger Übernahme alles Ungemachs,
das daraus erfolgen könnte, den herrschenden
Maximen und Sitten meiner Zeit offene Fehde
anzukündigen, und alle meine Réden und
Handlungen zu einer immer währenden lebendigen Satire auf die Thorheiten und Laster
der Menschen um mich her, und vornehmlich auf diejenigen zu machen, denen alle
übrigen zu gefallen und zu schmeicheln be-
flissen waren?

## Lucian.

In der That ist die heroische Entschliefsung, sein Leben in einem unaufhörli-
chen Kriege mit den Thorheiten und Lastern,
oder, was noch gefährlicher ist, mit den Narren und Schelmen seines Zeitalters zuzubrin-
gen, kein sonderliches Mittel sich beliebt zu
machen, und ich könnte dir davon ein Lied
aus eigener Erfahrung singen. Indessen
kommt es auch hierin, wie in allen Dingen,
auf ein wenig mehr oder minder, und vornehmlich auf die Sinnesart und innere Stimmung desjenigen an, der sich dieser gefährlichen Profession widmet. Ich gebe zu, dafs
es Fälle giebt, wo die wärmste Liebe zur

Menschheit in eine Art von Abscheu vor den Menschen, die uns umgeben, umschlagen kann. Aber ich zweifle sehr, ob diefs so leicht ohne Beymischung irgend einer sauren Leidenschaft von der eigennützigen Art geschehe; und bey genauerer Untersuchung wird sich wohl meistens finden, dafs es gekränkte Eigenliebe, nicht Liebe zur Menschheit ist, was diejenigen, die in der Jugend immer mit Übermafs liebten, im Alter zu Misanthropen macht. Ich glaube dir nicht Unrecht zu thun, Freund Peregrin, wenn ich annehme, dafs es auch dir so ergangen sey, und dafs an dem Heldenmuthe, womit du die Thorheiten und Laster deiner Zeitgenossen bekämpftest, ein wenig Bitterkeit und versteckte Rachbegierde Antheil gehabt habe. Doch gestehe ich gern, dafs ich mir an einem zu Selbsttäuschungen so aufserordentlich aufgelegten Sterblichen, auch ohne diefs, sehr gut erklären kann, wie der blofse Gedanke, allein gegen das ganze Menschengeschlecht zu stehen, und, als ein neuer moralischer Herkules, sich durch Bekämpfung der sittlichen Ungeheuer, von denen du die Welt verwüstet und geängstiget sahest, den Weg zu den Göttern zu eröffnen, wie dieser Gedanke den Mann, dem bereits zwey grofse Versuche, sich über die gewöhnliche Mensch-

heit empor zu schwingen, so übel mifslungen
waren, zum irrenden Ritter der cynischen
Tugend machen konnte.


## Peregrin.

Ich habe mich dir nun einmahl Preis gegeben, Lucian, und nach allen Bekenntnissen,
die ich bereits abgelegt, würde eine Apologie
für die, so ich noch zu thun habe, sehr überflüssig seyn. Warum sollte ich dir also nicht
unverhohlen gestehen, dafs die seltsame Idee
— oder Grille, (wenn du sie lieber so nennen willst) die sich meiner Imaginazion von
früher Jugend an bemächtigt hatte und durch
meine Verbindung mit den Christianern nur
anders gestaltet, nicht verdrängt worden war,
die Einbildung, oder, wie ich in ganzem
Ernste glaubte, das innige Bewufstseyn meiner dämonischen Natur, (welches mich
unter keinen Umständen gänzlich verlassen,
und dann, wenn ich mich am tiefsten nieder-
gedrückt fühlte, immer am stärksten empor
gehoben hatte) um diese Zeit wieder mit
neuer Lebhaftigkeit erwachte; dafs ich mich
kraft derselben wirklich berufen fühlte, in
einem geistigen und moralischen Sinne meinem Zeitalter das zu seyn, was der Theba-
nische Herkules dem seinigen gewesen war,

und dafs diefs von nun an die herrschende
Vorstellung ward, die mich durch mein übriges Leben führte, und mich zuletzt mit dem
Gedanken begeisterte, es auf Herkulische Art
zu Olympia in den Flammen zu endigen?

Ein so hoher Beruf schien mir eine ganz
besondere Vorbereitung zu erheischen. Denn,
wiewohl ich bey den Christianern mehrere
Jahre lang ein sehr strenges Leben geführt
hatte, so warnte mich doch das, was mir
mit Schwester Theodosien im Gefängnifs zu Antiochia begegnet war, zu stark vor
der Möglichkeit eines Rückfalls; und ich sah
mich, auch aufser diesem, bey der neu erwählten Lebensweise so manchen Anfechtungen anderer Leidenschaften ausgesetzt, dafs
ich, um dem Dämon in mir eine unbeschränkte Gewalt über den Menschen, an
welchen er noch gebunden war, zu verschaffen, es schlechterdings bis zu der vollkommensten Apathie bringen mufste, deren ein
eingefleischter Genius nur immer fähig ist. Ich mufste nicht nur Mangel an allen
Bequemlichkeiten und, im Nothfalle, selbst
an den Bedürfnissen des Lebens, Frost und
Hitze, Hunger, Durst und alle Arten kör-
perlicher Schmerzen so leicht ertragen können, als ob es nicht ich, sondern ein ande-

rer wäre, der sie litte; ich mufste nicht nur
gegen alle Reitze der Sinnenlust und gegen alle
Arten von Verführung so unempfindlich seyn
als ein Marmorbild; ich mufste es auch gegen die empfindlichste aller Beleidigungen,
gegen die Verachtung der Menschen seyn.)
Alles diefs erforderte vielfältige und langwie-
rige Übungen, — Übungen, welche mir (da
es zu' meinem Plan gehörte, bey manchen derselben keine Zeugen zu scheuen) von vielen
den Nahmen eines Narren und Wahnsinuigen
zuzogen, und zu dem, was dein Ungenannter von Elis (wiewohl mit ziemlicher Über-
ladung) davon erzählte, einen sehr natülli-
chen Anlafs gaben.

Ich zweifle sehr, ob irgend einer von den
heiligen Faunen und Satyrn, von welchen die
Thebaide bald nach unsern Zeiten bevöl-
kert wurde, seinen Witz zu Erfindung neuer
Übungen dieser Art eifriger angestrengt haben könne als ich.   Wirst du es mir wohl
glauben, wenn ich dir sage: dafs ich — um
auf allen Fall gewifs zu seyn, dafs ich auch
die Probe, worauf die schöne Fryne die
Weisheit des Platonischen Xenokrates gestellt haben soll, rühmlich bestehen könnte —
die Selbstpeinigung so weit trieb, eine der
reitzendsten Hetären in Alexandrien eine ganze

Nacht durch neben mir liegen zu lassen, und
dafs ich wirklich so viel Gewalt über mich
und sie behielt, dafs sie sich auch nicht des
kleinsten Sieges über meine Enthaltsamkeit zu
rühmen hatte?

### Lucian.

Bravo, Freund Peregrin! Robert von
Arbrissell ist also nicht nur nicht der
erste, der dieses gefährliche Experiment
glücklich überstanden hat: er mufs dir den
Vorzug auch defswegen lassen, weil er
es zwischen zwey jungen zuchtvollen Klos-
terschwestern anstellte; welches ohne Vergleichung leichter war, als neben einer einzigen Priesterin der Venus Pandemos.

### Peregrin.

Ich erwähnte dieser Anekdote blofs als
einer Probe, wie Ernst es mir mit meinen
Übungen war, und wie sauer ich es mir werden liefs, meinem Vorbilde — dem von Epik-
tet hinterlassenen Ideal eines ächten und vollkommnen Cynikers — Zug für Zug gleichförmig zu werden. Alle diese Sonderbarkei-
ten zogen mir zwar, wie gesagt, unter einem
so verfeinerten und üppigen Volke wie die
Einwohner von Alexandria waren, einen sehr

zweydeutigen Ruf zu; aber es fanden sich
doch auch mehrere, die den Karakter einer
hohen und beynahe mehr als menschlichen
Weisheit darin zu sehen glaubten, und von
mir als einem neuen Sokrates, Antisthenes
und Epiktetus sprachen. Auch fehlte es mir
(wiewohl Agathobulus selbst sich einige Spöttereyen, die von Mund zu Mund in der Stadt
herum gingen, gegen mich erlaubt hatte)
nicht an Schülern, die von dem Enthusiasmus, womit ich ihnen von der Würde, Freyheit und Eudämonie eines nach den strengsten Grundsätzen des wahren Cynismus ge-
führten Lebens sprach, um so mehr überwäl-
tiget wurden, dà sie bey mir eine Übereinstimmung zwischen Lehre und Ausübung
wahrnahmen, welche an der prunklosen Weisheit des von allen Extremen gleich weit ent-
fernten Agathobulus nicht so stark in die
Augen fiel.

Ich hatte bereits über zehen Jahre (einige
Reisen in Oberägypten und zu den Äthiopi-
schen Gymnosofisten abgerechnet) in dieser
Lebensart zu Alexandrien zugebracht, als ich
mit einem jungen Römer von Rang und
grofsem Vermögen, Nahmens Cejonius, bekannt wurde, der an meiner Person und an
meinen Reden aufserordentlich viel Geschmack

zu finden schien, und, nach langem Widerstand, endlich von mir erhielt, daſs ich ihn
nach der Hauptstadt der Welt begleitete; welcher es, wie er sagte, seit dem berühmten
Demetrius (dem Freunde eines Pätus und
Seneka) an einem Manne gefehlt habe, der
mitten in diesem unendlichen Strudel von
prachtvoller Sklaverey, Aufwartungen und
Gastmählern, Sykofanten, Schmeichlern, Gift-
mischern, Erbschleichern und falschen Freunden, (wie er die Stadt Rom mit den Worten
deines Nigrinus schilderte) den Muth hätte,
einem jeden die Wahrheit zu sagen, und, unter dem buntesten Gewühl und Gedränge aller
Arten von Thoren, Gecken und Narren, das
Leben eines Weisen zu leben.

Ich kann es ruhig deiner eigenen Schätzung überlassen, lieber Lucian, wie viel Antheil meine Eitelkeit — eine Schwachheit,
von welcher ich mich darum nicht frey sprechen möchte, weil ich mir ihres Einflusses
auf meine Entschlieſsung nicht bewuſst war
— an meiner Gefälligkeit gegen das unab-
weisliche Anhalten meines jungen Römers
hatte. Der Zauberspiegel in meinem Kopfe,
worin ich alles sah, und so oft falsch sah
was die gemeinsten Menschen mit bloſser
Hülfe ihrer Leibesaugen richtig sehen, stellte

mir freylich, ungeachtet der wenig geschmei-
chelten Abschilderungen, die mir mein edler
Freund von der Königin des Erdkreises
machte, alles ganz anders vor, als ich es in
der Folge aus Erfahrung kennen lernte. Ich
könnte jetzt noch über mich selbst lachen,
wenn ich mich erinnere, mit was für Hoffnungen ich meinen jungen Führer nach Italien begleitete, und wie ich albern genug war,
mir einzubilden, daſs Peregrinus Proteus von
Parium nicht ein Jahr zu Rom gelebt haben
werde, ohne eine mächtige Umgestaltung in
den Sitten und der Denkart der ausgearteten
Quiriten hervorgebracht zu haben. Aber ein
Kopf wie der meinige konnte auch nur durch
unangenehme Gefühle überführt werden,
daſs er sich selbst immer zu viel zutraue, und
von andern immer mehr erwarte als sie leisten wollten oder konnten.

Das erste, worin ich mich häſslich betrogen fand, war der Karakter des jungen Römers, dem ich mich anvertraut hatte. Die
frühzeitige Kultur, welche seines gleichen zu
erhalten pflegen, gab ihm, so bald er wollte,
einen Anschein von Reife, von dem ich mich
um so leichter hintergehen lieſs, weil in der
Anhänglichkeit, die er mir zeigte, wirklich
etwas persönliches war. Ich schmeichelte

mir, einen jungen Mann von so glücklichen
Anlagen nach und nach völlig gewinnen zu
können, und, da er sowohl durch sein grofses
Vermögen als durch die Verwandtschaft seines Hauses mit dem kaiserlichen zu den ersten Stellen im Reiche berufen war, ihn zum
Werkzeuge der grofsen Reformazion zu machen, von welcher ich mir in meiner Einsamkeit zu Alexandrien einen schönen Plan
geträumt hatte, dessen Realisierung lediglich
von der einzigen kleinen Bedingung abhing,
den r e g i e r e n d e n Theil der Welt in W e i s e
und den g e h o r c h e n d e n in P a t r i o t e n zu
verwandeln.

### Lucian.

Ein artiges kleines Projekt!

### Peregrin.

Unglücklicher Weise hatte mein edler Römer, der mich zu Alexandrien mit so vielem
Vergnügen über Staats- und Sittenverbesserung und über alles, was in dieses Fach (worüber sich so schöne Dinge sagen lassen) ein-
schlug, deklamieren hörte, keinen Begriff davon, dafs solche Diskurse einen andern Gebrauch und Zweck haben könnten, als in

müſsigen Stunden zu einer leidlichen Unterhaltung zu dienen. Überdiefs lebte er zu
Rom in einem solchen Wirbel von Zerstreu-
ungen, dafs ich ihn, aufser dem Tafelzimmer,
sehr selten und immer nur auf Augenblicke
zu sprechen bekam. Kurz, es zeigte sich in
wenig Wochen, dafs er, indem er einen Griechischen Filosofen in seinem Hause unterhielt, sich eigentlich nur einer damahls herrschenden Mode fügen wollte, und dafs seine
Wahl blofs darum auf mich gefallen war, weil
er auf seinen Reisen keinen andern gefunden
hatte, der ihm besser anstand, und mit dem
er sich zu Rom mehr Ehre machen zu können glaubte. Denn der Kontrast zwischen
meinem Äufserlichen und dem cynischen Kostum, welcher damahls noch ziemlich stark
auffiel, konnte für eine Art von Seltenheit
gelten; und der junge Herr schien sich nicht
wenig darauf einzubilden, einen Hausfilosofen
zu besitzen, von welchem jedermann gestehen mufste, dafs er einer schönen Büste des
Pythagoras, die in seiner Bibliothek para-
dierte, so ähnlich sehe, als ob sie von ihm
abgeformt wäre. Ich habe dir, lieber Lucian,
schon zu viel gebeichtet, das meiner Klugheit
nicht zur Ehre gereicht, um dir zu verschwei-
gen, dafs es eine ziemliche Zeit währte, bis
ich über mein Verhältnifs mit dem edeln

L

Cejonius im Klaren war: aber von dem
Augenblick an, da ich es war, hörte auch,
meiner alten Gewohnheit nach, alle Gemeinschaft zwischen uns auf. Ich verliefs sein
Haus auf der Stelle, und, nicht zufrieden,
ihm selbst, mit aller Bitterkeit der gedemü-
thigten Eigenliebe, sehr derbe Wahrheiten
ins Gesicht gesagt zu haben, glaubte ich der
Filosofie noch die Genugthuung schuldig zu
seyn, öffentlich gegen ihn und die edle Römische Jugend, die ich in seinem Hause kennen gelernt hatte, in einem sehr heftigen
Tone los zu ziehen. Ein Betragen, wodurch
ich meinen gewesenen hohen Freund zu
bittern Klagen über meine Undankbarkeit
berechtigte, und den ersten Grund zu mancherley Unannehmlichkeiten legte, die ich
während meines Aufenthalts in Rom zu er-
dulden hatte. Ohne Zweifel würden die Folgen der Unklugheit, die ich bey dieser Gelegenheit zu Tage legte, noch verdriefslicher
für mich gewesen seyn, wenn Cejonius und
sein Anhang sich nicht vor dem erklärten
Thronfolger, dem Cäsar Markus Aurelius,
gescheuet hätten, unter dessen unmittelbarem
Schutze gewisser Mafsen alle Filosofen des
stoischen und cynischen Ordens standen, und
unter dessen Hausgenossen ich einige warme
Freunde hatte.

# EUNTER ABSCHNITT.

## Peregrin.

Ich übergehe, um deine Geduld zu schonen, lieber Lucian, verschiedene Begebenheiten, die mir in den drey bis vier Jahren, welche ich in Italien, theils zu Rom, theils bey meinen Bekannten auf dem Lande lebte, zugestofsen sind. Aber eine einzige wird dir selbst vielleicht eine Ausnahme zu verdienen scheinen, wenn ich dir sage, dafs es nichts geringeres war, als ein kleines Abenteuer mit der einzigen Tochter des Kaisers, der jüngern Faustina, welche damahls schon einige Jahre mit seinem angenommenen Sohne Markus Aurelius vermählt war, aber noch in der vollen Blüthe der Jugend und Schönheit stand.

Es wird dir nicht unbekannt seyn, in was für einen schlimmen Ruf die Sitten dieser Dame bey der Nachwelt gekommen sind, ohne dafs weder die zärtliche Achtung ihres Gemahls, welche sie bis an ihren Tod besafs,

noch die ausgezeichneten Ehrenbezeigungen,
die der Senat ihrem Andenken erwies, einige
Unvorsichtigkeiten vergüten konnten, wodurch
sie in ihren jüngern Jahren die Verleumdung
gegen sich gereitzt hatte. Ich kann mich
nicht von dem Vorwurfe frey sprechen, zu
einer Zeit, da ihr Karakter einem Menschen
meiner Art nothwendig in einem sehr zweydeutigen Licht erscheinen muſste, selbst
nicht wenig dazu geholfen zu haben, daſs
das Römische Publikum (dessen herrschende
Sitten dem Glauben an die Tugend der Frauen
vom ersten Rang ohnehin wenig günstig waren) um so geneigter ward, die nachthei-
ligsten Anekdoten, die auf Unkosten der schönen Faustina herum getragen wurden, glaub-
lich zu finden. Allein, seitdem der Scheiterhaufen zu Alpine den Zunder der Leidenschaften in mir verzehrt hat, sehe ich auch
diese liebenswürdige Römerin und ihr Betragen gegen mich in einem andern Lichte, und
finde mich — schon nach dem, was mir selbst
mit ihr begegnet ist — sehr geneigt zu glauben, daſs ihr wenigstens durch die Gerüchte,
welche sie mit den Poppeen und Messa-
linen in Eine Linie stellen, grofses Unrecht
geschehen sey. Doch, du magst selbst von
der Sache urtheilen.

Ungeachtet der ungeheuern Gröfse der Stadt Rom, und der Schnelligkeit, womit eine unendliche Menge aus allen Weltgegenden zusammen geflogener Menschen, deren jeder seinen eigenen Zweck verfolgte, sich wie Meereswogen durch und über einander her wälzten, war doch der Cyniker, welchen Cejonius aus Ägypten (dem Vaterlande so vieler Wunderdinge) mitgebracht hatte, eine Erscheinung, welche in gewissen Zirkeln eine Art von flüchtiger Aufmerksamkeit erregte. Beynahe ein jeder, der ihn gesehen hatte, wufste irgend etwas lächerliches oder seltsames, irgend eine kleine, wahre oder falsche, Anekdote von ihm zu erzählen, wodurch diese Neuigkeit aus Afrika dem müfsigen Theile des Publikums interessant wurde. Jedermann wollte den Cyniker mit dem Pythagoraskopfe kennen lernen, um sagen zu können dafs er ihn auch gesehen habe; und es fehlte wenig, dafs man nicht den Kaiser selbst anging, zu befehlen, dafs er an dem ersten besten Feste dem Volke, unter andern seltsamen Thieren, die aus allen Enden der Welt nach Rom zusammen geschleppt wurden, öffentlich im Cirkus vorgezeigt werden sollte.

Es konnte also nicht fehlen, dafs endlich auch die Prinzessin, deren stärkste und viel-

leicht einzige Leidenschaft war, immer mit
einer neuen Puppe zu spielen, neugierig
ward, sich mit meiner Wenigkeit in Bekanntschaft zu setzen. Aber so leicht diefs an sich
selbst zu seyn schien, so hatte die Sache doch
ihre Schwierigkeiten; denn man beschrieb ihr
das filosofische Wunderthier als ungewöhnlich scheu und störrig. Besonders, sagten ihre
Kammerfrauen, äufsere es eine Antipathie gegen das weibliche Geschlecht, welche, wie
man wahrgenommen habe, mit der Schönheit
und Jugend der Damen in gleichem Verhältnifs stehe, und also für die Neugier der Prinzessin gar leicht unangenehme Folgen haben
könne. Man erzählte ihr verschiedene Beyspiele dieser seltsamen Misogynie, welche
wirklich nicht ohne Grund waren: aber bey
Faustinen war diefs gerade ein Beweggrund
mehr, sich von einer so unglaublichen Wirkung der Schönheit durch den Augenschein
zu überzeugen. Sie wohnte während der
schönsten Monate des Jahrs gewöhnlich in
den Sallustischen Gärten, deren anmuthige Lustwäldchen ich in der heifsen Tages-
zeit öfters zu besuchen pflegte. Ihre Neugier
blieb also nicht lange unbefriedigt. Man sagte
mir dafs sie mich zu sprechen wünschte, und,
da ich mich dessen unter keinem schicklichen
Vorwande weigern konnte, so liefs ich mich,

wiewohl ungern, in einen kleinen Gartensahl
führen, wo ich sie mit zwey oder drey von
ihren vertrautern Gesellschafterinnen bey einer
tändelnden Art von Arbeit antraf. Ihre Schönheit, wiewohl sie das untadeligste Modell
zu einer Göttin der Liebe abgeben konnte
und mit einem einladenden Ausdruck von Gefälligkeit und Gutheit verbunden war, machte,
vielleicht eben dieses Ausdrucks wegen, beym
ersten Anblick nur einen schwachen Eindruck
auf mich. Aber desto mehr schienen die Damen in ihrer Erwartung getäuscht zu seyn,
da sie, anstatt eines rauhen, übel gekämmten
und ungeschliffnen Cynikers, einen Menschen
vor sich saben, der in guter Gesellschaft gelebt zu haben schien, nach Griechischem Kostum anständig gekleidet war, und seinem
äußerlichen Ansehen und Betragen nach keine
Gelegenheit zu den feinen Spöttereyen gab,
womit sich eine von ihnen zur Belustigung
der Prinzessin bewaffnet hatte, und die bey
meinem Eintritt schon auf ihren Lippen
schwebten. Kurz, ich sah daß der Pythagoraskopf auf den Schultern eines Mannes, den
die Venus Mamilia vor dreyßig Jahren zu ihrem Adonis gewählt hatte, seine Wirkung
that. Aber die Unterredung gewann nichts
dadurch an Lebhaftigkeit: und da der Filosof
die gute Meinung, die man auf Empfehlung

seines Äufserlichen von ihm gefafst zu haben
schien, durch die Einsylbigkeit seiner Antworten auf alle Fragen, die man an ihn richtete, wenig aufmunterte; so wurde er zu seinem grofsen Troste ziemlich bald wieder ver-
abschiedet, ohne dafs man auch nur den leisesten Wunsch äufserte, die angefangene Bekanntschaft fortzusetzen.

## Lucian.

Ich liebe die Abenteuer, die einen so trock-
nen Anfang haben; und ich müfste mich sehr
irren, wenn diese anscheinende Kälte nicht
einen geheimen Anschlag gegen deine Weisheit verbarg, der bereits in dem leichten Ge-
hirnchen der schönen Faustina brütete.

## Peregrin.

Ich wenigstens war damahls weit entfernt,
so etwas zu argwohnen. Wir sahen uns indessen nach dieser ersten Zusammenkunft
zufälliger Weise noch öfters in den Sallustischen Gärten. Der sanfte Reitz, der alles,
was die schöne Faustina sagte und vornahm,
wie verstohlner Weise begleitete, ihre immer
während Heiterkeit und Fröhlichkeit, der
gänzliche Mangel an allen Ansprüchen, welche

sie als die einzige Tochter des Kaisers zu
machen hatte, mit einer Gutherzigkeit und
schönen Einfalt verbunden, die an einer Römerin von ihrem Stande und aus diesem Zeitalter noch unendliche Mahl überraschender war
als der Pythagoraskopf an einem Cyniker, —
das alles überschlich mein Herz unvermerkt.
Die schöne Faustina ward mit jeder Unterredung schöner in meinen Augen: und da sie
mir eben so empfänglich als geneigt schien,
ihrem Geist eine Art von Ausbildung geben
zu lassen, wodurch sie (wie sie sagte) der
Ehre, die Gemahlin eines Mark-Aurels zu
seyn, würdiger zu werden hoffte; so ließ
sich dein alter Schwärmer — das wahre *tri-
bus Antyciris insanabile caput* des
Horaz — ohne Bedenken überreden, dieses
gefährliche Amt bey einer jungen Fürstin zu
übernehmen, deren wahrer Karakter, ungeachtet aller Aufschlüsse, die er durch die
Kallippen, Mamilien und Diokleen über das
große Räthsel des weiblichen Herzens erhalten zu haben glaubte, etwas ganz neues für
ihn war.

Bey allem dem war das, was ich für die
liebenswürdige Faustina fühlte, so rein und
unschuldig, hatte so wenig Leidenschaftli-
ches, und glich, mit Einem Worte, so sehr

der Liebe eines zärtlichen Vaters für eine
gutartige Tochter, daſs ich unmöglich in die
mindeste Unruhe darüber gerathen konnte.
Aber eben diese Ruhe meines Herzens war es,
was Faustinen — welche wirklich (wie du
sagtest) einen kleinen schelmischen Anschlag
gegen meine Weisheit in der Arbeit hatte,
und in der Ausführung ihrer launischen Ein-
fälle ziemlich uugeduldig war — den bösen
Gedanken eingab, daſs sie schlechterdings die
unterste von den drey Seelen, welche Plato
den menschlichen Körper bewohnen läſst, auf
ihre Seite ziehen müsse, wenn sie den Triumf
über die A p a t h i e ihres Filosofen erhalten
wollte, worauf sie nun einmahl ihren Sinn
gestellt hatte, und worüber es (wie ich in
der Folge erfuhr) zwischen ihr und einer
vertrauten Freundin eine groſse Wette galt.

Sie veranstaltete es also mit dem Zufall
so geschickt, daſs ich sie einsmahls an einem
sehr heiſsen Tage, in der einsamsten Grotte
ihrer Gärten auf einer mit Rosen dicht be-
streuten Moosbank, ziemlich leicht bekleidet
schlummern fand. Es war der schönste Anblick, der meinen Augen jemahls gewährt
worden war; wenigstens däuchte es mir so,
da die Zeit die Bilder ehemahliger Visionen
dieser Art zu matt gemacht hatte, um von

dem lebendigen Eindruck der gegenwärtigen nicht ausgelöscht zu werden. Ich verweilte zwar nicht lange: aber meine Apathie war erschüttert; die Erinnerungen an diesen Augenblick schwächten die Gewalt, welche meine Vernunft durch eine vieljährige Übung in der strengsten Enthaltsamkeit über meine Einbildung erhalten hatte; und, wiewohl ich weder jung noch thöricht genug war, einer unziemlichen Leidenschaft für die Gemahlin eines Mark-Aurels Raum zu geben, so blieb es doch nicht mehr in meiner Macht, sie bey unsern fortgesetzten Zusammenkünften mit so unbefangenen Augen wie ehemahls anzusehen.

Diese Veränderung konnte der Prinzessin nicht lange verborgen bleiben. Sie ließ zwar nichts davon gewahr werden, daß sie ihren Lehrer bey jeder Zusammenkunft wärmer, belebter und unterhaltender fand; aber sie hielt sich von nun an gewiß, ihre Wette gewonnen zu haben, und beschleunigte die Ausführung ihres Plans. Einsmahls fand ich sie mit einem Buche auf dem Schooß, in dessen Lesung sie so vertieft schien, daß ich ihr schon ganz nahe war, ehe sie meine Gegenwart bemerkte. Du hättest zu keiner gelegnern Zeit kommen können, sagte sie, um

mir zur Gewifsheit zu helfen, ob ich die
Theorie einer sehr sublimen Dame, die mich
schon seit einer halben Stunde unterhält, recht
begriffen habe oder nicht. — Das Buch, worin
sie las, war Platons Symposion, und
also Diotima die Dame, von welcher die
Rede war. Diese schöne und geistige Art
von Liebe, welche man, mit undankbarer
Verschweigung ihrer wahren Erfinderin, die
Platonische zu nennen pflegt, ward nun
der Gegenstand einer Unterredung, welche
mich, der schönen Faustina und einer Gruppe
der Grazien von Praxiteles gegenüber,
unvermerkt in die Vorstellungsart und Gemüthsstimmung meiner ersten Jugend versetzte.

Ich war vielleicht der einzige Mensch in
der Welt, der einer Frau, wie diese die ich
vor mir hatte, in solchem Ernst und mit so
vielem Feuer von der Möglichkeit einer un-
körperlichen Liebe zu der liebenswürdigsten
aller Frauen, das ist, (wie ich ihr deutlich
genug zu verstehen gab) zu ihr selbst,
sprechen konnte. Faustina schien eben so
vergnügt als verwundert darüber zu seyn, zum
ersten Mahl in ihrem Leben einen Mann
von einer so feinen und mit ihren Begriffen
so übereinstimmenden Denkungsart zu finden:

aber sie konnte nicht umhin, dem Schüler
der Diotima, mit einer Miene, worin Naivi-
tät und Schalkheit sich zugleich mit einer ihr
eigenen Grazie mahlten, einige Zweifel über
die Möglichkeit, eine so geistige Art von
Liebe auf beiden Theilen in die Länge aus-
zuhalten, zu zeigen.

Das unmöglichste für mich war, in diesem
Augenblicke nicht an Kallippen und Mamilien
zu denken, die mich über diesen Punkt billig etwas behutsamer hätten machen sollen;
und es konnte also nicht fehlen, daſs ich in
einige Verwirrung gerieth, da sie mir mit
einem Blick, der in den Grund meiner Seele
zu dringen schien, sagte: wer mit solcher
Gewiſsheit, wie ich, von dieser Sache sprechen könne, müsse Erfahrungen gemacht haben, die ihn dazu berechtigten; und ich würde
es sehr verzeihlich finden, wenn sie mir ihre
Neugier über diesen Theil meiner Lebensge-
schichte nicht verbergen könnte.

In der That kam sie, nachdem wir einmahl so tief in diese Materie gekommen waren, und meine Verwirrung ihr gar leicht
meine Aufrichtigkeit hätte verdächtig machen
können, mit ihrem Wunsche dem meinigen
entgegen. Ich versprach ihr also eine getreue

und umständliche Erzählung der Begebenheiten meiner Jugend, die ihт (wie ich unbe-
sonnen genug war hinzu zu setzen) beweisen
würden, was ich schon damahls fähig gewesen wäre, wenn ich das Glück gehabt hätte,
eine Diotima mit Faustinens Gestalt und Reitzen anzutreffen. Sie schien dieses Kompliment gerade so aufzunehmen, wie ich es wünschen konnte. Einer der nächsten Tage wurde
dazu bestimmt, den Anfang meiner Erzählung
zu machen; und man entließ mich mit Zeichen von Zufriedenheit, die auch ein weniger Platonischer Liebhaber ohne große Unbe-
scheidenheit für Aufmunterungen hätte nehmen können.

Du siehest ohne mein Erinnern, lieber
Lucian, daß ich mich durch diese unvorsich-
tige Gefälligkeit gegen die Neugier der schönen Faustina in ein schlimmes Abenteuer hatte
verwickeln lassen. Unter den Augen einer
so liebenswürdigen Zuhörerin meine Einbildung
durch die lebhafteste Versetzung in die Zau-
berscenen meiner Jugend in Flammen setzen,
hieß die Kerze, wie man zu sagen pflegt, an
beiden Enden anzünden. Faustina, unter deren so lieblich lächelnden Gesichtszügen ich
keine Schalkheit ahndete, trug alles, was sie,
ohne sich gar zu bloß zu geben, beytragen

konnte, dazu bey, das Platonische Feuer, das
im Busen ihres schwärmerischen Filosofen
loderte, immer stärker anzufachen. Die Erzählung, durch häufige Digressionen und Er-
örterungen unterbrochen, ward alle Minuten
zum Dialog, und dieser zuletzt so interessant,
dafs er Ergiefsungen des Herzens (denn die
Platonische Liebe hat ja auch die ihrigen)
nöthig machte, welche durch die Gegenwart
der kleinen Sklavinnen, deren die Prinzessin
bey unsern Zusammenkünften immer drey oder
vier um sich herum schwärmen hatte, nicht
wenig gehindert wurden.

Natürlicher Weise war Faustina durch
meine Bekenntnisse in ihren Zweifeln an der
Möglichkeit der Platonischen Liebe vielmehr
bestärkt als davon geheilt worden. Sie machte
mir kein Geheimnifs daraus; und gleichwohl
schien sie sich der meinigen mit einem so
kindlich unschuldigen Zutrauen zu überlassen,
dafs sie die Voraussetzung eines sympatheti-
schen Gefühls, in dessen Reinigkeit ihr Bewufstseyn sie kein Mifstrauen setzen liefs,
beynahe unvermeidlich machte.

### Lucian.

Ich wundere mich nicht, Freund Peregrin,
warum du immer, sogar bis in den Jahren,

wo man gewöhnlich an die Gunst der Schönen keine Ansprüche mehr zu machen hat,
von den reitzendsten dieses Geschlechts, das
von unsrer guten Meinung von ihm so viele
Vortheile zu ziehen weifs, so aufserordentlich
begünstiget wurdest. Denn — bey der kindlichen Unschuld der immer lächelnden Faustina! — nie ist ein Sterblicher mit einer
glücklichern Anlage, immer das Beste von ihnen zu denken, geboren worden als du.

### Peregrin.

Bethört von dem süfsen Wahne, der mir
dieses Kompliment von dir zugezogen hat,
ward ich nun immer weniger gewahr, was
für ein gefährlicher Gegenstand eine Seele,
deren Schönheiten mit den Reitzen ihres
materiellen und animalischen Theils so zart
verwebt oder vielmehr so unmerklich in einander verschmelzt waren, wie bey Faustinen,
für einen Platonischen Liebhaber sey, der dem
Unglück, beide Arten von Reitzen alle Augenblicke mit einander zu verwechseln, so sehr
ausgesetzt war wie ich; und unstreitig war
es in einem solchen Augenblick, wo mich
die Weisheit so sehr verliefs, dafs ich der
Prinzessin von dem Zwange sprach, den die
einzige Tagesstunde, welche sie mir (unter

dem Vorwande des Unterrichts in der Filosofie) widmete, und die kleinen Nymfen, die
immer dabey gegenwärtig waren, dem freyen
Umtausch der Empfindungen unsrer Seelen
auferlegten. Sie schien diefs eben so gut als
ich zu fühlen, aber verlegen zu seyn, wie
es anders eingerichtet werden könnte. Sollte,
sagte ich endlich, die keusche Luna, deren
gute Dienste so oft von den gewöhnlichen
Liebhabern angerufen werden, sich nicht er-
bitten lassen, einem Eingeweihten in den
Mysterien der höhern Liebe günstig zu seyn?
—. Warum nicht? erwiederte Faustina lächelnd. Wenigstens gebe ich dir, setzte sie
nach einer kleinen Pause hinzu, meine Einwilligung, wenn du es auf dich nehmen
willst, auch mich in diesen erhabenen Mysterien einzuweihen.

Die schlaue Dame hatte mich, wie du
siehest, unvermerkt auf einen Weg gebracht,
worauf sie ihr mir damahls noch unbekanntes
Ziel schwerlich verfehlen konnte. Sie erlaubte mir, unter der Leitung der jungfräuli-
chen Göttin — deren Liebe zu Endymion
ganz gewifs, trotz den Lästerungen der My-
thologen, ebenfalls von der Platonischen Art
gewesen sey — die Sallustischen Gärten auch zu einer ungewöhnlichen Zeit zu

besuchen, und liefs mich hoffen, dafs ich sie
zu einer gewissen Stuhde, in dem Myrten-
wäldchen, das einen kleinen offnen Tempel
der Grazien umgab, nicht umsonst erwarten
würde.

So viel ich mich erinnere, begünstigte sie
mich mit drey oder vier solchen nächtlichen
Zusammenkünften. Sie, welche (wie sichs
am Ende auswies) nichts dabey wagte, blieb
immer sich selbst gleich, immer so heiter
und sanft, so herablassend gefällig und theil-
nehmend als ich sie stets gefunden hatte:
aber für meine Apathie war diese Probe zu
stark. Es gab Augenblicke, wo der Drang
alles dessen, was ich für sie empfand, meine
Brust zu zersprengen drohte; und mehr als
Einmahl war ich, unter dem fürchterlichen
Kampf zwischen dem Überschwang des Gefühls, das mich zu ihren Füfsen werfen
wollte, und der Ehrfurcht und Scham, die
mich mit gleich grofser Gewalt zurück zogen,
in Gefahr ohnmächtig vor ihr hinzusinken.
Aber jedesmahl war diefs auch der Augenblick, wo sie mich, unter dem Vorwande,
dafs mir die Nachtluft nicht länger zuträglich
scheine, mit dem Ausdruck der zärtlichsten
Besorgnifs für meine Gesundheit auf der Stelle
nach Hause schickte.

Der Mond hörte endlich auf, diese nächtlichen Unterredungen zu begünstigen. Ich
konnte mich nicht enthalten, ihr, meinen
Schmerz über den Verlust so seliger Stunden
auf eine Art zu erkennen zu geben, die mich
zum Mitleiden einer Dame, die mir schon so
viel Güte gezeigt hatte, berechtigte. Du bist
für einen Endymion ein wenig dringend, mein
lieber Proteus, sagte sie: doch ich beur-
theile deine Empfindungen nach den meinigen.
Auch ich entsage diesen angenehmen Unter-
haltungen zwischen Seele und Seele, die durch
das Elysische einer stillen Mondnacht so
schön befördert werden, ungern: aber, was
kann ich thun, sie dir zu ersetzen?

Ein tiefer Seufzer war alles, was der
bezauberte Wahnsinnige darauf antworten
konnte.

Ich will sehen was möglich ist, fuhr sie
nach einigem Bedenken fort; du sollst in
kurzem wieder von mir hören. Aber, wenn
ich mich nun, um deinen und meinen Wunsch
zu befriedigen, genöthiget fände, deinen
Platonismus auf eine etwas harte Probe zu
stellen?

Ich glaubte zu errathen was sie damit sagen wollte, und schwor ihr, bey der himmlischen Cythere und den Grazien des Sokrates, sie würde, auf welche Probe sie mich auch stellen wollte, niemahls Ursache finden, sich ihr Zutrauen gegen mich gereuen zu lassen.

Die schöne, aber ein wenig leichtfertige Gemahlin Mark Aurels war nun am Rande der Ausführung ihres Plans. Sie spielte mir übel mit, und ich hab' es ihr längst vergeben: aber was ich mir selbst nie vergeben werde, war die Blindheit, mit welcher ich in ihre —

### Lucian.

— von dir selbst gewebten —

### Peregrin.

— Schlingen fiel. — Gut! auch diefs vermehrt die Vorwürfe, die ich mir zu machen habe.

### Lucian.

Wunderliche Seele! wozu? Sie kommen nun zu spät; und es ist, däucht mich, klar,

dafs deine Eitelkeit damahls eine solche
Demüthigung noch nöthig hatte.

### Peregrin.

Wie grofs auch meine Schuld bey diesem
allen war, so würdest du mir doch Unrecht
thun, wenn du glaubtest, dafs ich, mitten
in diesen Ausschweifungen meiner Leidenschaft für die schöne Faustina, mich auch
nur des leisesten Anschlags auf ihre Tugend
schuldig gemacht hätte. Im Gegentheil, meine
Schwärmerey (wie du es nennen wirst) ging
so weit, dafs ich, falls es möglich seyn sollte,
dafs Faustina schwach würde, fest entschlossen war, ihrer guten Seele mit der meinigen
zu Hülfe zu kommen, und dafs ich sogar
auf diesen Fall hin eine Menge der sub-
limsten und herzrührendsten Sachen, die ich
ihr sagen wollte, in Bereitschaft hielt.

### Lucian.

Diefs, lieber Peregrin, werde ich, — der
ich in meinem Leben nie der Tugend, sondern
nur der falschen oder übertriebenen Anmafsun-
gen einer dem Menschen nicht gegebenen
Vollkommenheit gespottet habe — diefs,
Peregrin, werde ich nie Schwärmerey
nennen. Aber dafs du dich vorsetzlich in

den Fall setztest, dir selbst vielleicht nicht
Wort halten zu können; dafs du, nach so
manchen Erfahrungen des Gegentheils, — auf
den blofsen Triumf hin, den dein Eigensinn
über eine Alexandrinische Hetäre erhalten hatte — dir selbst eine Stärke zutrau-
test, die sich kein Sterblicher eher, als bis
er ohne seine Schuld in dem Fall ist ihrer
zu bedürfen, zutrauen soll: das nenne ich
Schwärmerey!

### Peregrin.

Gieb dich zufrieden, Freund Lucian! du
wirst mich streng genug dafür büfsen sehen.
Es vergingen einige Tage, ohne dafs ich die
Prinzessin auf ihren gewöhnlichen Spazier-
gängen wieder zu sehen bekam, wiewohl ich
sie überall, selbst in der Grotte, wo ich
sie einst schlafend gefunden hatte, auf-
suchte. Aber am vierten oder fünften Tage
nach unsrer letzten Zusammenkunft, da ich
zur gewöhnlichen Morgenstunde in einem
Gange, der zum Tempel der Grazien führte,
traurig auf und nieder ging, fiel ein Granat-
apfel vor mir nieder, in dessen Krone ich ein
kleines Papier stecken fand. Ich entfaltete
es mit zitternder Freude, und las ungefähr
folgende Worte: „Du kannst die aufserordent-

liche Probe, die du von meinem Vertrauen
auf deine Gesinnungen erwartest, nicht leb-
hafter wünschen, als ich wünsche, was ich
für dich thue durch dein Betragen gerechtfertigt zu sehen. Hast du noch Muth, die
Probe, worauf ich dich selbst dadurch stelle,
zu bestehen, so finde dich eine Stunde vor
Mitternacht bey dem Seitenpförtchen ein, das
aus der Gallerie des Apollo in die Rosenge-
büsche führt, und folge dem, den du daselbst
antreffen wirst.‘‘

Beides, die hohe Meinung, die ich von
der Unschuld und Güte der schönen Faustina
hegte, und das Vertrauen auf die Stärke
meines eigenen Vorsatzes, war zu groß, als
daß mein Entzücken über diesen mehr ge-
wünschten als gehofften Beweis ihrer Gesinnung gegen mich durch den mindesten Zweifel hätte unterbrochen werden können. Die
Zwischenzeit, die einem andern Liebhaber
eine Ewigkeit geschienen hätte, verfloß mir
unter wonnevollen Vorgefühlen unvermerkt;
kaum hatte ich mich in den schönsten Tagen meiner Jugend, selbst im heiligen Haine
der Venus Urania zu Halikarnaß, so ent-
körpert, so ganz Dämon gefühlt, als in
der Erwartung dieser heiligen Mitternachtsstunde, in welcher der Bund einer ewigen

Liebe zwischen der schönsten aller Seelen
und der meinigen beschworen werden sollte.

Sie kam endlich. Die kleine Pforte öffnete sich; eine junge Sklavin nahm mich bey
der Hand, und führte mich durch eine Menge
dunkler Gänge in ein hell erleuchtetes und
fürstlich ausgeschmücktes Gemach, dessen
offne Mittelthür in eine Reihe kleiner Zimmer führte, welche ich zu durchwandern
hatte, um zu der Göttin zu gelangen, die in
dem letzten derselben ihres seligen Endy-
mions wartete. In jedem der Zwischenge-
mächer, aus welchen mir der lieblichste
Wohlgeruch entgegen duftete, nahm die Be-
leuchtung stufenweise ab, bis sie zuletzt in
dem Kabinette, wo ich Faustinen zu finden
glaubte, in die sanfteste Dämmerung zerfloß.
Sie lag auf einem prächtigen Ruhebette, in
eben dem leichten, aber äußerst zierlichen
Anzug und in eben der schönen Attitüde,
worin ich sie in der unglücklichen Grotte gesehen hatte.

Lucian.

Armer Proteus, das war zu viel!

## Peregrin.

Ein halb durchsichtiger Schleier verhüllte
einen Theil ihres Gesichts und des schönsten
Busens, den Amors Hand je geformt hatte.
Mit immer stärker klopfendem Herzen hatte
ich mich langsam herbey geschlichen: aber
dieser erste Anblick überwältigte mich gänzlich. Ich warf mich zu ihren Füßen, und —
o Faustina! göttliche Faustina! — war alles,
was ich in meiner Entzückung hervorbringen
konnte, indem ich eine ihrer mir dargebotnen
schönen Hände mit glühenden Küssen be-
deckte.

In dem nehmlichen Augenblick hörte ich
ein lautes Gelächter, das Kabinet wurde plötzlich so hell als der Tag, und die wahre
Faustina rauschte hinter einem Vorhang
hervor, und sagte zu einer andern Dame, die
ihr folgte: „Ich habe die Wette gewonnen, Flaviana! — und du, guter Proteus,
vergieb mir diese kleine Hinterlist! Ich überlasse es deiner eignen Filosofie, die Moral
aus diesem Platonischen Abenteuer zu ziehen,
die für dich die zuträglichste seyn mag." —
Und hiermit eilte sie mit ihrer lachenden
Freundin davon, und ließ mich in einer Beschämung, einer Bestürzung, einer Vernich-

tung, die meinen ärgsten Feind zum Mitleiden hätte bewegen müssen.

**Lucian** lachend.

Armer Proteus! — Verzeih mir, daſs ich mitlachen muſs! — Einem Freunde ist es schon zu verzeihen. — Aber kanntest du diese Flaviana, die so lustig darüber war, daſs sie ihre Wette auf deine Unkosten verloren hatte?

**Peregrin.**

Sie war eine der ersten jungen Damen zu Rom, und hatte, weil sie groſse Ansprüche an Witz machte und für eine Beschützerin der Griechischen Musen gehalten seyn wollte, eine Menge Maschinen angelegt, um sich meiner zu bemächtigen, als ich das Haus des Cejonius verlassen hatte. Aber da sie ihrer Sitten wegen in einem sehr zweydeutigen Lichte stand, und ich mir, um alle ähnliche Anmaſsungen abzuschrecken, wirklich vorgenommen hatte, mich in den Ruf eines entschiedenen Weiberhassers zu setzen: so waren alle ihre Versuche verunglückt; und diels hatte vermuthlich zu der Wette Anlaſs

gegeben, von welcher ich auf eine so grausam
überraschende Art das Opfer wurde.

### Lucian.

Und wer war die Dame auf dem Ruhebette?

### Peregrin.

Ich verweilte nur so lange, daſs ich mich
zu meinem neuen Erstaunen überzeugen
konnte, daſs es Myrto war, eben dieselbe
Sklavin Myrto, welche in der Villa Mamilia
eine von den Grazien der Göttin vorstellte,
und es sich, wie du dich erinnern wirst, so
angelegen seyn lieſs, die schöne Dioklea bey
mir anzuschwärzen. Der Eindruck, den ich
dazumahl auf ihr zartes Herz zu machen das
Unglück hatte, schien seit einer so langen
Reihe von Jahren noch nicht ganz erloschen
zu seyn. Sie wandte, unter dem Vorwand
daſs sie mir Sachen von groſser Wichtigkeit
zu entdecken hätte, alles mögliche an mich
zurück zu halten: aber mein Stolz war zu
tief verwundet, als daſs ich die Luft dieses
für mich plötzlich verpesteten Hauses nur
einen Augenblick länger hätte ertragen können. Ich riſs mich von ihr los, floh in meine
Zelle zurück, und blieb etliche Tage einge-

schlossen, um mich von dem harten Stofs,
den ein so schamvoller Ausgang des schönsten Abenteuers meines ganzen Lebens meiner Filosofie gegeben hatte, wieder zu erhoh-
len, und, alles wohl überlegt, den festen
Entschlufs zu fassen, dafs es das letzte dieser Art in meinem Leben seyn sollte.

## Lucian.

Soll ich offenherzig mit dir sprechen,
Freund Proteus? — Dafs dein Herz in der
ersten Bewegung Galle und Gift gegen die
schöne Faustina kochte, kann ich dir leicht
verzeihen: wem würde es an deinem Platze
nicht eben so ergangen seyn? Aber wenn du
in den einsamen Stunden der Besinnung nicht
wieder so gut zu dir selber kamst, um sie
von aller Schuld an deinem verunglückten
Abenteuer mit ihr frey zu sprechen; wenn
dein Gedächtnifs so treulos war, dich nicht
zu erinnern, dafs sie, — selbst den Mittags-
schlaf in der Grotte nicht ausgenommen, welchen ich, ohne einen gerichtlichen Beweis
des Gegentheils, den du schwerlich führen
könntest, für einen blofsen Zufall halte —
dafs sie, sage ich, weder verführerische Künste, dich in ihre Schlingen zu ziehen angewandt, noch dir die geringste Ursache gege-

ben, sie für eine schwärmerische Seele deines
gleichen zu halten, kurz, daſs Du selbst es
warst, der alle Auslagen bey dieser Gelegenheit auf eigene Rechnung übernahm: wenn
du das alles vergessen konntest, so hattest du
wahrlich sehr Unrecht. Das Einzige, was
Faustina, deiner eigenen Erzählung nach, zu
verantworten haben konnte, war, daſs sie es
geschehen lieſs, daſs du sie nach deiner sonderbaren Art liebtest. Allein, die Neugier,
was wohl am Ende daraus werden würde, ist,
däucht mich, einer jungen Fürstin, deren
Laune zu solchen Kurzweilen gestimmt war,
um so leichter zu gut zu halten, da sie vermuthlich durch Flavianen zur Wette heraus gefordert worden war, und übrigens
von einem Enthusiasten deiner Art unmöglich eine, so lebendige Vorstellung haben
konnte, um voraus zu sehen, wie wehe sie
dir durch die unvermuthete Verwandlung aus
einem neuen Endymion in — einen
neuen Ixion — thun würde. In der That,
lieber Proteus, war es bloſs deine Schuld,
daſs du sie nicht nur, vermittelst des vorbe-
sagten Zauberspiegels in deinem Kopfe, zu
einer moralischen Venus, zu einem Ideal jeder
geistigen Schönheit erhobst, sondern dieses
Göttergebilde deiner schwärmenden Fantasie
sogar mit deiner eigenen Art zu empfinden

beseeltest, und eine Sympathie und Seelen-
verwandtschaft zwischen ihr und dir freyge-
big voraussetztest, für welche in ihrem ganzen Benehmen, so viel ich sehen kann, für
einen Mann mit gewöhnlichen Augen kein
entscheidender Grund zu finden war. Im Gegentheil, man mufste so verblendet und bezaubert seyn als du es warst, um nicht zu
merken, wie sie bey allen deinen Bestrebun-
gen, ihr deine Platonische Schwärmerey ein-
zuimpfen, immer kalt und ruhig blieb, und
wie wenig Vertrauen sie darauf setzte, dafs
die Probe, zu welcher du sie selbst aufzufor-
dern die Vermessenheit hattest, zu deinem
Ruhm ausfallen würde. — Aber, was den
Prozefs gänzlich zu ihrem Vortheil entschei-
det, und für die Güte ihres Herzens desto
lauter spricht, je mehr Anlage zu Leichtsinn
und Muthwillen in ihrer natürlichen Sinnesart war, ist der Umstand, dafs sie dich sogar noch in dem Briefchen, das dir der Gra-
natapfel in die Hände spielte, vor der Gefahr
warnte, wiewohl der Verlust ihrer Wette
darauf stand, falls du dich eines bessern be-
sonnen hättest.

### Peregrin.

Jetzt, lieber Lucian, bin ich aus allen
diesen Betrachtungen so geneigt als du selbst,

Faustinen zu entschuldigen, und was mich
damahls beynahe wahnsinnig machte, hat ihr
und mir, seitdem wir uns hier wiederfanden, mehr als Einmahl Stoff zum Lachen gegeben. Aber vor meiner Verlüftung
zu Harpine war so viel Unbefangenheit bey
mir unmöglich. Auch nachdem sich der erste
Sturm in meinem Gemüthe gelegt hatte, blieb
es immer ein unverzeihliches Verbrechen in
meinen Augen, daſs sie bey dem grenzenlo-
sen Vertrauen, das ich in die Unschuld ihrer
Seele setzte, fähig gewesen war, mit einem
Herzen wie das meinige ein solches Spiel zu
treiben, und einen Mann, der selbst in seinen Verirrungen (wie meine Eigenliebe mir
schmeichelte) noch Achtung verdiente, dem
Spotte fremder Zeugen, und (was mich am
empfindlichsten kränkte) dem Hohngelächter
einer Frau, deren Eitelkeit ich beleidiget hatte,
so leichtsinnig und übermüthig Preis zu geben. Diefs konnte ich ihr so wenig verzeihen, daſs ich mich vielmehr überflüssig berechtiget hielt, sie bey jeder Gelegenheit als
die gefährlichste Sirene zu schildern, und
selbst die Liebenswürdigkeit, die ihr jedermann zugestehen muſste, für eine blofse Larve
zu erklären, unter welcher eine falsche, ge-
fühllose und grausame Seele laure. Wenn
ich denn einmahl in diesen Ton gerathen war,

so wurde weder ihres Vaters noch Gemahls
geschont; und die ganze Deklamazion endigte
sich gewöhnlich in eine bittere Satire über
die Römer und Römerinnen, über die unge-
heure Verdorbenheit ihres Herzens und ihrer
Sitten, über den hassenswürdigen Despotismus ihrer Regierung, und über die seltsame
Schwäche des guten frommen Kaisers, der
sich die milde Gelindigkeit seiner flegmati-
schen Sinnesart für fürstliche Tugenden
aufschmeicheln lasse, und, weil er allen Menschen Gutes wünsche, wirklich so unschuldig sey, sich einzubilden, daß die Welt unter seinem Zepter halcyonische Tage
lebe, und daß allen Leuten so wohl sey als
ihm selbst.

### Lucian.

Und wie benahm sich die schöne Faustina bey diesem Rückfall ihres Platonikers in
den Karakter eines ächten cynischen
Bellers?

### Peregrin.

In der That war sie, trotz dem leichtsinnig fröhlichen Muthwillen, der sie zuweilen
zu unschicklichen Schritten verleitete, die
gutherzigste Seele von der Welt. Wie leicht

hätte sie, wenn sie das gewesen wäre, wofür, ich sie in meiner ungerechten Erbitterung ausgab, sich über den Gedanken weg-
gesetzt, was aus einem armen Griechischen
Landstreicher, den der Zufall zu seinem Unglück in ihren Weg geworfen hatte, werden
könne! Wie unermefslich war der Abstand
von der einzigen Tochter des Kaisers und
künftigen Augusta zu Peregrinus Proteus
von Parium! — Aber Faustina hatte das
Herz ihres Vaters geerbt. Kaum war die
erste Freude über den wunderschönen Her-
mafroditen von Parischem Marmor, den
sie durch ihre Wette gewonnen hatte, ein
wenig verdünstet, so fiel ihr ein, dafs sie
dem ehrlichen Schlag, dessen Thorheit ihre
Gallerie mit einem so schönen Stücke bereicherte, eine Art von Vergütung für seine
fehl geschlagenen Hoffnungen (wie lächerlich
diese auch an sich selbst gewesen seyn möchten) schuldig sey; und so wie ihr diefs einfiel, so bildete sich auch schon ein Plänchen
in ihrem Kopfe, den guten Menschen so
glücklich zu machen, als er es billiger Weise
nur immer wünschen könne. Die vorbesagte
Myrto, welche nach Mamiliens Tod in
die Dienste der Kaiserin gekommen und von
dieser ihrer Tochter überlassen worden war,
genofs des besondern Vertrauens ihrer jungen

Gebieterin, und war die erste unter ihren
Freygelafsnen. Von ihr hatte Faustina noch
eher als von mir selbst alles, was sie von
meiner Geschichte wufste, und bey dieser
Gelegenheit auch den Nebenumstand erfahren, dafs der Liebesfunken, den ich ehemahls unwissend in ihrem schönen Busen
entzündet hatte, der Zeit und meiner Undankbarkeit zu Trotz, noch immer unter der Asche
fortglimme. Myrto war zwar indessen bis
zum fünf und vierzigsten Jahre fortgerückt:
aber die Grazien hätten sie mit der Gabe, immer jünger zu scheinen als sie war, be-
schenkt, und die gute Faustina glaubte, eine
Verbindung zwischen uns würde um so schicklicher seyn, da die Ausstattung, welche sie
ihrer Favoritin zugedacht hatte, mich in den
Stand setzen würde, ein sehr gemächliches
Leben zu führen; ein Umstand, der, ihrer
Meinung nach, der schönen Myrto bey einem
Filosofen, dessen Küche auf vier oder fünf
Obolen des Tags fundiert war, keinen Schaden thun könnte.

Die Favoritin hatte mich schon einige
Tage vergebens aufsuchen lassen und selbst
aufgesucht, um mir von diesen guten Gesinnungen ihrer Gebieterin und von ihren eigenen Nachricht zu geben, als sie mich endlich

in den ehemahligen Mäcenatischen Gärten antraf, und mich, eh' ich ihr entwischen
konnte, zu einer Unterredung nöthigte, worin
sie nichts vergaß, was vielleicht jeden andern
in meiner Lage hätte bewegen können, den
Antrag, den sie mir mit der jungfräulichsten
Bescheidenheit im Nahmen der Prinzessin
machte, dankbarlich anzunehmen. Aber die
schöne Myrto fand einen Mann vor sich, dem
die unvergeßliche Mitternachtsstunde und der
Hermafrodit, dem er aufgeopfert worden war,
seine ganze Apathie wiedergegeben hatte.
Ihre Eigenliebe wurde schon bey diesem ersten Versuche durch die Kälte und Unbeweg-
lichkeit, die ich ihr entgegen setzte, so empfindlich beleidigt, daß ihr alle Lust zu
einem zweyten verging.

Einige Wochen verflossen, ohne daß ich
von ihr oder Faustinen weiter etwas hörte,
oder mich um sie bekümmerte. Aber einsmahls, da ich in der Abenddämmerung auf
den Esquilien einsam herum irrte, nahte sich
mir eine verschleierte Gestalt, welche mich
um einige Augenblicke Gehör bat. Ich folgte
ihr hinter eine Gruppe von Bäumen, und so
bald sie sicher zu seyn glaubte daß sie von
niemand gesehen werde, gab sie sich — für

meine alte Freundin — D i o k l e a zu
erkennen.

Ihr Anblick versteinte mich beynahe im
eigentlichen Verstande dieses Wortes. D i o -
k l e a! wollte ich ausrufen; aber das Wort
erstarrte auf meinen Lippen. Sie schien die
Wirkung, die ihre so unverhoffte Erscheinung
auf mich that, keiner Aufmerksamkeit zu würdigen. Faustina, sagte sie mit ruhigem Ernst,
hat erfahren, dafs du dich durch das, was
zwischen ihr und dir vorgegangen, berechtigt
hältst, übel von ihr zu sprechen. Die Rede
geht sogar, man habe dich vor ziemlich
vielen Zuhörern von dem Kaiser ihrem Vater,
und von ihrem Gemahl, den sie über alle
Anfälle der Satire hinweg gesetzt glaubte, in
sehr unziemlichen Ausdrücken reden gehört.
Die Prinzessin ist geneigt, diese unbedachtsa-
men Ergiefsungen einer allzu reitzbaren Galle
deiner Menschlichkeit zu gut zu halten: aber
sie bittet dich, um deiner eigenen Ruhe willen, die Stadt unverzüglich zu verlassen, und
hofft, dafs du diesen von ihr selbst gestrick-
ten Beutel, zum Behuf deiner Rückreise nach
Griechenland, als ein Zeichen ihres guten
Willens annehmen werdest. Mit diesen Worten überreichte sie mir einen ziemlich grofsen

Beutel, der dem Ansehen nach mit Gold angefüllt war.

Es war immer eine von meinen unglück-
lichsten Eigenheiten, dafs ich in Fällen, wo
ich zwischen zwey entgegen gesetzten Parteyen
auf der Stelle wählen mufste, immer die ergriff, die ich nach besserer Überlegung wünschen mufste nicht genommen zu haben.
Offenbar war es höchst unklug, die Bitte der
Prinzessin für etwas andres als einen milde-
ren Befehl anzusehen; und eben so unschicklich war es, ihr Geschenk mit Verachtung
von mir zu weisen. Aber mein Gemüth war
noch zu sehr verstimmt, und das Gelächter
hinter dem Vorhang und die fatalen Worte —
,,Ich habe die Wette gewonnen, Flaviana!‘‘
— ertönten noch zu stark in meiner Seele
als dafs ich diese Botschaft einer Dame, von
welcher ich mich so unverzeihlich gemifshan-
delt glaubte, aus dem Munde einer alten Freundin, die mich das zwischen uns bestehende
Mifsverhältnifs auf eine so kränkende Art fühlen liefs, so gut hätte aufnehmen können wie
sie gemeint war.

Ich antwortete trotzig: Ich wäre mir keines Verbrechens bewufst, das mich der freyen
Wahl meines Aufenthalts, die mir als einem

Römischen Bürger zukomme, berauben könnte.
Was die milde Gabe der Prinzessin betreffe,
so brauchte ich zu meinen Bedürfnissen nur
Obolen; und da ich deren gerade so viele
hätte als ich brauchte, so bäte ich sie, ihr
Gold einem andern zuzuwenden, der dessen
bedürftiger wäre als Proteus. — Und nach
dieser impertinenten Gegenrede wandte ich
Diokleen, die einen Blick voll kalter Verachtung auf mich heftete, mit aller Selbstzufrie-
denheit eines Menschen, der unverbesserlich
geantwortet zu haben glaubt, den Rücken zu,
und ging davon.

Kaum war der nächste Morgen angebro-
chen, so wurde ich zum Präfekt der Stadt
Rom berufen. Ich zweifelte nicht, daſs mir
der Vorgang am gestrigen Abend diese Ehre
zuzöge, und versah mir daher wenig Gutes
zu ihm. Aber es war mein Loos, die Menschen immer anders zu finden als ich sie erwartete. Der Präfekt nahm mich auf die
Seite, und sagte mir mit einem sehr strengen
Blick, aber mit einem eben so sanften Ton
der Stimme: Er habe Ursache zu glauben, daſs
die Luft und der Aufenthalt zu Rom mir ganz
und gar nicht zuträglich sey, und wolle mir
also, als mein guter Freund, gerathen haben,
mich ohne Verzug aus Italien zu entfernen,

und nach Griechenland oder Ägypten zurückzukehren. — Ja wohl, rief ich, ist die Luft
von Rom Pest für mich! Dein Rath ist ein
Befehl meines guten Dämons; ich gehorche
ihm auf der Stelle.  Und hiermit flog ich
meiner Herberge zu, packte meinen Quersack,
und machte mich noch in der nehmlichen
Stunde auf den Weg nach Brundusium.

### Lucian.

Du eilest, wie ich sehe, zur Entwicke-
lung der seltsamen Tragikomödie deines Lebens; und doch kann ich dich nicht mit der
Frage verschonen, durch welchen seltsamen
Zufall wir die Schwester des Profeten Kerinthus, die wir als eine eifrige Theilneh-
merin an seinen weit grenzenden Entwürfen
verliefsen, so unvermuthet unter den Hausgenossen der schönen Faustina wieder-
finden?

### Peregrin.

Eine völlig befriedigende Auskunft über
diesen, auch mir damahls sehr unerwarteten
Zufall, würde eine umständliche Geschichte
des Fortgangs und Ausgangs der Unternehmungen dieses aufserordentlichen Mannes erfor-

dern, welche du bey Gelegenheit besser aus
eben der Quelle, woraus ich sie selbst habe,
nehmlich aus seinem oder Diokleens eigenem
Munde, schöpfen wirst. Alles was ich dir
mit wenigem davon sagen kann, ist: daſs die
Eifersucht einiger der angesehensten und thätigsten Vorsteher der Brüdergemeinen von seinen immer sichtbarer werdenden ehrgeitzigen
Absichten und von der Verfälschung der Lehre
ihres Meisters und seiner ersten Jünger, die
ihm Schuld gegeben wurde, Gelegenheit nahmen, ihn und seine Anhänger, bald nach
meiner Trennung von ihnen, in so schlimme
Händel zu verwickeln, daſs ihm, nachdem er
alle andere Hülfsquellen seines so erfindsamen
und ränkevollen Kopfes erschöpft hatte, zuletzt kein andrer Ausweg übrig blieb, als auf
immer zu verschwinden, und die Vollen-
dung seines zu rasch betriebenen Plans der
Zeit zu überlassen, welche im Lauf von etlichen Jahrhunderten zu Stande brachte, was
kein Werk für das Leben eines einzigen
Mannes war. Seine Schwester war bey dieser Katastrofe vorsichtig genug gewesen, in
Zeiten für ihre eigene Sicherheit zu sorgen.
Sie wurde mit eben der Leichtigkeit wieder
Dioklea, womit sie sich ehemahls in eine
Theodosia verkleidet hatte; und als sie
nach einer absichtlichen Verborgenheit von

etlichen Jahren in Rom wieder zum Vorschein
kam, fand sie durch Vorschub ihrer zahlreichen Freunde gar bald einen Weg, der ältern Faustina als die tauglichste Person
zur Erziehung ihrer einzigen Tochter empfoh-
len zu werden.  In dieser Stelle erwarb sie
sich durch ihre Klugheit das Vertrauen der
Mutter, und durch die gefällige Anmuth ihres
Betragens und die Mannigfaltigkeit ihrer Talente die Zuneigung der Tochter in einem so
hohen Grade, daſs sie nach der Vermählung
der letztern mit dem Cäsar Markus ihr in
das Haus ihres Gemahls folgte, und bis ans
Ende ihres Lebens die vertrauteste ihrer weiblichen Günstlinge blieb.

### Lucian.

Diefs ist zu meiner Beruhigung hinreichend; denn ich mufs gestehen, daſs es mir
nicht gleichgültig gewesen wäre, über das
Schicksal dieser vielgestaltigen und in jeder
Gestalt so anziehenden Dame in Ungewifsheit
gelassen zu werden.  Ein Kerinthus mag verschwinden, wenn er seine Rolle nicht länger spielen kann: aber für eine Dioklea findet sich unter jedem Glückswechsel noch immer eine anständige Rolle.  Wie hätte die
schöne Faustina in bessere Hände gerathen,

oder wo hätte sie eine wachsamere Aufsehe-
rin, eine erfahrnere Rathgeberin, eine gefäl-
ligere Freundin, und eine geschicktere Aus-
richterin ihrer Aufträge finden können als
Diokleen? Das Schicksal sorgte für beide da
es sie zusammen brachte: lafs nun hören, Peregrin, was es für dich that, da es dich von
beiden vermuthlich auf immer trennte.

## Peregrin.

Es würde ihm schwer gewesen seyn, etwas für einen Eigensinnigen zu thun, der
eine so besondere Gabe hatte, alles, was Götter und Menschen zu seinem Besten thun
wollten, zu vereiteln, oder gegen ihre Absicht zu seinem Nachtheil zu kehren. In der
That war ich in meinem ganzen Leben nie
weniger aufgelegt gewesen als damahls, meine
Ruhe von irgend einem Wesen aufser mir abhangen zu lassen, geschweige eine bessere
Behandlnng, als ich bisher von den Menschen
erfahren hatte, durch Gefälligkeit um sie verdienen zu wollen; und die Betrachtungen, die
auf meiner einsamen Wanderschaft aus Italien
meine einzige Gesellschaft ausmachten, waren
nicht sehr geschickt, mich in eine andere
Stimmung zu setzen.

Ich rief alle Verhältnisse und Verbindungen, worin ich in meinem bisherigen Leben
gestanden, in mein Gedächtnifs zurück; ich
verglich in jeder dieser Lagen meine Er-
wartungen mit dem Erfolge; und das
Resultat war: dafs ich mich stärker als jemahls überzeugt fühlte, ich würde, so oft ich
unter den Menschen um mich her meines
gleichen gefunden zu haben wähnte, mich
eben so übel betrogen sehen, als ich es bisher immer gewesen war.

Was blieb mir also übrig, als mich mehr
als jemahls in mich selbst hinein zu ziehen und
von andern schlechterdings nichts weiter zu
erwarten noch zu fordern? Aber — um ihnen doch wenigstens dafür, dafs sie mir den
freyen Gebrauch der Luft und des Wassers
liefsen, meine Dankbarkeit zu zeigen, setzte
ich mir von neuem vor, ihnen bey jeder Gelegenheit, öffentlich und besonders, wo nicht
zu ihrer Besserung, wenigstens zu ihrer Beschämung und Demüthigung, die Wahrheit
zu sagen. Es ist immer Etwas gethan, dachte
ich, wenn wir sie, trotz ihrer selbstgefälli-
gen Eitelkeit und ihrer allgemeinen stillschweigenden Abrede einander durch Höflichkeit
und Schmeicheley zu hintergehen, nöthigen
können, sich in dem ungefälligen Spiegel der

wir ihnen vorhalten, wär' es auch nur auf
Augenblicke, so zu sehen wie sie wirklich
sind.

Mit diesem Vorsatze kam ich nach Griechenland zurück; und aus diesem Gesichts-
punkte, Freund Lucian, wirst du dir leicht erklären können, wie es zuging, dafs diejenigen, die sich durch meine Freymüthigkeit
beleidigt fanden, den Mann, — der keiner
ihrer Thorheiten schonte, und sogar die Tugenden und Verdienste, worüber sie von aller
Welt beklatscht wurden, durch ein Probe-
feuer gehen liefs, worin sie in Rauch und
Dunst zerflossen, — in den Ruf eines men-
schenfeindlichen, bissigen und halb tollen
cynischen Hundes brachten. In diesem
Stücke war alles, was du deinen Ungenannten sagen lässest, blofser Widerhall der öffentlichen Stimme. Aber, wenn es nöthig wäre
hierüber ins besondere zu gehen —

Lucian.

Überhebe dich dieser Mühe, die nach allem, was ich nun von dir weifs, ganz überflüssig wäre. Ich begreife nicht nur, wie
du zum Beyspiel die glänzenden Verdienste,
welche sich der Sofist Herodes Attikus,

der eitelste aller Menschen die ich kenne,
kraft seiner unermefslichen Reichthümer um
die Eitelkeit und Üppigkeit der Griechen
machte, ohne Ungerechtigkeit in einem ganz
andern Lichte sehen konntest, oder vielmehr
sehen mufstest, als der grofse Haufe: ich
gestehe sogar, dafs ich selbst nicht zu entschuldigen bin, diesem hoffärtigen Glücks-
günstling einige Höflichkeiten, die er mir erwiesen hatte, auf deine Unkosten bezahlt zu haben.

#### Peregrin.

Dafür, lieber Lucian, hast du selbst
mich schon mehr als hinlänglich gerochen,
da du, in einem andern deiner Aufsätze, eben
diese Freymüthigkeit gegen den nehmlichen
Herodes, welche mir zum Verbrechen gemacht wurde, an Demonax — der im
Grunde so gut ein Cyniker heifsen konnte als
ich — mit Lobsprüchen belegtest.

#### Lucian.

Ich mufs gestehen, diese kleine Züchtigung ist nicht ganz unverdient; wiewohl ich
zu einiger Entschuldigung anführen könnte,
dafs Demonax der liebenswürdigste und gut-

launigste aller Cyniker war, und seinen Tadel, ja sogar seine Spöttereyen mit einem so
feinen Attischen Salze zu würzen und in einer
so angenehmen Manier vorzubringen wufste,
dafs die Getroffnen selbst nur selten ungehal-
ten auf ihn werden konnten.

## Peregrin.

Er glich hierin unserm gemeinschaftlichen
Meister Agathobulus, welchem ich aus
bereits angeführten Ursachen weder gleichen
wollte, noch konnte. Bey mir ging, vermöge der individuellen Form meines Wesens,
alles über die Aristotelische Linie der
Mäfsigung hinaus. Wen ich nicht mit
Schwärmerey lieben, mit Entzückung loben
konnte, den mufste ich mit Abscheu fliehen,
mit Bitterkeit tadeln. Wie hätte sich die
Welt mit einem solchen Menschen, oder er
sich mit ihr, vertragen können? Niemand
fühlte diefs stärker als ich selbst, und daher
bracht' ich auch den gröfsten Theil meines
übrigen Lebens in der einsamsten Abgeschiedenheit zu. Selbst das stille Athen war
für mich noch nicht still genug. Ich wählte
eine kleine abgelegene Bauerhütte nicht weit
von der Stadt zu meinem gewöhnlichen Aufenthalt; und aufser einigen jungen Leuten,

die mein Ruf, — und einem oder zweyen,
welche die täuschende Hoffnung, durch den
Unterricht eines weisen Mannes selbst weise
zu werden, an mich zog, war der Cyniker
Theagenes von Paträ der einzige Mensch,
dessen Besuche ich annahm, aber in der That
mehr duldete als wünschte.

Ich wundre mich nicht, Freund Lucian,
daſs dieser Theagenes in deinem Berichte von
meinen letzten Tagen so übel weggekommen
ist. Er hatte (außer seiner Schwärmerey
für mich) in seiner ganzen Person zu viel
Anstößiges für einen Mann wie Du, als daſs
du billiger gegen ihn hättest seyn können
als gegen mich selbst. Indessen war er im
Grund ein Mensch von gutem Willen, und
ich glaube noch in diesem Augenblicke, daſs
sein Eifer für mich aufrichtig war. Allein
eine grobe Organisazion, eine pöbelhafte Erziehung, eine gewisse angeborne Ungeschmei-
digkeit, und ein natürlicher aber vom Glücke
nicht begünstigter Hang zu einem müſsigen
und unabhängigen Leben, kurz, eben dieselben Umstände, die ihn in den cynischen Orden geworfen hatten, setzten seiner Ausbildung so enge Grenzen, daſs er es, mit aller
seiner Schwärmerey für den Thebanischen
Herkules und — meine Wenigkeit, doch nie

O

weiter brachte, als unter den vulgaren
Cynikern dieser Zeit eine ziemlich ansehnliche Person vorzustellen. Gleichwohl, so wie
er war, gewann ihm seine Gutmüthigkeit,
sein Feuer und seine leidenschaftliche Zuneigung zu mir einigen Antheil an einem Herzen, dessen dringendstes Bedürfnifs war. Etwas zu lieben: und wenn er mich gleich
durch die unzähligen Dissonanzen, welche
seine Art zu empfinden, zu denken und zu
leben mit der meinigen machte, oft genug
zurück stiefs; so blieb es mir doch unmöglich,
den einzigen Menschen von mir zu entfernen,
von welchem ich gewifs zu seyn glaubte, dafs
er von Herzen und ohne eigennützige Rück-
sichten an mir hange. Und so folgte denn
auch ganz natürlich, dafs er bey meiner berüchtigten Todesscene die erste und geschäf-
tigste Nebenrolle auf sich nahm.

Diese letzte Epoke meines Lebens — welches (wie du gesehen hast) aufserordentlich
genug gewesen war, um sich auf eine unge-
wöhnliche Art zu endigen — ist nun das
einzige, lieber Lucian, worüber ich dir noch
einige Erläuterungen schuldig bin.

Ein freywilliger Ausgang aus dem Leben,
ungeachtet er von den Platonen und Epikte-

ten aus sehr scheinbaren Gründen gemifsbilligt
wurde, war von jeher unter Griechen und
Römern von einer gewissen Klasse etwas so
wenig seltenes gewesen, und im Gegentheil
durch grofse Beyspiele so sehr gerechtfertigt,
und, so zu sagen, geheiligt worden, dafs sich
schwerlich jemand darüber verwundert oder
bekümmert haben würde, wenn ich meinem
Leben in der Stille, wie so manche andre Filosofen, durch Hunger, oder Opium, oder
einen laufenden Knoten ein Ende hätte machen wollen. Aber ein in Griechenland so
ungewöhnlicher, so feierlicher und vier Jahre
zuvor öffentlich angekündigter freywilliger
Tod mufste allgemeine Aufmerksamkeit erregen, und es war leicht voraus zu sehen, dafs
er von dem einen für die gröfste Heldenthat,
von einem andern für Wahnsinn, und von
einem dritten für blofse Scharlatanerie erklärt,
von allen aber, oder doch wenigstens von
den meisten, nur ihren eigenen Augen geglaubt werden würde.

Den Gedanken, mein Leben, so bald ich
fühlte dafs es Zeit wäre, freywillig zu be-
schliefsen, hatte ich schon lange, und in der
That schon damahls gefafst, als ich mich zu
Alexandrien entschlofs, das Bild eines filoso-
fischen Herkules in meiner Art zu leben dar-

zustellen. Seit meiner Verbannung aus Italien
war dieser Gedanke mit jedem Jahre lebendiger geworden.    Das Leben unter den Erde-
bewohnern, das mit meinen letzten Erfahrungen zu Rom allen Reitz für mich verloren
hatte, wurde mir nun von Tag zu Tage gleich-
gültiger, und endlich gar verhafst.   Meine
ganze Art zu seyn und die äufserst strenge
Enthaltsamkeit, welcher ich von jener Zeit
an getreu blieb, hatte alle natürlichen Bande,
die den einzelnen Menschen ans Leben fesseln,
nach und nach bey mir zu dünnen Zwirnsfa-
den abgeschlissen.    Dagegen war die Stärke
jenes sonderbaren Gefühls meiner dämonischen Natur — welches dich nun nicht
mehr an mir befremden darf, da es die erste
und mächtigste Triebfeder meiner ganzen Thätigkeit war — in eben dem Mafse gewachsen,
wie der natürliche Trieb zum Leben die seinige verlor.   Das Klümpchen organisierter
Erde, womit ich mich noch schleppen mufste,
wurde mir immer überlästiger; diese Organe
selbst waren in meiner Vorstellung nur Hindernisse einer vollkommenern Art zu sehen,
zu hören, mit dem Weltall, und vornehmlich
mit den geistigen Wesen und Kräften desselel-
ben, in engere Beziehungen zu kommen,
kurz, zu einer unendlich schönern und unbe-
schränktern Thätigkeit zu gelangen. Ich

fühlte mich endlich von einer unbeschreibli-
chen Sehnsucht nach diesem höhern Leben,
an dessen Wirklichkeit ich nie gezweifelt
hatte, geprefst: und da die Hoffnung, den
Menschen durch meinen längern Aufenthalt
unter ihnen nützlich zu seyn, immer schwächer und schwächer wurde; da sie mir endlich als eine lächerliche Schimäre erschien, die
nur in dem Gehirn eines mit der Welt gänzlich unbekannten schwärmerischen Jünglings
erzeugt, und, nach allem was mit mir vorgegangen war, nur von einem unheilbaren Thoren länger gehegt werden könne; so blieb
nun nichts übrig, was mich hätte zurück halten können, und ich beschlofs zu sterben.

Aber in eben demselben Augenblicke stellte
sich mir auch der Gedanke dar: da mein Leben der Welt zu nichts nütze gewesen sey,
wenigstens meinen Tod wohlthätig für sie
zu machen. In diesem Zeitalter der weich-
lichsten Entnervung müfste, dachte ich, das
unmittelbare öffentliche Schauspiel eines freywilligen heroischen Todes, so eines Todes
wie Herkules auf dem Öta und Kalanus
im Angesichte Alexanders und seines ganzen
Kriegsheeres starb, einen tiefern und heilsa-
mern Eindruck auf die Gemüther machen, als
der beredteste Moralist durch die schönsten

Deklamazionen im Lyceum oder in der Stoa
in zwanzig Jahren bewirken könnte. Du
weifst schon, lieber Lucian, wie leicht meine
Einbildungskraft durch Vorstellungen dieser
Art in Flammen zu setzen war; und doch
müfste es dir lächerlich vorkommen, wenn
ich ohne die geringste Übertreibung von dem
seltsamen Reitz sprechen wollte, den der Gedanke — mich zu Olympia vor den Augen
so vieler Myriaden von Griechen und Aus-
ländern aus allen Gegenden der Welt, in einer
schönen Sommernacht zu verbrennen — bey
seiner ersten Entstehung für mich hatte.

Von welcher Seite ich diesen Tod betrachtete, zeigte er sich mir in einer blendenden
Gestalt. In Rücksicht auf die Menschen der
gegenwärtigen und künftigen Zeiten war er
eine glorreiche Selbstaufopferung, welche mich
durch ein unvergefsliches Beyspiel der Stand-
haftigkeit, der Geringschätzung dessen was
den Sterblichen über alles ist, und des innern
Bewufstseyns einer über dieses armselige Erdeleben hinaus reichenden Bestimmung, auf
ewig zum Wohlthäter der Menschen, die so
wenig um mich verdient hatten, machen
würde. In Rücksicht auf mich selbst war es
die kürzeste, edelste, der ursprünglichen Natur des Dämons in mir, der mein wahres

Ich ausmachte, angemessenste Art, nach einer schon zu lange dauernden Verbannung auf dieses verhaste Land der Täuschungen, der Leidenschaften und der Bedürfnisse in mein ursprüngliches Element zurückzukehren. Überdiefs mufs ich gestehen, dafs ich mich auch nicht wenig durch die Vorstellung geschmeichelt fand, den Christianern zu zeigen, dafs sie nicht die einzigen seyen, die durch ihren Glauben mit dem Muthe begeistert würden, dem Anblick eines peinvollen Todes Trotz zu bieten.

## Lucian.

Aber, wenn alle diese Vorstellungen so mächtig auf dich wirkten, wie kam es, dafs du dich bey der nächsten Wiederkehr der Spiele zu Olympia an der blofsen Ankündigung deines Vorsatzes begnügtest, und die Ausführung noch vier ganzer Jahre, die dir in einer solchen Gemüthsstimmung vier Jahrhunderte scheinen mufsten, verschieben konntest?

## Peregrin.

Aufrichtig zu reden, Lucian, — da ich mit allen meinen seltsamen Eigenheiten am

Ende doch so gut ein Mensch war wie andere, so möchte ich nicht dafür stehen, daſs
der Instinkt, der alle Lebendigen mit einer
geheimen und nur desto mächtigern Gewalt
an die einzige Art von Daseyn, welche sie
aus unmittelbarer Erfahrung kennen, fesselt,
nicht auch bey mir seine Wirkung gethan
haben könnte. Indessen ist alles was ich hiervon mit Gewiſsheit sagen kann, daſs ich mir
dieser Bewegursache nicht bewuſst war. Ich
hatte vielmehr lange mit mir selbst zu käm-
pfen, bis ich zum Entschluſs kam, mein un-
geduldiges Verlangen nach dem Tode, als die
letzte Leidenschaft, die ich der
Weisheit noch aufzuopfern hätte,
zu überwältigen, und das Heroische und
Exemplarische desselben eben dadurch, daſs
ich ihm vier Jahre lang schrittweise entgegen
ging, desto auffallender und vollkommener zu
machen. Dieſs, lieber Lucian, war wenigstens der einzige Beweggrund, den ich mir
selbst gestand, dem ich alles mögliche Gewicht zu geben suchte, und der endlich um
so mehr die Oberhand behielt, weil ich dadurch Zeit gewann, theils die wenigen Freunde,
die mit Wärme an mir hingen, auf unsere
Trennung vorzubereiten, theils einen sonderbaren Einfall auszuführen, welchen mir die
Begierde, ganz Griechenland durch meinen

Tod in eine heilsame Erschütterung zu setzen, eingegeben hatte.

### Lucian.

Du sprichst vermuthlich von den so genannten Zirkelbriefen, die du, wie die Rede ging, als eine Art Vermächtnisse an alle Städte von einigem Ansehen in Achaja und in dem Griechischen Asien erlassen haben solltest?

### Peregrin.

Du kannst dir nicht vorstellen, wie glücklich mich die Vorstellung der Wirkungen machte, welche der letzte Wille eines auf eine so aufserordentliche Art sterbenden Weisen auf diejenigen thun müfste, denen er — zu einer Zeit, da ihm für sich selbst an ihrem Wohl oder Weh, so wie an ihrer guten oder schlimmen Meinung von ihm, nichts mehr gelegen war — auf eine so uneigennützige und rührende Art zu erkennen gab, wie sehr ihm ihr Bestes am Herzen liege. Eine geraume Zeit vor meinem Tode beschäftigten diese Zirkelbriefe meine ganze Seele; sie erhielt unvermerkt dadurch die Wärme und Begeisterung meiner Jugend wieder. Noch nie,

däuchte mich, war ein Menschensohn vor mir
in einer Lage und Stimmung gewesen, die
ihm einen so grofsen Vortheil über seine Brü-
.der gab; die ihn in einem so hohen Grade
berechtigte, ihnen jede heilsame Wahrheit
mit einem (wie ich in meiner gutherzigen
Narrheit mir einbildete) so unwiderstehlichen
Nachdruck ins Gesicht zu sagen; und die
hingegen auch sie, auf ihrer Seite, so geneigt machen müfste, seinem strafenden Tadel
und den Vorschlägen, die er ihnen zu Ver-
besserung ihrer Polizey und ihrer Sitten that,
Gehör zu geben. Ich richtete es mit Hülfe
meiner Cyniker und ihres Anhangs so ein,
dafs alle diese Briefe zugleich mit der Nachricht von meinem Tode bey ihren Behörden
eintreffen mufsten; und — was vielleicht unter allen Sterblichen nur mir begegnen konnte — während der ganzen Zeit dafs ich
mich mit diesen meinen moralischen und politischen Vermächtnissen beschäftigte, kam es
mir auch nicht ein einziges Mahl in den Sinn,
dafs sie sowohl ihres feierlichen Tons als ihres
Inhalts wegen, als Träume eines Wahnsinnigen,
mit Nasenrümpfen und Achselzucken aufgenommen werden, und alles nicht um ein Haar
besser gehen würde, als es ohne mich und
meinen letzten Willen in der Welt gegangen
wäre.

Da es mir mit dieser ganzen Beichte meines abenteuerlichen Lebens blofs darum zu
thun war, dich, durch umständliche Erzählung dessen, was du nicht wufstest, in den
Stand zu setzen, von dem, was du wufstest oder zu wissen glaubtest, richtiger und
billiger zu urtheilen; so kann ich es nun
ganz getrost dir selbst überlassen, mich, wo
es vonnöthen ist, gegen den Verfasser der
Nachrichten von Peregrins Lebensende in deinen Schutz zu nehmen. Alles Mifsverständ-
nifs hört nun auf, und Peregrinus Proteus steht nun, als ein Schwärmer, wenn
du willst, aber wenigstens als ein ehrlicher
Schwärmer vor dir da. Du kannst dir nun
ohne Mühe selbst erklären, was an der Erzählung des Arztes Alexander (der in dem
heftigen Fieber, welches mich acht oder neun
Tage vor meinem Tode überfiel, zu mir gerufen wurde) wahr oder unwahr gewesen seyn
könne; und wirst leicht begreifen, wie der
Arzt Alexander die Ursache, die ich ihm an-
gab, warum ich lieber freywillig in den Flammen zu Harpine als an einem hitzigen Fieber sterben wollte, eben sowohl falsch ausgedeutet, als der Sofist Lucian die Ursache dieses Fiebers durch sein — ,,vermuth-
lich weil er sich den Magen überladen hat-

te" — übel errathen haben könne. Auch
kann ich mich, wegen der Todesfurcht,
aus welcher mein besagter Gegner sich die
Verzögerung meiner öffentlichen Verbrennung
begreiflich machte, nun, da kein Nebel mehr
zwischen uns ist, getrost auf das Augenzeug-
niſs meines Freundes Lucian berufen, der
mich den Holzstoſs mit ziemlich fester Hand
anzünden sah.

## Lucian.

Dieses reinere Element, das wir nun bewohnen, macht es uns glücklicher Weise eben
so unmöglich uns selbst als andere mit
Parteylichkeit anzusehen. — Es muſs ein
süſser Augenblick gewesen seyn, Peregrin, als
du dich aus dem erstickenden Flammenstrudel
auf einmahl in dieses neue Leben versetzt
fühltest!

## Peregrin.

O gewiſs! und doch für mich, der sich
dessen versah, nicht so überraschend als für
dich, den der kaltblütige Epikur überzeugt
hatte, daſs mit dem letzten Athem alles aufhöre.

### Lucian.

In der That, das Vergnügen dieser Über-
raschung war so grofs, dafs ich seine Filosofie — auch ohne Rücksicht auf so viele
andere grofse Vortheile, welche sie über
das irdische Leben verbreitet — um dieses
einzigen willen für kein geringes Verdienst
halte, das der gute Mann sich um die
Menschheit gemacht hat. Doch hiervon
ein andermahl!

# EINE LUSTREISE

## INS

# ELYSIUM

---

1787.

Ich denke nicht., daſs es in diesem goldnen Alter der Menschheit, wo seit weniger als zehn Jahren so viele neue Wunderkräfte in unsrer Natur aufgespürt worden sind, irgend einer Person, die dieses lesen wird, wofern sie nicht an einer ganz unheilbaren Verstop-,fung und Verhärtung ihres Glaubens · Organs [1]) krank ist, befremdlich vorkommen

---

1) Bekannter Maſsen sprechen unsre neuesten Adepten von dem, was sie glauben nennen, in solchen Ausdrücken, daſs man (wenn anders eine Art von Sinn darin seyn soll) nothwendig denken muſs, sie nähmen in gewissen besonders dazu begabten Menschen ich weiſs nicht was für ein inneres Glaubens · Organ. oder natürliches Werkzeug an, vermittelst dessen ein Mensch eben so glaubt, wie er vermittelst seines Auges sieht: nur mit dem Unterschiede, daſs wir andern menschlichen Menschen mit unsern Augen nur sichtbare Dinge

werde, wenn ich mit aller gebührenden Bescheidenheit gestehe, dafs ich — oder, wenn
man lieber will, das unbekannte Etwas, das
ich (um gewöhnliche Prose zu reden) meine
Seele zu nennen pflege, unter andern geringen Naturgaben auch diese besitze, vermittelst einer gewissen sehr einfachen Operazion,
so oft es mir oder ihr beliebt, aus meinem
Körper heraus zu gehen, und sich in jede
selbstbeliebige Bestimmung des Raumes und
der Zeit, — mit andern Worten, in jeden
Ort der Welt und in jeden Zusammenhang
des Vergangenen, Gegenwärtigen und Zukünftigen zu versetzen, worin ein Lebendiges
meiner Gattung seiner Natur und Art
nach, nur immer fortkommen oder zugelassen
werden kann.

Ich setze diese Einschränkung nicht
aus blofser Bescheidenheit hinzu, sondern weil
ich (wie der edle und Wahrheit- liebende Eu-
krates in Lucians Lügenfreund) meinen
Freunden nicht gerne mehr sagen möchte als
wahr ist; und ich mufs daber aufrichtig

sehen; jene Virtuosen im Glauben hingegen
vermittelst ihres unnennbaren Organs auch un-
glaubliche Dinge glauben, welches ihnen freylich einen grofsen Vortheil über uns giebt.

gestehen, dafs d e r K r e i s, über welchen mir
nicht erlaubt ist hinaus zu gehen, um ein be-
trächtliches kleiner ist, als jener berühmte
H e r m e t i s c h e  Z i r k e l,

> Dessen Mitte aller Orten,
> Dessen Umkreis nirgends ist.

Aufserdem sind mir auch, wenigstens dermah-
len, noch nicht alle E l e m e n t e gleichgültig;
und ich läugne nicht, dafs ich (aus Ermanglung eines gewissen flüchtigen Öhls, das aus
koncentrierten Sonnenstrahlen gezogen wird,
und neben andern Wunderkräften auch die
Tugend hat, jeden damit gesättigten Körper
f e u e r b e s t ä n d i g zu machen) es noch nicht
so weit habe bringen können, in dem Ele-
mente der S a l a m a n d e r länger als z w e y
bis d r e y S e k u n d e n auszudauern, und daher, zu meinem grofsen Leidwesen, nicht so
viele Beobachtungen in dieser merkwürdigen
Region der Geisterwelt habe machen können,
als ich wohl wünschen möchte, seitdem mir
mein alter Freund G a b a l i s (den ich mit dem
berühmten G a b l i t o n e nicht zu verwechseln
bitte) von der Schönheit und den geistigen
Reitzen der S a l a m a n d e r i n n e n, mit denen
er sehr genau bekannt ist, die aufserordent-
lichsten Dinge von der Welt erzählt hat.

Man wird mir vielleicht einwenden: „Z w e y
bis d r e y Sekunden seyen für eine Seele,
hie aus ihrem Leibe heraus gehen könne, e i n e
lange Zeit; und M u h a m e d habe auf dem
weltberühmten Esel A l b o r a k in keiner längern Zeit alle neun Himmel durchwandert,
und nicht weniger als sechzig tausend Unterredungen mit dem Mann im Monde gehalten." 2)

Ich will nicht so unhöflich seyn, die historische Wahrheit dieser Musulmanischen Erzählung in Zweifel zu ziehen, oder (wie wohl
mancher, der es nicht Ursache hätte, ohne
Bedenken thun würde) ein von sehr ansehnlichen Männern bekräftigtes und an sich selbst
so simples Faktum dreiste wegzuläugnen.
Ganz gewiß ist die Z e i t eben so unendlich
theilbar als der R a u m. Es kann Wesen geben, denen das, was wir eine S e k u n d e

2) Die Muhamedaner sagen zwar, mit G o t t :
aber es ist augenscheinlich, daß es kein anderer als
der M a n n i m M o n d e gewesen seyn kann. Überhaupt kann man sich darauf verlassen, daß von allem,
was seit zwanzig oder dreyßig tausend Jahren auf
Unkosten des lieben Gottes gesagt und geschrieben
worden, nicht der hundertste Theil wahr ist.

nennen, ein Jahrhundert, und wieder
andere, denen unsre Jahrhunderte eben so
viele Sekunden sind. Aber ich erröthe nicht
zu gestehen, daſs ich keines dieser Wesen bin —
wiewohl mir (im Vorbeygehen zu sagen) nicht
unbekannt ist, daſs ein gewisser Grad des
Hermetischen Adepten-Ordens, wovon der berühmte Misfragmutosiris zur
Zeit der unsichtbare Obere ist, (wenn ich
nicht irre, ist es der sieben hundert sieben und
siebzigste) im Besitz des Geheimnisses seyn
soll, sein Seelenuhrwerk so zu richten, daſs
es ·so langsam oder so schnell läuft als man
verlangt; ein Geheimniſs, vermöge dessen es
nur von den Besitzern dieses Geheimnisses
abhängt, allenfalls in noch kürzerer Zeit als
Muhamed, alle Sterne des himmlischen
Archipelagus (den der gemeine Mann die
Milchstrafse zu nennen pflegt) zu besuchen, und alles da zu sehen und in ihr Rei-
sejournal zu notieren, was darin sehenswür-
dig ist.

Wenn ich indessen meine Meinung über
diese und dergleichen Dinge aufrichtig sagen
soll, so will ich zwar einem berühmten Se-
her unsrer Zeit gern glauben, daſs eine
Zeit kommen werde, wo ein Adamssohn, um
sich aus einem Klumpen Urmaterie ein

schönes und mit allen möglichen Bequemlichkeiten versehenes Weltchen zu bauen, nicht
mehr Zeit und Mühe aufzuwenden nöthig
haben wird, als ein Knabe um ein Karten-
haus aufzuführen, und wo der geringste von
uns die Reise um das Universum in
eben so viel Minuten machen wird, als in
unserm dermahligen Raupenstande (mit
dem grofsen Haller zu reden) ein Cook
Jahre nöthig hatte, die kleine Welt, auf deren Oberfläche wir kriechen, in seiner Nufs-
schale zu umsegeln; ja, ich gebe sogar zu,
dafs diese Zeit so weit nicht mehr entfernt
ist als die Unglaubigen und Epikuräer
denken. Indessen wollte ich doch wohlmei-
nend gerathen haben, die Saiten nicht auf
einmahl gar zu hoch zu spannen.

Alles nach und nach, und zu seiner Zeit!
Ich dächte, wir könnten uns vor der Hand
damit begnügen, dafs wir es in so kurzer
Zeit schon so weit gebracht haben! In der
Luft schiffen, auf dem Wasser gehen, durch
eine dreyfsig Schuh tiefe Erdrinde Quellen
riechen, mit geschlofsnen Augen in dem Magen eines Kranken sehen was ihm fehlt und
womit ihm geholfen werden kann, aus Urin-
salz Gold, und ich weifs nicht aus welchem
Salz, ohne Zuthun eines Weibes, sogar Men-

schen machen, mit den Ohren riechen, mit
den Augen hören, sich von seiner eigenen
Nasenspitze zum Anschauen des Unendlichen
— Nichts erheben, u. s. w. — alles das
sind doch, beym Herkules! keine Kleinigkei-
ten; und das alles ist gleichwohl seit wenigen Jahren entdeckt, und das Antheil einer
Anzahl auserwählter Erdensöhne geworden,
welche (wie alles Gute sich gern mittheilt)
bereit sind, ihre Brüder und Schwestern um
wenige Louisd'or in diesen herrlichen Mysterien einzuweihen. Nach einem solchen Anfang hat man alle Ursache von der Welt sich
die luxuriantesten Hoffnungen zu erlauben;
und ich sehe in der That nicht, warum wir
es nicht noch vor Ablauf dieses achtzehnten
Jahrhunderts so weit gebracht haben sollten,
nach Gefallen jede Gestalt anzunehmen, auf
Besenstielen oder auf geflügelten Widdern,
wie Frixus und Helle, durch die Luft
zu reiten, im Wasser und im Feuer unter
Ondinen und Salamandern zu leben,
mit Einem Wort, alle die Wunder der My-
thologie, der Mönchslegenden, der
Tausend und einer Nacht, und der ganzen Feengeschichte zu realisieren, die
bis auf diesen Tag von kurzsichtigen, blödher-
zigen, oder übel gesinnten Leuten für Träume-
rey und Kinderspiel gehalten worden sind.

Indessen dürfte es doch, des gemeinen
Besten wegen, nötbig seyn, die bevorstehende große Umkehrung und Umgestaltung
aller Dinge nicht gar zu schnell auf einmahl
zu bewirken. Alle plötzlichen Veränderungen
sind gefährlich, wie wir die Beyspiele täglich vor Augen sehen. Besonders will ich
hiermit die Besitzer des Steins der Weisen und des Wassers aus der Jugend-
quelle angelegentlichst gebeten haben, in
der Mittheilung ihrer Geheimnisse mit etwas
mehr Behutsamkeit und Zurückhaltung zu verfahren, als die Adepten des thierischen
Magnetismus und Somnambulismus
mit dem ihrigen. Denn es ist mehr als
wahrscheinlich, daß eine ganze Ilias von
Verwirrung und Unheil daraus entstehen
müßte, wenn das Gold auf einmahl so gemein würde wie Gassenkoth, oder wenn das
Wasser der Unsterblichkeit in Hamburg, Frank-
furt und Leipzig eben so leicht und wohlfeil
zu haben wäre, als die privilegierten Univer-
salarzneyen, solarischen Tinkturen, gekrönten
und ungekrönten Wunderessenzen u. s. w. die
mit allen ihren bewährten und weltbekannten
Zauberkräften bisher doch nicht verhindert
haben, daß die Leute eben so gut an ihren
Krankheiten gestorben sind, als ob gar keine
Universalarzney in der Welt wäre.

Doch ich sehe dafs ich unvermerkt weiter von meinem Wege abgekommen bin, als
ich Willens war. Um also auf meine eigene
Wenigkeit und die oben besagte Gabe zurück-
zukebren, so finde ich für nöthig noch bey-
zufügen, dafs diese Naturgabe (oder wie
man es nennen will) nichts weniger als ein
besonderes Privilegium, dessen ich mich aus-
schliefslich zu rühmen gedächte, sondern eine
Sache ist, in deren Besitz sich schon von
uralten Zeiten her mehrere Sterbliche befunden haben. Vermuthlich ist der junge Der-
wisch des Königs Fadlalla von Mus-
sel in den Persischen Erzählungen, und der
Wohlthätige in den *Illustres Fées* der
Gräfin D'Aulnoy, wenigen die dieses
lesen unbekannt. Ich begnüge mich diese
zwey Beyspiele anzuführen, weil sie aus
Quellen gezogen sind, deren Glaubwürdigkeit
höffentlich niemand in Zweifel ziehen wird.
Indessen kann ich doch nicht unbemerkt lassen, dafs sich ein nicht ganz unbedeutender
Unterschied zwischen der Verfahrungsart dieser beiden Adepten und der meinigen befindet. Fürs erste konnten sie, wie es scheint,
ihre Seele nicht anders aus ihrem Leibe heraus bringen, als indem sie ihr einen andern
entseelten menschlichen oder thierischen Körper zu beseelen gaben; und dann bewirkten

sie diese Metempsychose mit Hülfe gewisser magischer Worte, und zwar der Wohlthätige durch das blofse Aussprechen des Wortes Quiribirini. Ich gestehe offenherzig, dafs mir die vorgebliche Kraft dieses und aller andern magischen Wörter und Formeln, vermittelst deren man zu fliegen, im Feuer oder unter dem Wasser zu leben, Geister zu sehen und Schätze zu erheben vermeint, um so verdächtiger sind, da, bekannter Mafsen, alle diese Wunderdinge von unsern heutigen Adepten nicht durch Zauberey, sondern durch ganz natürliche Mittel und auf die simpelste Art von der Welt zu Stande gebracht werden.

Wie es aber auch damit seyn mag, meine Methode wenigstens ist von dieser, ganz verschieden. Ich gehe aus meinem Körper heraus ohne in einen andern überzugehen; und die ganz schlichte Ursache hiervon ist, weil meine Seele, auch nachdem sie ihren Körper abgelegt hat, ihn, oder vielmehr einen ihm gleichen fantastischen Leib, noch immer um sich zu haben glaubt. Etwas ähnliches hat schon der grofse Swedenborg an den Neuverstorbenen wahrgenommen, und erklärt diese sonderbare Erscheinung sehr filosofisch aus der Macht einer zur andern Natur gewordenen

Gewohnheit. Der Unterschied ist blofs, dafs
dieser fantastische Körper wegen seiner aufserordentlichen Leichtigkeit meine Seele nicht
verhindern kann, durch einen blofsen Akt
ihres Willens und in ungemein kurzer Zeit Reisen zu machen, die sie, mit ihrem wirklichen
Leibe bepackt, entweder gar nicht, oder nicht
anders als in sehr langer Zeit, mit viel Gefahr, Beschwerlichkeit und Aufwand, hätte
machen können. Überdiefs bediene ich mich
dabey weder des Zauberwortes Quiribirini,
noch irgend eines andern Mittels, wodurch
ich mit den Handhabern des berüchtigten
Hexenhammers in unangenehme Verhältnisse gerathen könnte; sondern es geht dabey
wenigstens so natürlich zu, als bey Desorga-
nisierung eines Mädchens von zwanzig Jahren. Nur ist die dabey erforderliche Manipulazion unendlich einfacher, und, die
Wahrheit zu sagen, auch unendlich züchtiger:
und so wie, bekannter Mafsen, nur eine ner-
vensieche Person die gehörige Empfänglich-
keit hat, unter den Händen eines in Rap-
port mit ihr stehenden Magnetisierers in den
erhabenen Zustand des magnetischen Somnambulismus versetzt zu werden; so werden im
Gegentheil zu der Wirkung wovon ich
rede, und die ich, aus guten Ursachen,
mit keinem Lateinischen oder Griechischen

Nahmen belegen will, ziemlich gesunde
Nerven erfordert.

So viel habe ich für nöthig erachtet zu
Befriedigung der Wißbegierde meiner geneigten Leser voraus zu schicken, da die Höflichkeit zu erfordern schien, ihnen aus der Art
und Weise, wie es mit diesen Ausflügen meiner Seele zugeht, kein Geheimniß zu machen.
Sie haben nun ein neues Beyspiel von der
Wahrheit des großen und zeither so häufig
angeführten Grundsatzes, in welchen der erha-
bene Stifter der neuesten Filosofie, Hamlet,
Prinz von Dänemark, sein ganzes System ein-
geschlossen hat;

> Es giebt der Dinge viel im Himmel und auf
>
> Erden,
>
> Die in der Schule uns nicht vordocieret
>
> werden!

Eine Wahrheit, die mit klafterlangen goldnen
Buchstaben an alle Wände geschrieben zu werden verdient, da sie nicht nur den Schatz der
menschlichen Erkenntnisse auf die leichteste
Art von der Welt ins unendliche vermehrt,
sondern auch durch die billige Achtung, die
jeder Entdecker neuer Naturkräfte, neuer
Sinne und neuer Manipulazionen natürlicher

Weise für die Entdeckungen, Sinne und Manipulazionen seiner Brüder trägt, die gegenseitige Duldung und a l l g e m e i n e  M e n-
s c h e n l i e b e  unendliche Mahl mehr befördert,
als alle Sprüche der sieben Weisen aus Griechenland zusammen genommen.

Ich bitte um Vergebung, wenn dieser Pro-
log diejenigen Leser, die sich lieber, in der
Homerischen Manier, so bald als möglich mitten in den Strom der Erzählung hinein werfen lassen, ein wenig ungeduldig gemacht hat;
nur noch ein Wort, und ich komme zur
Sache.

Die Art und Weise, wie sich meine Seele
bey ihren kleinen Wanderungen benimmt,
oder, wenn man lieber will, der Zustand,
worin sie sich dabey befindet, hat eine so grofse
Ähnlichkeit mit dem was man t r ä u m e n
nennt, dafs ich Anfangs selbst dadurch hin-
tergangen wurde, und das, was mir in diesem sonderbaren Zustande begegnete, für einen
blofsen Traum hielt. Indessen bemerkte ich
bald, dafs es in jenem Falle allezeit von meiner W i l l k ü h r abhing, an welchen Ort ich
mich versetzen wollte, und dafs ein Zusammenhang und eine Ordnung in meinen Vorstellungen war, die in eigentlich so genannten

Träumen nicht leicht Statt findet. Diesen ge-
doppelten sehr wesentlichen Unterschied abgerechnet, ist beynahe alles übrige in beiden
Fällen gleich. Meine Seele hat bey einer
solchen Auswanderung aus ihrem Körper, gerade wie im Traume, nur einen Augenblick
nöthig, um einen Weg von mehrern hundert
oder tausend Meilen zu machen. Nichts über-
trifft die Leichtigkeit des Quasi-Körpers,
womit sie, in der Meinung daſs es ihr ge-
wöhnlicher sey, bekleidet ist. Alle ihre
Sinne sind ungewöhnlich scharf. Die frem-
desten Gegenstände kommen ihr bekannt vor;
sie wundert sich über nichts, glaubt alles
schneller und leichter zu verstehen als in
ihrem alltäglichen Zustande, ist gleich mit
allen vorkommenden Personen auf dem Fuſs
alter Freunde, die sich nach langer Trennung
wiedersehen, u. s. w. Ich überlasse, um
nicht in eine neue Digression verwickelt zu
werden, dem geneigten Leser, über alles dieses, nach dem gröſsern oder kleinern Maſse
seiner psychologischen Weisheit, zu denken
was er kann und will, da ich durch diese
Bemerkungen bloſs dem Irrthume zuvorkommen,
wollte, welchen die leicht wahrzunehmende
Ähnlichkeit zwischen Seelenwanderungen und
Träumen hätte veranlassen können.

Die Lucianischen Todtengespräche, deren
Übersetzung mich zeither beschäftigt hatte;
veranlafsten auf eine sehr natürliche Art den
Wunsch in mir, wo möglich mit eigenen
Augen zu erkundigen, wie es in der so genannten Unterwelt aussehe. Wie unwahr-
scheinlich auch die Erfüllung eines so seltsamen Wunsches den Unglaubigen und Epiku-
räern vorkommen mag, so überzeugte mich doch
der oben angeführte Hamletische Grundsatz, dafs sie nicht unmöglich sey. Es ist
nichts unmöglich, sagte ich herzhaft zu
mir selbst, zumahl seitdem die grofse Entdeckung gemacht worden ist, dafs es in irgend
einem andern Planeten oder Kometen Wesen
geben kann, bey denen zweymahl zwey —
drey oder fünf macht.

Ich dachte der Sache nach, fand aber immer den leidigen Grundsatz in meinem Wege,
dafs, wenigstens auf unsrer sublunarischen
Welt, nichts ohne Mittel geschehen kann,
und dafs, ordentlicher Weise, zwischen den
Mitteln und dem, was dadurch gewirkt werden soll, irgend ein mehr oder weniger begreiflicher Zusammenhang Statt finden mufs.

Zu gutem Glücke rüttelte dieses vergebli-
che Nachdenken in meinem Gedächtnifs endlich die Erinnerung auf, dafs ich vor langer
Zeit, in einem alten *Bouquin* ohne Titel-
blatt und Schlufs, von einer gewissen Manipulazion gelesen hatte, vermittelst deren
die Seele aus ihrem Körper heraus gehen und
sich an jeden beliebigen Ort versetzen könne.
Damahls hatte ich, aus dem Vorurtheil gegen
alles Wunderbare, welches unsre Wundermän-
ner mit so vielem Recht als das gröfste Hin-
dernifs der möglichsten Exaltazion unsrer Natur ansehen, dieses Kunststück mit
dem Quiribirini des Feenmährchens in
Eine Klasse gesetzt, und nicht der geringsten
Aufmerksamkeit gewürdiget. Aber jetzt, da
ich in dem Felle war zu wünschen dafs es
anschlagen möchte, hielt ich es wenigstens
des Versuchs würdig. Die Manipulazion ist,
wie gesagt, ohne Vergleichung einfacher als
die somnambulatorische, und erfordert
kaum eine Viertelstunde Zeit. Ich versuchte
sie, und siehe, es gelang.

Ich befand mich auf einmahl, und so schnell
als ein Mensch sich in Gedanken nach Rom,
Peking, oder in den Mond versetzen kann,
in einer Gegend, die ich beym ersten Anblick
für die Gefilde Elysiums erkannte, wovon

Virgil schon in meiner ersten Jugend das an-
muthigste Bild in meine Seele gesenkt hatte.
Nur jene Günstlinge der Natur, die, mit dem
zartesten Gefühl geboren, in den Tagen der
ersten Liebe, mit der geliebten S e e l e (denn
in dieser seligen Periode des Lebens webt
man in einer ganz g e i s t i g e n Körperwelt
und liebt nur S e e l e n) allein, Arm in Arm
in einer vom Monde beleuchteten lauen Sommernacht lustwandeln gegangen zu seyn sich
erinnern, sie allein können sich von diesen
lieblichen Thälern der Ruhe eine Vorstellung
machen, die meinem Unvermögen sie zu schildern zu Hülfe kommt: für alle übrigen würde
auch die lebhafteste Beschreibung nur todter
Buchstabe seyn.

Diese reitzenden Gefilde sah ich von einer
unzähligen Menge menschlicher Gestalten be-
lebt, die in gröfsern oder kleinern Gesellschaften unter hohen Bäumen oder an schat-
tigen Quellen traulich beysammen safsen, oder
selbander, durch schlängelnde Gebüsche lust-
wandelnd, sich mit Sokratischen Gesprächen
zu unterhalten, oder auch einzeln in stillen
Lauben und Grotten ihren eignen Betrachtungen nachzuhängen schienen. Ich selbst
schlüpfte mit der Leichtigkeit eines Schattens
über die Blumen hin, die allenthalben ohne

Pflege dem Boden entsprossen, und die mildeste Luft, die ich jemahls athmete, mit einem Balsam erfüllten, der alles was hier lebt und webt in ewiger Jugend zu erhalten scheint.

Ungewiſs wohin ich mitten unter so vielen meine Neugierde gleich anziehenden Gegenständen mich zuerst wenden sollte, blieb mein Blick endlich auf einer sanften Anhöhe schweben, die, mit dichten Lorberbäumen umzirkelt, ein Amfitheater vorstellte, wo eine groſse Schaar majestätischer Schatten im Kreise saſs, und dem Ansehen nach in einer sehr ernsthaften Berathschlagung begriffen war. Ungeachtet der Zwischenraum, der mich von ihnen entfernte, ziemlich groſs war, sah ich sie doch, vermöge der ungemeinen Schärfe der Sinne, die ein Vorrecht der Abgeschiedenen ist, so genau als ob sie nur drey Schritte von mir entfernt wären. Die Fysionomie der meisten schien mir ganz bekannt zu seyn; und gleichwohl konnte ich mich weder besinnen noch errathen wer sie wären und was sie vorhätten.

Indem ich mich nun nach jemand umschaute, der mir aus dem Wunder helfen könnte, sah ich einen Schatten auf mich

zu kommen, den ich, seiner Gestalt und Kleidung nach, beym ersten Anblick für einen
Kapuziner-Bruder gehalten hätte, wenn sich
diese Art von Thieren im Elysium vermuthen
liefse. Aber schon auf den zweyten Blick
erkannte ich an seiner Glatze, an seinem Fau-
nengesicht, und an einem gewissen Spott-
geiste der ihm aus den Augen lachte, den
Lucianischen Menippus, den man, um seine
Ähnlichkeit und Verschiedenheit mit dem Weisesten der Griechen in zwey Worte zusammen zu fassen, den lachenden — so wie
seinen Meister Diogenes den rasenden —
Sokrates zu nennen pflegte. Dieser Menippus wurde hier (wie ich in der Folge erfuhr) als eine Art von filosofischem Har-
lekin ungefähr aus eben dem Grunde geduldet wie Momus unter den Göttern. Ein
Spötter, der sogar an den Bewohnern Elysiums noch immer diefs und jenes zu per-
siflieren fand, schien zur Unterhaltung einer
gewissen genialischen Munterkeit in ihrer Gesellschaft beynahe unentbehrlich; und man
fand sein Salz sehr geschickt, der Konversa-
zion, die unter so vielen gleich gestimmten
Seelen zuweilen ins Eintönige hätte fallen
können, mehr anziehendes und mannigfalti-
ges zu geben.

Wer sind, fragte ich ihn in dem vertrauten Ton einer alten Bekanntschaft, jene hohen
und ehrwürdigen Gestalten, die auf der um-
lorberten Anhöhe dort, wie die A m f i k t y o-
n e n des ganzen Elysiums, beysammen sitzen,
und über irgend eine wichtige gemeine Angelegenheit zu rathschlagen scheinen?

Es ist, antwortete mir Menippus, die löb-
liche Innung der sämmtlichen K ö n i g e im
Elysium, die, ich weifs nicht wie, auf den
weifsen Einfall gekommen sind, einen aus,
ihrem Mittel zu erwählen, den sie, wie ehemahls die Fürsten der Griechen den Agamem-
non, für ihr gemeinsames Oberhaupt erkennen wollen. Vermuthlich arbeiten sie so eben
an der Wahlkapitulazion.

I c h. Ich dachte, hier in der Unterwelt
hätten alle Einwohner gleiche Rechte?

M e n i p p u s. So ist es auch. Diejenigen
unter uns, die in ihrem vorigen Leben Kö-
·nige oder Fürsten waren, haben hier nichts
mehr zu befehlen, und geniefsen keiner andern Vorzüge, als die ihnen ihrer persönlichen
Tugenden und Verdienste wegen freywillig zugestanden werden. Aber die Herren, scheint
es, sind des Regierens so gewohnt, dafs sie, in

Ermanglung anderer Unterthanen, lieber sich
selbst dazu machen wollen, um wenigstens
einem aus ihrem Mittel das Vergnügen zu
regieren zu verschaffen.

Ich. Du scherzest! Unmöglich kann an
so grofsen und von jeder irdischen Leidenschaft geläuterten Seelen eine so kleine Eitelkeit haften. Oder sollte sich auch nur Einer
unter ihnen finden, der das Glück ein Bürger Elysiums zu seyn nicht dadurch verdient
hätte, dafs er ein guter König war?

Menippus. Darf man fragen was du
unter einem guten Könige verstehst?

Ich. Unter einem guten Könige?

Menippus. Ja! denn vermuthlich
denkst du dir etwas bey der Zusammen-
setzung dieser zwey Worte, die, wenn ich
nicht sehr irre, keine sonderliche Anmuthung
zu einander haben. Kein Ding in der Welt
ist gut oder böse an sich selbst, und was in
einem gewissen Verhältnisse gut ist, kann in
einem andern böse seyn. Verstehst du unter
einem guten Könige einen König der ein guter Mensch, oder einen Menschen der ein
guter König ist?

Ich. Ich könnte mich über diese Frage verwundert stellen, aber ich merke wo du bin willst. Ein guter König ist wohl öfters genöthigt ein böser Mensch zu seyn —

Menippus in die Rede fallend. — Oder ist auch öfters ein böser Mensch ohne dazu genöthigt zu seyn.

Ich. Wie so?

Menippus. Weil kein Ding in der Welt gut ist, als wenn es das ist, wozu die Natur es machte; nun macht die Natur keine Könige sondern Menschen: *Ergo* —

Ich. Um Vergebung, die Natur macht eben sowohl Könige, als sie Sackträger, Handarbeiter, Künstler, Dichter oder Filosofen macht. Das, wozu einer von Natur am besten taugt, dazu macht ihn die Natur. Wer also unter einigen Millionen Menschen am besten dazu taugt die übrigen zu regieren, den hat die Natur zu ihrem Könige gemacht.

Menippus. Dagegen hätte ich viel einzuwenden, und will mir mein Recht hiermit vorbehalten haben. Aber, gesetzt ich gäbe

dir zu, die Natur mache zuweilen einen König: so wirst du hoffentlich so ehrenhaft
seyn und mir wieder eingestehen, daſs gerade
dieser König keiner von den besten Menschen unter den Millionen, über die er ge-
bietet, seyn wird.

**I ch.** Warum das?

**Menippus.** Mich däucht das versteht
sich. Damit einer ein guter Mensch sey,
muſs es ihm natürlich seyn alle andere Menschen als seines gleichen zu betrachten; er
muſs sich nichts über sie heraus nehmen, jedes ihrer natürlichen Rechte respektieren, nie
vergessen, daſs Dürftigkeit, Schmerz, Verachtung, Zwang, Unterdrückung, Sklaverey, dem
geringsten unter ihnen eben so empfindlich
und verhaſst sind als ihm selbst, und diesen
Gesinnungen auch immer gemäſs handeln. —
Wo ist jemahls der König gewesen, der
dieſs gethan hat, es immer gethan hat,
es immer thun konnte und durfte? Kurz,
ich kann keinen Menschen für einen guten
Menschen gelten lassen, der eine Profession
treibt, wobey er alle Augenblicke bereit ist,
und bereit seyn muſs, Tausende und Hun-
derttausende seiner Gattung elend zu machen.

Ich. Allenfalls würde ich sagen, daſs seine Profession nicht viel tauge. Aber wenn diese Profession nun einmahl unentbehrlich und Er zu dieser Profession geboren ist, so muſs er, gern oder ungern, alles Böse thun, wodurch ein ungleich gröſseres Übel verhütet, oder ein diese Übel weit überwiegendes Gute erzielt werden kann.

Menippus. Es kostet mir Überwindung dich nicht zu unterbrechen — aber rede nur fort — weil ich doch sehe, daſs du noch mehr sagen möchtest.

Ich. Ich werde bald fertig seyn. Alles was ich sagen wollte ist, daſs ein König, der seine Rolle gut spielen will, unmöglich immer wie ein guter Mensch handeln kann; und umgekehrt, daſs der König, der sich zum Gesetz gemacht hätte, immer wie ein guter Mensch zu handeln, gerade dadurch weit mehr Böses thun würde als jener.

Menippus. Das müſste er ungeschickt machen!

Ich. Es könnte nicht anders seyn, weil er sich, anstatt von seinem Kopfe, von seinem Herzen führen lieſse. Jener kümmert sich nichts um das was einzelne Menschen

unter den Maſsregeln, die er zum Besten des
Ganzen nimmt, zu leiden haben: dieser
opfert bey allen Gelegenheiten den gröſsern
Vortheil des Ganzen auf, um jedes einzelne
Übel zu heben, das ihm bekannt wird, jedes
einzelne Gute zu thun, wozu man ihn auf-
fordert. Jener ist zufrieden, inner- und auſser-
halb seines Reichs gefürchtet zu seyn;
dieser möchte sich von allen die ihn umgeben
geliebt sehen. Das unfehlbarste Mittel sich
Liebe zu erwerben ist Gefälligkeit. Ein Monarch, der alles bewilligt was man von ihm
bittet, immer nichts als fröhliche Gesichter
um sich sehen will, und, wie Titus, den
Tag für verloren hält, woran er nicht wenigstens Einen Glücklichen gemacht hat, wird
von seinen Höflingen die Freude und Wonne
des Menschengeschlechts genannt werden.
Alle die bereits von ihm erhalten haben was
sie wollten, oder es noch zu erhalten hoffen,
werden ihm diesen schönen Titel bestätigen.
Versemacher und Prosemacher werden seine
Bonhommie zu göttlicher Güte erheben. Und
gleichwohl braucht es nichts als eine solche
Güte, um das mächtigste Reich in einem einzigen Menschenalter zu Grunde zu richten.
Der gröſste Vortheil des gütigen Titus war,
daſs er nur zwey Jahre regierte. Hätte er
so lange wie Augustus gelebt, so würde

er sich entweder genötbigt geseben haben
andere Grundsätze anzunehmen, oder das Römische Reich würde das Opfer seiner Bonhommie geworden seyn.

Menippus. Tiberius war also in deinen Augen ein besserer König als Titus?

Ich. Ein besserer, oder, wenn du lieber
willst, ein gröfserer König, ganz gewifs,
wiewohl ein schlimmerer Mensch.

Menippus. Ich sehe also, dafs für das
arme Menschengeschlecht nur Ein Rettungsmittel ist, um von den grofsen Königen nicht
durch ihre Gröfse, und von den guten nicht
durch ihre Güte elend gemacht zu werden.

Ich. Und diefs Mittel wäre? —

Menippus. Gar keine Könige zu haben.

Ich. Ein wohl ausgedachtes Mittel!

Menippus. Wenn du länger bey uns
bleibst, wirst du sehen, dafs wir Einwohner der Unterwelt uns sehr wohl dabey
befinden.

Ich. Aber wie die Menschen auf der
Oberwelt sich dabey befinden würden?

**Menippus.** Es wäre ihre eigene Schuld, wenn es ihnen nicht eben so wohl bekäme.

**Ich.** Und würde es ihnen darum weniger übel bekommen, wenn sie selbst Schuld daran wären? Ich dächte, gerade das Gegentheil.

**Menippus.** Ich will auch nichts andres gesagt haben, als daſs es ihnen wirklich sehr wohl bekommen würde. Wie schwach die Menschen immer seyn mögen, so dumm sind sie wenigstens nicht, daſs sie nicht wissen sollten, in welcher Lage sie am bequemsten liegen.

**Ich.** Und darum haben sie sich, laut der Geschichte und Erfahrung, auf dem ganzen Erdboden immer zu den Füſsen der Könige gelegt?

**Menippus.** Das muſsten sie wohl! Gewalt geht über Recht.

**Ich.** Gewalt? Der erste König, und wenn er nur über zwey hundert, oder auch nur über zwanzig Mann König war, konnte es doch nicht durch Gewalt seyn?

**Menippus.** Auch stehe ich dir dafür, der erste König war ein sehr guter König.

Ich. Der Meinung bin ich auch. Defswegen sagte ich vorhin, gewisse Menschen
machte die Natur selbst zu Königen. Der
erste König eines jeden Volkes in der Welt
war gewifs einer, den die Natur dazu gemacht hatte. Er war der kräftigste, der
kühnste, der anschlägigste und entschlossen-
ste unter den übrigen; er warf sich zu ihrem
Anführer auf, weil er sich dazu tüchtig fühlte;
und die andern folgten ihm, weil sie fühlten dafs sie einen solchen Anführer nöthig
hätten.

Menippus. Er warf sich nicht auf, sondern sie erwählten ihn.

Ich. Wozu braucht es eine Wahl? Wo
du einen Haufen wilder Jungen beysammen
siehst, wirst du einen sehen, dem die übrigen
folgen, nicht weil sie ihn zu ihrem Obersten
gewählt haben, sondern weil ers seyn will
und kann. Der stärkste, der bebendeste,
der verwegenste steht bey allen ihren Unternehmungen an der Spitze; sie folgen ihm,
weil sie ihn dafür erkennen, und erkennen
ihn dafür, weil sie ihn so erfahren haben.
Unter gleichartigen Wesen ist kein Anführer
ehe die Gelegenheit da ist, wo man einen
braucht. Ist diese gekommen, so hat man

keine Zeit zum Wählen; wer den Muth hat sich zum Anführer aufzuwerfen, wird dafür erkannt.

Menippus. Das mag seyn; aber wenigstens um es immer zu bleiben, wird eine förmliche ausdrückliche Einwilligung der übrigen erfordert; und diefs ist doch Wahl?

Ich. Alle Menschen, und vornehmlich rohe Menschen, (die überall und zu allen Zeiten den gröfsten Haufen ausmachen) werden durch Gewohnheit geleitet. Wer, so oft es die Noth erheischte, ihr Anführer war, wird unvermerkt bey allen Gelegenheiten für den Ersten anerkannt. Doch, wir streiten nicht um Worte. Nenn' es Wahl, wenn du willst; was ist damit gewonnen?

Menippus. Sehr viel. Menschen, die sich einem ihres gleichen freywillig unterwerfen, können und werden es nie anders als um ihres eigenen Besten willen und also unter Bedingungen thun. Beide Theile, der neue Anführer oder König (wie wir ihn nennen wollen) und seine neuen Unterthanen machen sich zu Erfüllung dieser Bedingungen gleich anheischig; und diefs nennt man einen Vertrag. Die Hauptbedingung des

Vertrags zwischen dem ersten König und seinen Unterthanen war, daſs sich die letztern bey seiner Regierung besser befinden sollten als ohne dieselbe. Die nehmliche Bedingung liegt bey dem Vertrage aller folgenden Könige mit den ihrigen zum Grunde. Nun befinden sich aber, wie wir so eben gefunden haben, die Menschen auf der Oberwelt bey ihren Königen nicht wohl; der Vertrag hat also ein Ende, und die Kontrahenten sind frey so bald sie wollen.

Ich. Ich sah dich schon lange kommen; aber ich läugne dir alles, Major, Minor, und Konklusion. Die Menschen haben sich nie freywillig, sondern allemahl aus Noth unterworfen; nie einem ihres gleichen, sondern immer einem, den die Natur oder ihr eigener Wahnglaube, oder beides zugleich, zu etwas mehr als sie gemacht hatte; nie vermittelst eines vorgehenden Vertrags, der sich hier gar nicht denken läſst, weil er die Unterthanen zu Richtern in ihrer eigenen Sache machte, und es von ihrem Gefühl, ihren Launen, Aufwallungen und einseitigen Urtheilen, oder von den Absichten und Intriguen des ersten besten, der sich zu ihrem neuen Anführer aufwerfen wollte, abhängen lieſse, ob sie die Bedingung

dieses angeblichen Kontrakts für erfüllt oder
unerfüllt halten wollten.   Alle deine Vorder-
sätze sind ungegründete Voraussetzungen, denen die Erfahrung, die allgemeine Geschichte,
und die menschliche Natur widerspricht.

**Menippus.**   Die menschliche Natur?  Die
Menschen sind also deiner Meinung nach um
der Könige willen in der Welt?

**Ich.**   Die Menschen — sind in der Welt,
weil sie nicht aufser der Welt, und die
Könige, weil die Menschen nicht ohne
Könige seyn können.

**Menippus.**   Lächerlich!  Wie viele Jahrhunderte waren die Griechen, die Kartha-
ger, die Römer, ohne Könige?

**Ich.**   Wir streiten nicht um Worte, Menipp!  Eine Aristokratie hat so viele
kleine Könige als regierende Bürger.   In einer
Demokratie sind die Unterthanen selbst
der König; und weil diefs am Ende doch
nicht recht angehen will, so siehst du, dafs
alle Staaten, die mit dieser unglücklichen
Verfassung gestraft sind, so lange zwischen
der Regierung eines einzigen oder etlicher
Demagogen hin und her schwanken und

und herum getrieben werden, bis sie sich in Monarchien verwandeln, oder in politischem Sinne gar zu Nichts werden. Regiert müssen die Menschen immer werden, durch wen es auch sey; und daſs die Regierung durch Könige die natürlichste sey, bezeigt Vater Homer ³) und — der ganze Erdboden.

Menippus. Die Menschen kommen also gleich bey ihrer Geburt als Unterthanen auf die Welt? Das ist lustig zu hören!

Ich. Lustig oder unlustig, es ist Ordnung der Natur. Kinder kommen als Unterthanen ihrer Ältern auf die Welt; und jeder groſse Haufen erwachsener Kinder muſs, gern oder ungern, sich von dem regieren lassen, der Gewalt über ihn hat.

Menippus. Immer besser! Also ist Gewalt die Quelle des Rechts?

Ich. Erkläre dich deutlicher, lieber Menipp, damit wir nicht wieder um Worte streiten.

Menippus. Ein Straſsenräuber, der nach und nach Mittel fände, eine Armee

---

3) Ουκ αγαθον πολυκοιρανιη, u. s. w. Ilias, II. 204.

zusammen zu bringen, mit der er das König-
reich Persien eroberte, hätte also ein Recht
König von Persien zu seyn?

**Ich.** Wenn er die Mittel hat Persien zu
erobern, so hat er wohl auch die Mittel, sich
für König anerkennen zu lassen; und so
wird er anerkannt, und niemand, der nicht
die Mittel hat ihn vom Throne zu stürzen,
wird ihm sein Recht streitig machen.

**Menippus.** Und du siehst nicht, dafs du
was geschieht oder gelingt, mit Recht ver-
mengst?

**Ich.** Nicht ich, sondern die Menschen
haben das von jeher gethan. Alexander, Fi-
lipps Sohn, hatte kein anderes Recht an Persien. Alle, oder doch gewifs die meisten Monarchien, die jetzt für rechtmäfsig anerkannt
werden, sind durch Eroberer gestiftet worden, die, wenn sich das Glück nicht für sie
erklärt hätte, in einem Kerker oder am Galgen gestorben wären. Und his auf diesen
Tag schalten und walten die Könige mit ihren
Provinzen als mit ihrem Eigenthum, ver-
handeln sie, vertauschen sie, oder treten sie
durch Friedensschlüsse ab, ohne dafs es ihnen

ihnen einfällt, die Unterthanen zu fragen, ob sie auch Lust haben, sich verkaufen, vertauschen und abtreten zu lassen.

Menippus. Und du hältst ein solches eigenmächtiges gewaltsames Verfahren für recht?

Ich. Davon ist nicht die Rede; auch kümmert es die Könige wenig, ob ich und du, und hundert tausend einzelne Menschen unseres gleichen ihre Handlungen für recht oder unrecht halten. Ein andres wäre es, wenn wir die Leute wären,. ihnen unsre Meinung an der Spitze eines überlegenen Kriegsheeres zu sagen: und auch dann würde der Recht behalten, der das Feld behalten hätte.

Menippus seinen Knüttel schwingend. Da siehst die Überlegenheit, die mir dieser Knüttel und meine Schultern über dich geben: ich kann dich also zu meinem Sklaven machen so bald mirs beliebt?

Ich. Ohne Zweifel.

Menippus. Und mein Knüttel giebt mir das Recht dazu?

**Ich.** Das Recht? — Wir wollen ehrlich
mit einander handeln. Ich fühle mich nicht
zum Sklaven aufgelegt, und würde es also
schwerlich jemahls recht finden, wenn du
mich kraft deines Knüttels zu deinem unter-
thänigsten und treugehorsamsten Knechte machen wolltest. Aber wenn dein Knüttel ein
Talisman wäre, womit du etliche Millionen
eben so rüstiger und tapfrer Männer als ich
bin zu deinen Sklaven machtest: so würde
dein Recht an uns von dem ganzen Erdboden
eingestanden werden; und wir armen Wichte
würden, wenn wir uns dagegen sträuben
wollten, so lange geknüttelt, bis man uns
den gehörigen Respekt vor dem Rechte des
Stärkern eingebläut hätte. Die Knüttel
der Könige sind solche Talismane, und daher
haben sie gegen die Schwächern immer Recht.

**Menippus** lachend. Ha, ha, ha! Ich fange
an zu merken, dafs du deinen Spafs mit mir
treibst. Im Ernste wären wir also einerley
Meinung?

**Ich.** Nicht so ganz; und um dich davon
zu überzeugen, will ich (wiewohl gegen das
laute Zeugnifs der Geschichte und Erfahrung)
so höflich seyn und zugeben, dafs alle Monarchie und überhaupt alle Obrigkeit ursprüng-

lich aus einem förmlichen Vertrag entstanden
sey. Nun laſs einmahl sehen, was du damit
gewonnen häben wirst! Ein Vertrag zwischen
einem ganzen Volke, das aus einigen hundert
tausend Köpfen und doppelt so viel Armen
und Fäusten besteht, an einem, und einem
einzelnen Manne als König, am andern Theil,
ist ein Vertrag zwischen sehr ungleichen Parteyen, und der König wird sich also fürs
erste an einer sehr eingeschränkten Gewalt
begnügen lassen müssen?

Menippus. Desto besser! Natürlicher Weise
wird man über gewisse Grundgesetze einig
werden, zu deren Befolgung sich sowohl der
König als das Volk anheischig macht.

Ich. Und um diesen Gesetzen die gehörige Kraft zu geben, und die Übertretung derselben zu verhüten oder zu bestrafen, ist eine
Gewalt nöthig?

Menippus. Eine gesetzmäſsige Gewalt,
allerdings.

Ich. Entweder du muſst annehmen, daſs
die rohen Völker, die deinen ursprünglichen
Vertrag mit ihren Königen schlossen, gans

erstaunliche Meister in der politischen
Dynamik und Statik waren, und zu gehöriger Vertheilung und Ausgleichung der Staats-
kräfte eine sehr künstliche Verfassung ausfündig machten; oder diese gesetzmäfsige
Gewalt wird uns in ziemlich kurzer Zeit
böse Händel machen. Denn, ist diese Gewalt
in den Händen des Königs, so kannst du
dich darauf verlassen, dafs er bald genug
Mittel finden wird, durch die Schranken des
Vertrags zu brechen, und so willkührlich zu
regieren, als ihm und seinen Ministern, Höflingen, Günstlingen, Weibern und Kebswei-
bern belieben wird. Ist sie aber in den Händen des Volkes, wer soll die Unterthanen
zu Erfüllung ihrer Vertragspflichten zwingen,
wenn sie in vorkommenden Fällen, aus welcher Ursache es sey, keine Lust dazu haben?
Was für eine traurige Rolle wird da der König spielen, und was andres kann man von
ihm und seinen Nachfolgern erwarten, als dafs
sie nicht eher ruhen werden das Mögliche
und Unmögliche zu versuchen, bis sie sich
in den Besitz der höchsten Gewalt gesetzt
haben? Je widerspenstiger sich die Unterthanen dabey bezeigen werden, desto schlimmer
für sie! Gegen Ein Beyspiel, wo das Glück
den Ausschlag auf die Seite des Volkes gab,

sind wenigstens zehn, wo es sich für den König erklärte. Hat dieser einmahl die Macht
in Händen, so wird der zwischen ihm oder
seinen Vorfahren und dem Volk errichtete
Vertrag; und wenn er mit goldnen Buchstaben auf eherne Tafeln geschrieben wäre, eben
so wenig geachtet werden als ob er gar nicht
existierte. Wehe dann dem Volke, das seine
dadurch versicherten Rechte gegen willkührliche Anmaſsungen und Eingriffe seines Monarchen geltend machen wollte! Jeder Widerstand wird als Empörung angesehen, und mit
Schwert und Galgen an den Anführern, mit
gänzlicher Unterdrückung an dem Volke gerä-
chet werden. Was hilft also dein ursprüng-
licher Vertrag, der aus Mangel einer höhern
Gewalt, wodurch beide kontrahierende Theile
zu Erfüllung der Bedingungen gezwungen
würden, nicht länger gilt, als ihn der eine
oder andere Theil gelten lassen will?

Menippus. Er kann seine Verbindlichkeit
durch unrechtmäſsige Eingriffe eben so wenig
verlieren, als irgend eine Pflicht dadurch, daſs
sie übertreten wird, aufhört Pflicht zu seyn.

Ich. Ein herrlicher Trost für die Unterdrückten! Um wie viel wird ihr Zustand etwa

durch den Gedanken, daſs sie Unrecht
leiden, gebessert? Aber auch dieses ärm-
seligen Trostes hätten sie sich durch die Voꝛ-
würfe beraubt, die sie sich selbst über den
Unverstand machen müſsten, ihre Rechte und
Freyheiten auf einen so schwachen Grund, als
Worte oder geschriebene Buchstaben
sind, gebaut zu haben. Wie konnten sie jemahls erwarten, daſs ein Vertrag, der einem
herrschsüchtigen und eigenmächtigen Monarchen papierne Schranken entgegen setzt,
ihre Rechte gegen seine Gewalt sicher
stellen würde? Nichts als die eiserne Nothwendigkeit setzt Schranken, die auch der
mächtigste Tyrann respektieren muſs. Sie ist
das erste und gröſste Naturgesetz, und
das einzige das nie übertreten wird, weil
es nicht übertreten werden kann. — Der
erste König war der Anführer eines Volkes,
das sich ihm unterwarf, weil es ein natürliches Vorrecht an ihm erkannte, und eines
Anführers bedürftig war. Die Menschen fühlen sich frey, so bald sie durch keinen äufsern
Zwang, sondern durch die Meinung, daſs ihr
eigenes Bestes eine gewisse Art zu handeln
nothwendig mache, in ihrem Thun und Lassen
bestimmt werden. In so fern kann man also
sagen, daſs die ersten Völker sich ihre ersten
Anführer freywillig gaben. Einen förmli-

chen Vertrag mit diesen Anführern zu
schliefsen konnte ihnén um so weniger einfallen, da sie nichts von einem Oberhaupte
fürchteten, das ihnen immer mit seinem Leben für seine Aufführung bürgte. Der erste
König war ganz gewifs gut, und mafste sich
nicht mehr Gewalt an, als ihm seine Untergebenen zugestanden: aber der erste entscheidende Sieg, den er über ein feindliches
Volk erhielt, verschaffte ihm Unterthanen, die
es nicht freywillig waren, und legte den
Grund zu künftiger Unterdrückung der freywilligen. Der Eroberer wurde nach und nach,
schneller oder langsamer, ein grofser Monarch,
der an der Spitze eines besoldeten Kriegsheeres von dem gröfsern friedlichen Theil seiner Unterthanen nichts mehr zu befürchten
hatte, und von diesem Augenblick an sich alles erlaubt hielt. Sein Recht war das Recht
des Stärkern, das ist ein Übergewicht,
das von den Schwächern stillschweigend und
duldend so lange für rechtmäfsig anerkannt
wird, als es erträglich ist, oder als der
Gedanke an Widerstand ihnen eben so wenig
einfallen kann, als der Gedanke mit dem Kopfe
vorwärts durch eine Ellen dicke Mauer zu
rennen. In lange schon bestehenden policierten Staaten, — wo der Druck der obersten

Gewalt durch ein so künstliches Räderwerk
vertheilt ist, daſs er von den meisten nur
auf eine sehr dumpfe Art gefühlt wird; wo
die Gewohnheit dieses Gefühl endlich so mechanisch gemacht hat, daſs der gröſste Haufe
die ihm aufgelegten Lasten eben so gedanken-
los wie jedes andere Lastthier die seinige
trägt; wo zu allen fysischen Ursachen des
leidenden Gehorsams noch so viele moralische hinzu kommen, wo besonders die
Religion mit ihrer ganzen Stärke zu Gun-
sten des Monarchen wirkt, und die Priester,
so lange er sich nicht gelüsten läſst ihre wohl
oder übel hergebrachten Rechte anzutasten,
seine furchtbarste Leibwache sind: — in solchen Staaten wird der tyrannische Übermuth
auf der einen, und die sklavische Unterwür-
figkeit auf der andern Seite oft bis zum un-
begreiflichen getrieben. Indessen ereignet sich
doch auch hier zuweilen der Fall, daſs der
allzu straff gespannte Bogen auch einmahl
bricht; daſs ein aufs äuſserste getriebenes
Volk in der Wuth der Verzweiflung seine
eigene lange verkannte Stärke zu fühlen anfängt, und, wofern günstige Umstände ihm
das Übergewicht geben, nun auch an seinem
Theile das Recht des Stärkern gegen seinen
Unterdrücker geltend macht.

Menippus. Ungefähr wie ein Tieger, der seine Kette zerbrochen, oder ein Mastochs, der sich vom Stricke, woran er zur Schlacht-bank geführt wird, los gerissen hätte?

Ich. Die Geschichte der Monarchen und Völker, so weit ich sie kenne, giebt mir kein anderes Resultat als dieses: Der Stärkere herrscht, und der Schwächere gehorcht so lange, bis er selbst der Stärkere wird.

Menippus. Ich gestehe dir, dafs ich mich nicht an eine Theorie gewöhnen kann, worin die Menschen mit den Ochsen und Eseln in Eine Reihe gestellt werden.

Ich. Ist es meine Schuld? — Aber da sehe ich einen stattlichen feinen Mann, mit einer offnen Miene und einnehmenden Gesichtsbildung hinter dem Gebüsche hervor kommen. Du kennst ihn vermuthlich. Willst du dafs wir ihn zum Schiedsrichter unsers Streites herrufen?

Menippus. Es ist Xenofon, der Lieblingsschüler des weisen Sokrates. Ich bin es zufrieden, wenn er Lust hat das Richteramt anzunehmen.

Xenofon hatte zufälliger Weise hinter
dem Gebüsche, wo er ruhete, unserer Unterredung zugehört. Er gestand es uns selbst,
und überhob uns dadurch der Mühe, ihm
den Gegenstand unsers. Streites vorzutragen.
Wir glauben, sagte ich, dafs uns niemand
besser aus einander setzen könne, als der Verfasser des Hieron und der Cyropädie.

Xenofon. Und ich denke nicht, dafs es
sehr schwer seyn werde euch zu vergleichen,
oder ich müfste nur eure Meinungen nicht
verstanden haben.

Menippus. Ich dächte, meine Meinung
wäre von der seinigen ( auf mich deutend ) gerade
so weit entfernt als Recht von willkührlicher
Gewalt, und das ist die weiteste Entfernung
die ich kenne.

Xenofon zu Menippus. Du behauptest,
das Recht der Könige, oder der Obrigkeit
überhaupt, gründe sich auf einen Vertrag
zwischen dem gehorchenden und dem befeh-
lenden Theile des gemeinen Wesens?

Menippus. Das behaupte ich! Der Vertrag mag nun ausdrücklich mit allen zu
einer öffentlichen Handlung gehörigen Forma-

litäten und Feierlichkeiten errichtet, oder
stillschweigend eingegangen worden seyn;
ein Vertrag muſs immer vorausgesetzt
werden, als die *einzige mögliche Bedingung, unter welcher vernünftige und frey ge-
borne Wesen, wie die Menschen sind, einem
ihres gleichen mit. Recht unterworfen seyn
können.

Xenofon zu mir. Und du behauptest ein
natürliches Recht des Stärkern, den
Schwächern zu regieren, und gründest
darauf das Recht der Obrigkeit?

Ich. Ich behaupte, die Nothwendigkeit sey die Quelle des Naturgesetzes, und
das Naturgesetz die Quelle des Rechts. Die
Menschen können ohne Regierung nicht bestehen. Die Natur ließ es also nicht auf ihre
Willkühr, oder einen Vertrag, der nur so viel
gilt als man ihn gelten lassen will, nicht auf
Zufall, oder launisches Spiel der Leidenschaften, oder das wankelmüthige Urtheil der Menschen, das fast immer von jenem abhängt,
ankommen, ob und wie sie regiert seyn
wollten: sie machte Anstalten, vermöge deren sie regiert werden, sie mögen wollen oder
nicht. Der Stärkere regiert immer den Schwächern. Die ganze Geschichte des menschli-

chen Geschlechts bestätiget diesen Satz, und
ein paar allenfalsige Ausnahmen beweisen
nichts gegen die Regel. Das Recht des
Stärkern wird auf dem ganzen Erdboden anerkannt. Wenn nach einem langen und blu-
tigen Kriege Friede gemacht wird, so ist es
immer der Stärkere, der die Bedingungen vor-
schreibt; und diese Bedingungen werden von
den Schwächern nur so lange gehalten als sie
die Schwächern sind. In den ältesten Zeiten
der Welt kannte man kein anderes Völker-
recht, und die ersten grofsen Monarchien
wurden, so wie alle folgenden, blofs dadurch
grofs, weil sie, den Raubfischen gleich, viele
kleinere verschlangen.

Menippus. Und wo kamen denn unsre
Griechischen Freystaaten her? Warum wur-
den unsre Könige von Argos und Theben und
Athen und so weiter, welche Anfangs blofs
Heerführer und Häupter ansehnlicher Stämme
waren, nach und nach abgeschafft?

Ich. Weil ihnen eine kleine Anzahl
mächtiger Familien über den Kopf gewachsen war. Die überwiegende Macht
der letztern verwandelte die Monarchien in
aristokratische Republiken. Das gemeine Volk, des Gehorsams gewohnt, liefs

sich Anfangs nicht einfallen, den mächtigsten
und reichsten aus ihrem Mittel, so lange sie
zusammen hielten, das Recht der Regierung
streitig zu machen. Aber nach und nach zer-
fielen die Aristokraten unter einander,
und wurden durch ihre Uneinigkeit unvermerkt die Schwächern. Nun fing das Volk
an seine eigne Stärke zu fühlen; es machte
eine Forderung nach der andern, nahm sich
endlich mit Gewalt was man ihm nicht gut-
willig geben wollte, und die Aristokratie verwandelte sich in Demokratie. Diese letztere grenzt so nahe an Anarchie, daß sie
nothwendig von Zeit zu Zeit in einen Zustand verfallen muß, wo es einem beliebten,
listigen und unternehmenden Menschen gelin-
gen kann, sich einen mächtigen Anhang,
und vermittelst desselben die Alleinherr-
schaft zu verschaffen. So entstanden die
kleinen Tyrannen, wie ihr Griechen es
nanntet, von denen einige eurer Republiken
bald wohl bald übel regiert wurden. Auch
die großen aber kurz dauernden Monarchien
Alexanders und Antiochus des Großen
hatten keinen andern Ursprung als überwiegende Gewalt: und die Römer wurden,
vermöge eben dieser Übermacht, die Herren
und Unterdrücker der Welt, so bald es durch
die Waffen entschieden war, daß ihnen weder

Karthago, noch Pyrrhus, noch Antiochus, noch Mithridates die Oberherrschaft streitig machen konnten. Kurz, es ist
die unläugbarste aller Thatsachen, daſs alle
Republiken und Monarchien, die jemahls in
der Welt gewesen sind, ihr Daseyn der überwiegenden Stärke derer, die sie errichteten,
zu danken hatten, und es bleibt also dabey
und wird, so lange es Menschen giebt, dabey
bleiben:

Befiehlt wer kann, gehorcht wer muſs.

Xenofon. Ihr habt euch beide so deutlich erklärt, daſs ich eure Meinung vollkommen gefaſst zu haben glaube; und ich finde
mich dadurch in dem, was ich vorhin sagte,
bestätiget. So bald ihr euch nur selbst recht
verstehet, werden wir, denke ich, alle drey
über diese Sache Einer Meinung seyn.

Menippus. Das soll mich wundern!

Xenofon. Wir sind wenigstens über
Einen Punkt einverstanden, nehmlich, daſs
die Menschen ohne bürgerliche Verfassung
und Regierung nicht bestehen können; man
müſste denn annehmen wollen, die Natur habe

die einzige Gattung von Wesen, die einer
unabsehbaren Vervollkommnung fähig ist, dazu
bestimmt, ewig in einem Zustande thierischer
Wildheit und eines ewigen Krieges unter sich
selbst und mit der ganzen Natur zu beharren.,
Denn diefs ist der natürliche und nothwendige Zustand aller Menschenstämme,
die ohne bürgerliche Regierung leben.

Menippus. Zum Beweise, dafs ich nicht
haberechten will, soll diefs von meiner Seite
unnachtheilig zugestanden seyn.

Xenofon. Wenn es wahr ist, so wollen
wir unbesorgt seyn, was daraus folgen mag.
Wahrheit kann nichts als Wahrheit gebären,
und ist nie mit sich selbst im Widerspruch.
Wir stimmen also darin überein, dafs es den
Menschen um ihres eigenen Besten
willen nöthig ist, in bürgerlicher Verfassung zu leben und regiert zu werden. Aber auch darin werden wir, denke
ich, übereinstimmen, dafs unter allen Thieren, die nicht von Natur ganz wild und unbe-
zähmbar sind, keines ungeneigter ist sich
regieren zu lassen, als der Mensch. · Sogar die natürliche Herrschaft der Ältern über
ihre Kinder ist ein Joch, wogegen sich die
letztern von Jugend auf sträuben, und dem

sie sich, da sie es nicht ganz abschütteln
können, doch auf alle mögliche Weise zu
entziehen suchen. Bey diesem angebornen
Triebe zur Unabhängigkeit und willkührlichen
Selbstbestimmung, bey diesem instinktmäfsi-
gen Hafs gegen alles was unsrer Freyheit
Schranken setzt, was sollte da wohl die Menschen dahin bringen können, sich regieren
zu lassen, wenn es nicht eine N o t h w e n -
d i g k e i t wäre, der sie sich nicht entziehen
können?

M e n i p p u s.  Ich sehe wo du mich an
diesem Faden hinführen willst: aber es giebt
allerdings aufser der Nothwendigkeit noch
etwas, das die Menschen bewegen kann sich
w i l l i g regieren zu lassen; und dieses Etwas — ist ihre V e r n u n f t.

X e n o f o n.  Sehr wohl! Aber du vergis-
sest doch nicht, Menippus, dafs alle Menschen
als K i n d e r geboren werden, deren Vernunft
sich nur langsam durch Erziehung entwickelt,
und nur spät durch Erfahrung zur Reife gelangt? Unmöglich kann es die Vernunft seyn,
was die Kinder ihren Ältern unterwürfig
macht. Eben diefs ist und war auch von jeher der Fall bey allen noch unpolicierten
Stämmen, Horden, und kleinen Völkerschaf-

ten, aus denen sich die gröfsern Völker und
die bürgerlichen Verfassungen nach und nach
gebildet haben. Ein robes Volk ist ein Haufen grofser Kinder, eben so rasch und heftig
in seinen Trieben und Leidenschaften, und
beynahe eben so unerfahren als diese, aber
desto unbändiger, da sie mehr Kräfte haben
und sich ihrer besser zu bedienen wissen.

Menippus. Auch die Vernunft wirkt
Anfangs blofs als Instinkt in dem Menschen,
ohne darum weniger Vernunft zu seyn. Es
ist eine Blume in der Knospe. Ältern, welche die Liebe und das Zutrauen ihrer Kinder
zu gewinnen wissen, werden sie immer sichrer und besser regieren, als diejenigen, die ihr
häusliches Regiment auf blofse Gewalt und
Furcht der Strafe gründen.

Xenofon. Eine sehr wahre Bemerkung,
woraus wir aber nicht mehr folgern wollen
als wirklich aus ihr folgt. Die Regierung der
Ältern über ihre Kinder wird durch Liebe,
Dankbarkeit, Zutrauen, unterstützt, er-
leichtert, befestigt: aber diese Gefühle
können nicht das F u n d a m e n t derselben seyn,
oder sie würde auf einem sehr schwachen und
schwankenden Grunde ruhen. Wir müssen die
menschliche Natur nicht s c h l i m m e r, aber

auch nicht besser voraussetzen als sie ist. Jene sanften und schönen Bande des Herzens sind zu zart, um nicht alle Augenblicke von der thierischen Sinnlichkeit eines Geschöpfes zerrissen zu werden, das immer nur im Gegenwärtigen lebt und von jeder Begierde unwiderstehlich hingerissen wird. Zugestanden, daſs diese Bande mit zunehmender Vernunft der Kinder immer mehr Stärke erhalten, so ist doch unläugbar, daſs sie in den eigentlichen Jahren der Kindheit nicht stark genug sind. Kurz, die Regierung der Ältern gründet sich nicht auf einen zwischen ihnen und ihren Kindern errichteten, weder förmlichen noch stillschweigenden Vertrag, sondern auf die Nothwendigkeit regiert zu werden, und auf ein Gefühl dieser Nothwendigkeit, welches durch die überwiegende Stärke der Ältern erweckt und unterhalten wird. Und gerade dieſs ist auch der Fall bey Völkerschaften, die, ihrer rohen Unwissenheit und Unbändigkeit wegen, durch Nothwendigkeit und Zwang gewöhnt werden müssen, das Joch der Regierung zu tragen. Kinder und Völker müssen regiert werden, weil sie sich selbst nicht regieren können, und müssen gehorchen lernen, nicht weil es ihnen so beliebt, sondern weil sie, gern oder ungern, gehorchen müssen.

Menippus. Dein Gleichnifs pafst nicht
ganz, denke ich. Ich will nicht auf den Umstand drücken, dafs die Ungleichheit zwischen Kindern und Ältern gröfser und augen-
scheinlicher ist als zwischen einem Volk und
seinem Regenten. Du würdest mir entgegen
halten, dafs die Rede jetzt von 'den ältesten
Völkern und ihren Regenten sey, deren per-
sönliche Vorzüge sehr in die Augen fallend
seyn mufsten. Aber ich sehe hier noch einen
sehr bedeutenden Unterschied. Die väterliche
Regierung und Gewalt erstreckt sich nur über
die Jahre der Unmündigkeit, und hört
auf so' bald die Kinder für sich selbst sorgen
können: aber die Gewalthaber über die grofsen
Kinder wollen nichts davon wissen, dafs ihre
Vollmacht mit der Epoke der Unmündigkeit
derselben ihre Endschaft erreicht hat. Wie
widersinnig es auch ist, dafs eine durch
Künste gebildete, durch Wissenschaften aufgeklärte, durch die Erfahrungen vieler Jahrhunderte verständigte Nazion sich in ihrem
männlichen Alter noch eben so behandeln lassen soll wie in ihrem kindischen:
so sehen wir doch, dafs die besagten Gewalthaber sich an diese Ungereimtheit nicht kehren, sondern im Gegentheil das Joch nur desto
schwerer machen, je mehr sie Ursache haben

den Unterjochten Vernunft und Stärke genug
zuzutrauen, es abzuschütteln.

Xenofon. Was an dieser Bemerkung wahr
ist, streitet nicht gegen mich. Allerdings ist
es ungereimt, ein gebildetes und aufgeklärtes
Volk so zu behandeln als ob es noch in seinen Kinderjahren wäre. Aber was nennen
wir ein aufgeklärtes Volk? Der gröfste Haufe
wird diesen Nahmen nie verdienen. Die Erfahrung aller Zeiten über den Karakter des
Volkes sowohl in monarchischen als popu-
lären Staaten (und in diesen letztern vornehmlich) lehrt unwidersprechlich, dafs die Menge
immer unmündig bleibt, und immer nöthig
hat dafs andere für sie denken und ihr gemeinsames Interesse wahrnehmen. Es bleibt
also durch die allgemeine Geschichte bestätigt,
dafs ein ganzes Volk nie zu einem so hohen
Grade von Vernunft und Weisheit gelangt,
dafs es lediglich seinem eigenen Urtheil überlassen werden könnte, ob und wie es regiert
werden wolle. Immer währende Verwirrung,
Anarchie, und Rückfall in die alte Wildheit
würde die unausbleibliche Folge einer solchen
Emancipazion desselben seyn. Es mufs
also in jeder bürgerlichen Verfassung, wenn
sie anders Bestand haben soll, eine Macht
seyn, die sich nicht auf Vertrag oder will-

kührliches Gutbefinden des Volkes, sondern
auf das grofse Gesetz der Nothwendigkeit gründet. Da die Menschen ohne bürgerliches Regiment das nicht seyn noch werden können, wozu die Natur sie bestimmt hat;
so ist es nothwendig, dafs sie einer Obrigkeit gehorchen: und weil der Gehorsam gegen diese Obrigkeit, ohne Auflösung der
bürgerlichen Verfassung, nicht in ihr Belieben gestellt werden kann; so ist es nothwendig, dafs er aus, dem Gefühl der obrigkeitlichen Übermacht und aus Furcht
vor den unangenehmen Folgen der Wider-
spenstigkeit entspringe. Und so möchte denn
wohl der Satz dieses Fremdlings, „befiehlt
wer kann, gehorcht wer mufs," in der
Natur der Dinge selbst gegründet, und eben
diefs die Ursache seyn, warum er durch die
allgemeine Erfahrung auf dem ganzen Erdboden bestätiget wird.

Menippus. Desto schlimmer, wenn es
so ist! Das Recht des Stärkern, und mit ihm
ein ewiger Krieg der Stärkern mit den Schwächern, wäre also Ordnung und Absicht der
Natur selbst?

Xenofon. Dieser ewige Krieg ist nichts
weniger als eine Folge der Nothwendigkeit,

dafs der Stärkere regiere und der Schwächere gehorche. Im Gegentheil, so bald eine Macht für die stärkere anerkannt wird, (und wie könnte sie sonst die stärkere seyn?) so folgt vielmehr Friede daraus; oder der Schwächere müfste auch am Verstande so schwach seyn, dafs er das Unmögliche für möglich hielte.

Menippus. Das Recht der Wölfe über die Schafe wäre also festgesetzt! Aber wie es auf das Menschengeschlecht passen könne, das doch vor blofsem Vieh etwas nicht ganz unbeträchtliches, Vernunft genannt, voraus zu haben scheint, diefs, ich gestehe es, will mir noch nicht klar werden.

Xenofon. Da möchte denn doch wohl die Schuld nur an dir selbst liegen, guter Menippus. Das natürliche Recht der Wölfe an die Schafe, wenn du es so nennen willst, ist ein Recht sie zu fressen; das Recht des Stärkern, wenn von Menschen die Rede ist, kann, eben darum weil es ein Verhältnifs von Menschen zu Menschen, nicht von Wölfen zu Schafen ist, keinen andern Gegenstand haben, als den Schwächern zu führen und zu schützen, falls sich beide noch in dem Stande natürlicher Freyheit und

Gesellschaft befinden. Ist diese aber, auf
welche Weise es nun geschehen seyn mag,
in bürgerliche Gesellschaft übergegangen, welche, vermöge ihrer Natur, auf eine höchste,
von allen Gliedern der Gesellschaft anerkannte
und gefürchtete Gewalt gegründet ist: so ist
es abermahls Natur der Sache, daſs der letzte
Z w e c k der Gesellschaft, nehmlich das Wohl
des Ganzen, oder (genauer zu reden) die Er-
haltung seiner innerlichen und äuſserlichen
Sicherheit, die A n w e n d u n g und die G r e n-
z e n dieser höchsten Gewalt bestimmt. Denn
überhaupt müssen wir bey Erörterung dieser
ganzen Sache nicht aus den Augen verlieren,
daſs der Mensch, so wie er das Tageslicht
erblickt, Ansprüche und Befugnisse mitbringt,
die von der W i l l k ü h r anderer Menschen unabhängig sind, und deren ihn keine Gewalt berauben d a r f, wenn er sich ihrer nicht durch seine
eigenen Handlungen verlustig macht. M a c h t,
S t ä r k e oder K r a f t, (welches hier, da wir
jetzt in allgemeinen Begriffen schweben, einerley ist) und R e c h t sind keine unverträgliche
oder einander aufhebende Dinge; im Gegentheil, das Recht ist das was die Macht b e-
s t i m m t, und ihr die gehörige R i c h t u n g
giebt. Es giebt Fälle, wo ein Mensch um
seiner eigenen Sicherheit willen genöthiget
ist, einen andern Menschen, wenn er kann,

zu seinem Sklaven zu machen; und eben dieser Fall kann, unter besondern Umständen
und Einschränkungen, zwischen zwey Stämmen oder Völkern eintreten: aber aufser diesen besondern Fällen kann kein Mensch den
andern, kein Volk das andere zu seinem Sklaven zu machen berechtigt seyn. Gesetzt
also, ein Tyrann mifsbrauche, unter welchem
ehrwürdigen Nahmen es auch seyn mag, seine
Gewalt zur Unterdrückung seiner Unterthanen, anstatt sie zu Beförderung ihrer Wohl-
fahrt anzuwenden: so ist diese Anwendung
seiner Gewalt, vermöge der Natur der Sache,
unrechtmäfsig, und die Unterdrückten sind
berechtigt sich zu helfen so bald sie können,
das ist, so bald sie durch ihre Einmüthigkeit
die Stärkern sind.

Menippus. Ich sehe nicht allzu deutlich,
wie dieses Recht, das du dem Volke gegen
den Gewalthaber zugestehest, mit den Begriffen von Unmündigkeit und Unvermögen
sich selbst zu berathen, auf welche du noch
kürzlich die Nothwendigkeit der obrigkeitlichen Übermacht gegründet hast, verträglich
seyn kann.

Xenofon. So wollen wir versuchen, es
uns deutlicher zu machen. Wir haben als

etwas aus der menschlichen Natur und der
allgemeinen Erfahrung erweisliches vorausgesetzt, dafs die Menschen, um glücklicher als
im Stande natürlicher Wildheit zu seyn, in
bürgerlicher Verfassung und also unter obrig-
keitlicher Gewalt leben, das ist mit Einem
Worte, dafs sie regiert werden müssen. Da sie sich hierin mit den unmün-
digen Kindern in einerley Falle befinden, so
haben wir einem jeden Volke in so fern
eine Art von Unmündigkeit zugeschrieben.
In der That liegt der Grund, warum es einem
Volke so schlechterdings nöthig ist regiert zu
werden, blofs in dieser Ähnlichkeit zwischen
den grofsen und kleinen Kindern. Beide haben einen natürlichen Hang zur Geselligkeit,
zu gemeinschaftlichen Unternehmungen und
Spielen: aber der häufige Zusammenstofs ihrer Forderungen, und die wenige Gewalt die
sie über ihre leicht entzündbaren Leidenschaften haben, veranlafst alle Augenblicke Streit
und Gewaltthätigkeiten unter ihnen, die bey
den grofsen Kindern alle Bande der Gesellschaft zerreifsen würden. Dieses zu verhüten
mufs also eine überwiegende Macht vor-
handen seyn, die jene Bande zusammen hält.
Allein diese Macht darf (wie keine Kraft
in der Natur) nie willkührlich — sondern
soll und mufs nach Gesetzen wirken, die

in der Natur des Menschen und in dem Endzwecke der bürgerlichen Gesellschaft nothwendig gegründet sind. Diese Gesetze
mögen geschrieben oder ungeschrieben, deutlich erkannt oder nur verworren geahndet
seyn, genug sie sind da, sie liegen in der
Natur der Sache, sie sind Aussprüche
der allgemeinen Vernunft, und müssen be-
folgt werden, oder der Endzweck der bürgerlichen Verfassung wird vereitelt. Eine diesen
Gesetzen zuwider laufende Regierung ist Mifsbrauch der höchsten Gewalt, oder Tyranney;
und da das Elend der Unterthanen eine unausbleibliche Folge davon ist, so haben die
letztern nichts als ihr Gefühl vonnöthen,
um zu wissen, ob sie wohl oder übel regiert
werden. Ist das Übel zu grofs um länger ertragen zu werden, so wird auch dieses Gefühl allgemein, und erweckt endlich, wenn
die Mifshandlungen fortdauern, ein anderes,
das lange durch Furcht und Gewohnheit zu
gehorchen eingeschläfert lag, nehmlich das
Gefühl eigener fysischer und moralischer Kräfte,
und dieses bricht natürlicher Weise in Versuche aus, sich derselben zu seiner Rettung
zu bedienen. Ein Volk kann sich nicht selbst
regieren; aber es kann seine Arme zu
seiner Selbstvertheidigung aufheben:
und wiewohl die wenigsten weise genug sind

ihr Privatinteresse dem gemeinen Besten
aufzuopfern; so giebt es doch Fälle, wo wenigstens die Verzweiflung alles wagt um
ein gemein verderbliches Übel abzu-
treiben.

Menippus. Und was wird dann aus dem
leidenden Gehorsam, der doch, wenn
die Stärke ein Recht zu herrschen giebt, auf
Seiten der Unterthanen eine nothwendige
Folge ihrer Schuldigkeit ist, der überwiegenden Gewalt unterthan zu seyn?

Xenofon. Die Natur, oder, was auf Eines
hinaus läuft, die Nothwendigkeit, hat den
Menschen vieles zu leiden auferlegt. Empörung gegen unvermeidliche Übel wäre Toll-
heit; aber ein geringeres Übel zu leiden, um
eines größeren überhoben zu seyn oder eines
nur mit diesem Übel erkäuflichen Guten theilhaftig zu werden, ist der Vernunft gemäß.
In diesem Sinne ist leidender Gehorsam oft
(und nur allzu oft) unvermeidliches Loos der
Menschheit, und nothwendige Bedingung des
bürgerlichen Lebens. Aber zu einem Gehorsam, der immer bereit wäre, alles, auch
das unerträglichste zu leiden, ungeachtet es
nur auf uns ankäme es nicht zu leiden —
das ist, zu einem Gehorsam, der die Menschen

zu etwas weniger als Vieh, zu blofsen Maschinen, herab würdigte, dazu kann uns
nichts verpflichten. Übrigens, lieber Menippus, wollen wir herrschen und regieren
nie für gleichbedeutende Wörter gelten lassen. Die Natur hat die Menschen nicht zu
Sklaven in die Welt gesetzt; sie müssen
regiert, geleitet, berathen, nicht beherrscht werden: und wiewohl sich vermöge des Zusammenhangs der menschlichen
Dinge, der nicht ganz von uns abhängt, Fälle
zutragen, wo blofse Stärke das Recht zu
regieren giebt; so kann sie doch niemahls
ein Recht geben, gegen die Naturge-
setze der Menschheit und die darauf gegründeten Grundgesetze aller bürgerlichen Gesellschaft zu regieren, das ist,
willkührlich und tyrannisch zu
herrschen.

Menippus. Wir sind also, wie es
scheint, blofs in der Art wie wir uns ausdrücken, verschieden. Die Gewalthaber sind,
wie du selbst behauptest, verbunden nach
Gesetzen zu regieren, und die Unterthanen
berechtigt das Joch abzuschütteln, wenn sie
es unerträglich finden. Das Verhältnifs zwischen dem Regierer und den Regierten beru-
het also auf gegenseitigen Rechten und Pflich-

ten, deren Beobachtung von beiden Seiten
die Bedingungen desselben sind. — Nennen wir diefs Vertrag oder nicht, der Nahme
thut nichts zur Sache; aber die Sache ist gerade so, als ob der Vertrag dabey zum Grunde
läge: „Wir wollen dir gehorchen, wenn du
uns wohl regierest; aber so bald du deine
Schuldigkeit gegen uns nicht erfüllen willst,
sind auch wir von der unsrigen gegen dich
entbunden."

Xenofon. Wie ich sehe, Freund Menippus, steht dein gesellschaftlicher Vertrag noch immer zwischen uns, und ich bin
dir, mit allem was ich gesagt habe, noch immer unverständlich geblieben. Die bürgerliche Ordnung unter den Menschen auf den
Begriff eines Vertrages zu gründen ist haupt-
sächlich darum unschicklich, weil ein Vertrag
voraussetzt, dafs es gänzlich von dem Belieben der Parteyen abhängt, ob und wie
sie sich vertragen wollen. Diefs ist aber,
nach meinen Begriffen, bey der bürgerlichen Ordnung keinesweges der Fall. Ich be-
trachte diese als ein Gesetz der Natur,
als eine in der Beschaffenheit des Menschen
gegründete nothwendige Bedingung seiner
möglichsten Entwiklung und Ausbildung, worauf doch die Natur alles bey ihm angelegt

hat. Wenn es Menschenrassen geben sollte,
denen es an dieser Anlage zur Vervollkommnung gänzlich fehlte, so gehörten sie nicht
zu den Menschen von denen hier die Rede
ist: sie machten vielmehr eine Mittelgat-
tung zwischen Menschen und Affen
aus, die durch den Mangel der Triebfedern
der Vervollkommnung genöthigt wäre, sich
ewig in dem engen Kreise des thierischen
Lebens herum zu drehen. 4) Die edlern Menschenrassen hingegen haben sich alle, früher
oder später, mehr oder weniger, je nachdem
ihnen die äufsern Umstände beförderlich oder
nachtheilig waren, aus dem Stande der rohen
Natur heraus gearbeitet, und in bürgerliche
Gesellschaften zu Befestigung und Erhöhung
eines gemeinschaftlichen Wohlstandes vereiniget. Natur und äufsere Nothwendigkeit

4) Ob es wirklich solche Halbmenschen (die Rede
ist nicht von einzelnen zufälliger Weise Vorun-
glückten, sondern von ganzen Stämmen, denen
dieser Mangel natürlich wäre) auf dem Erdboden
gebe? ob vielleicht die so genannten Päsche-
rähs auf dem Feuerlande, und die stumpfen Neu-
holländer solche Mitteldinge zwischen Thieren
und Menschen sind? — sind Fragen, die aus Abgang
hinlänglicher Beobachtungen und angestellter Versuche noch unentschieden zu seyn scheinen.

arbeiteten hierbey zusammen auf Einen Zweck:
und wiewohl es ungereimt wäre zu sagen,
die Menschen hätten sich blofs leident-
lich dabey verhalten; so löfst sich doch eben
so wenig behaupten, dafs sie bey Errichtung
der ersten bürgerlichen Gesellschaften als
Künstler zu Werke gegangen, und sich,
nach vorgängiger gemeinsamer und freyer Berathschlagung, einhellig diejenige Staatsverfassung und Regierung gegeben hätten, die sie
zu Erzielung des möglichsten Wohlstandes des
gemeinen Wesens für die vollkommenste erkannt hätten.    Die Geschichte widerspricht
dieser Hypothese geradezu, und mufs ihr
widersprechen, weil sie dem Gang der Natur
in Entwicklung des Menschen, und also dem
was vermöge der Natur möglich ist, zuwider läuft.

Um dich hiervon zu überzeugen, lafs uns
einen Blick in die ältern Zeiten der Welt
werfen.    Das erste, was uns da in die Augen
fällt, ist der grofse Unterschied zwischen der
Verfassung der Völker im nördlichen
Theile Asiens und in Europa, und derjenigen, welche die südlichern Länder
Asiens bewohnen.    In den letztern finden
wir, lange vor der Policierung unsers Grie-
chenlandes, schon grofse monarchische

Staaten, wo die Willkühr des Regenten das
höchste Gesetz ist; wo er wie ein Gott ver-
ehrt, und wie ein böser Dämon gefürchtet
wird; wo er Herr und Eigenthümer des
ganzen Staats ist, und die Unterthanen sich
ohne Weigerung als seine Sklaven betrachten, über deren Güter, Vermögen, Leib und
Leben er nach Belieben schalten kann; kurz,
wo der Monarch Alles ist, und das Volk gar
keine bürgerliche Existenz hat.

Menippus. Aber wie, um aller Götter
willen, ists möglich, dafs Menschen, die
ihrer Sinne mächtig waren, sich jemahls zu
einer so unnatürlichen Verfassung beque-
men konnten?

Xenofon. Nichts ist begreiflicher; und
der Grund davon ist, weil nichts natürlicher war als eben diese unnatürliche Verfassung — in ihren ersten Anfängen. Denn sie
erwuchs, beynahe eben so unmerklich als
eine Pflanze aus ihrem Keime wächst, aus
der ältesten patriarchalischen Lebensart der Menschen. Aus dem Vater einer
Familie ward endlich das Haupt eines Stammes; unter mehrern Stämmen überwältigte
der mächtigste nach und nach die schwächern,
und das Haupt desselben wurde König. Wäh-

rend des Zeitlaufs, der zu diesen Fortschritten
erfordert wurde, bildete sich unter diesen
Menschen unvermerkt eine Art von bürgerlicher Regierung nach dem Modell der natürlichen Familienmonarchie, von welcher sie
ausgegangen war: der König wurde als der
V a t e r der Völker, die er regierte, und diese
als seine K i n d e r angesehen. J e n e r regierte
so unumschränkt, wie ein Vater, im Stande
der natürlichen Gesellschaft über seine Familie: d i e s e liefsen sich eben so wenig einfallen mit ihrem Fürsten, als Kinder mit ihrem Vater, einen V e r t r a g zu errichten, und
ihnen die Bedingungen, unter welchen sie
gehorchen wollten, vorzuschreiben. Eine solche Verfassung konnte, so lange sie ihrem
Ursprung näher war, und unter allerley günstigen Umständen, eine Zeit lang das Glück
der Völker machen; auch findet man, selbst
seitdem beynahe der ganze Orient unter dem
Druck eines eisernen Despotismus schmachtet,
hier und da noch einige Überbleibsel und Spu-
ren der ursprünglichen Humanität dieser Va-
terregierung. Aber unglücklicher Weise fehlt
ihr eine Triebfeder, die der natürlichen
eigen und so unentbehrlich ist, dafs ihr Mangel sogar leibliche Väter zu Tyrannen macht.
Das natürliche Familienregiment gründet sich
zwar (so wie sein bürgerliches Nachbild) auf

die Furcht der Kinder vor der väterlichen Gewalt: aber die Natur sorgte dafür, diese letztere durch die Liebe zu mildern, die sie dem Herzen der Ältern einpflanzte. Die Väter der Völker hingegen, denen dieser wohlthätige Instinkt fehlt, begnügen sich gefürchtet zu werden, ohne das Verhaſste ihrer Gewalt durch Liebe, welche Gegenliebe gebiert, zu mildern. Knechtische Furcht, auf den blendenden Glanz eines unzugangbaren Thrones, auf Myriaden von Trabanten, auf zahllose Kriegsheere und das immer gezückte Schwert der Rache, kurz auf unwiderstehliche Gewalt gegründet, ist das einzige, was diese Monarchien zusammen hält, und die Sicherheit der Despoten und ihrer Satrapen ausmacht. Zuweilen sendet wohl auch das Schicksal den Unglücklichen einen Befreyer, einen Cyrus, zu, der die alten Fesseln zerbricht, und ein neu gestiftetes Reich mit Weisheit und wahrem Vatersinne regiert: aber dieser Fall ereignet sich selten, und das Gute, das dadurch bewirkt wird, ist meistens nur persönlich und vorüber gehend; denn die erste Quelle des Übels, die Verfassung, bleibt, und eine Reihe blöder oder lasterhafter Nachfolger zerstört in kurzem wieder, was der einzelne wohlthätige Regent gebauet hat.

Menippus. Aber wenn diese Verfassung
der südöstlichen Völker Asiens den Ursprung
hat, den du ihr giebst, wie kommt es, dafs
die nördlichern Asiaten, und die Europäischen
Völker davon frey geblieben sind? Wenn jenen
despotischen Monarchien das natürliche Familienregiment zum Grunde liegt, welches man
allerdings (wie es scheint) als den Keim
aller bürgerlichen Regierung ansehen kann: so
müfste ja der Despotismus über den ganzen
Erdboden ausgebreitet seyn?

Xenofon. Wäre er eine nothwendige
Folge der ursprünglichen Familienregierung,
so würde diefs allerdings der Fall gewesen
seyn. Aber wenn ich vorhin der unnatürlich-
sten aller Regierungsformen diesen natürlichen
Ursprung gab, so fiel mir gar nicht ein, verschiedene zufällige Umstände, als z. B. den
Einflufs des Klima's und die daher entsprin-
gende Sinnesart und Lebensweise, als mit-
wirkende Ursachen, auszuschliefsen. Blofs
diese äufserlichen Umstände haben den Unterschied hervorgebracht, den man zwischen den
nördlichen und südlichen Bewohnern der Erde
wahrnimmt. Ein warmes, bis zur Üppigkeit
fruchtbares, und eine mäfsige Arbeit hundert-
fältig belohnendes Klima, lud die Menschen
ein, dem herum irrenden Hirtenleben zu ent-

sagen und in festen Wohnsitzen sich anzu-
pflanzen. Eine Menge friedsamer Künste, die
Töchter des Ackerbaues und einer mildern
Lebensart, entwöhnten sie von den kriegeri-
schen Sitten ihrer Vorältern. Unvermerkt, aber
nur desto unwiderstehlicher, wirkte der Ein-
fluſs der Luft, der Sonne und des Bodens auf
die Leibesbeschaffenheit und Sinnesart der Einwohner der heiſsen Erdstriche. Wollüstige
Ruhe und sinnlicher Lebensgenuſs ist ihr
höchstes Gut; und diesem Karakter ist die
despotische Staatsverfassung so angemessen,
daſs, auſser den rauhern Bewohnern der ge-
birgigen Provinzen, schwerlich irgend ein
Volk im südlichen Asien, vom Eufrates bis
zum Ganges und bis an die Ufer des östlichen
Weltmeers, nur des Gedankens fähig ist, die
despotische Regierungsform (zumahl, da sie
nun bereits Jahrtausende lang an sie gewöhnt
sind) gegen irgend eine freye, populare oder
aristokratische zu vertauschen.

Eine ganz andere Bewandtniſs hatte es
natürlicher Weise mit den Stämmen oder Horden der nomadischen Völker, die in den
ungeheuern Steppen und Wildnissen des nördlichen Theils von Asien und Europa mit ihren
zahlreichen Herden umher zogen, und, so wie
ihnen diese unermeſslichen Strecken zu enge

wurden, sich gegen Mittag und Abend fort-
drückten, und von Zeit zu Zeit die reichen
mittäglichen Provinzen wie verheerende Flu-
ten überschwemmten. Diese Völker haben
Jahrtausende lang keine andere als freye Verfassungen gekannt. Aber auch die ibrigen
entsprangen aus der patriarchalischen, die das
Urbild aller gesellschaftlichen Verbindungen
unter den Menschen ist. So wie eine Familie sich in mehrere Zweige ausbreitete, so
wurden die Väter dieser Zweige die natürlichen Räthe und Gehülfen des gemeinschaftlichen Anherrn des ganzen Stammes. Wuchs
in der Folge jeder Zweig wieder zu einem
besondern Stamme, so verlor sich endlich
der Begriff eines gemeinschaftlichen Vaters oder Oberhauptes. Jeder Stamm behauptete seine natürliche Unabhängigkeit von dem
andern, ohne jedoch der alten Familienverbin-
dung, die durch einerley Sprache und Sitten
unterhalten wurde, gänzlich zu entsagen. Bey
Gelegenheit gemeinschaftlicher Gefahren oder
Unternehmungen machten die besondern Häupter dieser kleinern Horden Eines Hauptstam-
mes den allgemeinen Rath desselben aus;
eine Art von umförmlicher natürlicher
Aristokratie, die nichts von ihrem Ansehen verlor, wenn auch die Umstände einen
gemeinschaftlichen Anführer oder

König nothwendig machten. Denn dieser
war im Grunde doch nur der Erste unter
seines gleichen, wiewohl ihm seine freywilligen Untergebenen in gewissen Fällen, wo
das gemeine Beste es zu erfordern schien,
selbst den unbedingtesten Gehorsam selten
verweigerten. Wie gesagt, Jahrtausende lang
ist diefs die Verfassung aller nomadischen,
Skythischen und Celtischen Völkerschaften
des nördlichen und abendländischen Theils unserer Erdkugel gewesen. Sie war ihrem un-
ruhigen, herum irrenden Jäger - und Hirtenleben, ihrer dem raubern Klima gemäfsen Sinnesart, Stärke und Unbändigkeit; dem unauf-
hörlichen Kriegsstande, worin bald die gröfsern
Horden, bald die kleinern Stämme an einander geriethen, sich drückten, verdrängten, zu
Boden warfen, auch wohl gänzlich aufrieben,
die natürlichste und angemessenste.

Aber diese Art von Freyheit grenzt zu
nahe an gänzliche Verwilderung, als dafs sie
der Zustand seyn könnte, worin die menschliche Gattung den Grad von Ausbildung und
Wohlstand, worauf es die Natur bey ihr angelegt hat, erreichen könnte. Freyheit
ohne eine weislich ausgedachte und künst-
lich organisierte bürgerliche Verfassung
wächst gar bald in Barbarey und Wildheit
aus, und ist in ihren Folgen oft noch ver-

derblicher als die Sklaverey der despotischen Regierungsart. Beide hemmen den Fort-
schritt der Kultur, verewigen den Stand der
Kindheit des Menschengeschlechtes, und zwingen ganze Völker, mit den glücklichsten Anlagen Jahrtausende auf eben demselben Punkte
stehen zu bleiben. Der einzige Unterschied
zum Vortheil der Wildheit ist: daſs sie
die edlern Naturkräfte des Menschen unge-
schwächt schlummern läſst, da diese hingegen von der Sklaverey abgestumpft und
gänzlich niedergeschlagen werden. Ein Haufen roher Wilden kann unter günstigen Umständen sich nach und nach zu einem Volke
ausbilden, das mit groſsen körperlichen und
moralischen Kräften zu dem, was die Vollkommenheit der menschlichen Natur ausmacht,
empor strebt: aus einem Volk hingegen, das
seit vielen Generazionen gewohnt ist am Joche
zu ziehen, und alle Lasten, die auf seinen
Rücken aufgehäuft werden, mit stummer Geduld zu tragen, wird nichts besseres; es müſste
nur durch auſserordentliche Begebenheiten, so
zu sagen, erst vernichtet und dann wieder
neu geschaffen werden, wovon mir kein Beyspiel bekannt ist. Alle Revoluzionen, die
sich gewöhnlich mit solchen Völkern zutragen, endigen sich damit, daſs sie der Raub
eines andern Herren werden.

Laſs uns nun nach dem Punkte, von welchem wir ausgegangen sind, zurück sehen,
Menippus. Ich behauptete, die bürgerliche
Gesellschaft sey nicht sowohl ein Kunstwerk
des menschlichen Verstandes, als vielmehr
das Resultat des Bedürfnisses, der Nothwendigkeit und zufälliger Umstände; und ich
berief mich hierüber auf ihren Ursprung in
den ältesten Zeiten der Welt. Die Geschichte
schien es uns begreiflich zu machen, wie aus
einerley Urform in Südosten und Süden die
grofsen despotischen Reiche, in Norden und
Nordwesten hingegen die aus Demokratie,
Aristokratie und Monarchie zusammen ge-
wachsne Regierungsform entstanden, aus welcher sich, bey zunehmender Kultur, nach
Mafsgabe der Umstände theils die so genannten Freystaaten, theils die gemäfsigte und
eingeschränkte Monarchie gebildet haben. Nirgends zeigt uns die Geschichte eine Staatsverfassung, die man für ein reines Werk der
Vernunft, ja nur für den Beschlufs einer
allgemeinen freyen Berathschlagung
gelten lassen kann; und wenn auch einige
wenige Beyspiele das Gegentheil zu zeigen
scheinen, so ist doch gewiſs, daſs sich selbst
in unsern freyesten Republiken nur einzelne
politische Momente finden, wo die Freyheit
nicht durch willkührliche Gewalt Eines oder

mehrerer Aristokraten, oder eines von selbst-
süchtigen Demagogen mehr beherrschten als
geleiteten Pöbels eingeschränkt, und nur allzu oft in einen blofsen Nahmen verwandelt
worden wäre.

Die bisherige Erfahrung zeigt uns also
nichts, was nicht die Behauptung bestätigte,
dafs alle bürgerliche Ordnung nur dadurch
besteht, dafs der gehorchende Theil, gern oder
ungern, das Joch der obrigkeitlichen Gewalt
tragen mufs, durch welche er in den Schranken des Gesetzes, die er immer zu durchbre-
chen geneigt ist, zurück gehalten wird. Aber
eben dieselbe Erfahrung zeigt auch, dafs die
zur Aufrechthaltung des gemeinen Wesens
unentbehrliche Macht sich immer auszudeh-
nen sucht, und durch die Gesetze, welche
sie handhaben soll, und welchen sie selbst
untergeordnet ist, sich nur so lange und in
so fern gebunden hält, als es ihr kein Opfer
ihrer eigennützigen Neigungen, Leidenschaften und Entwürfe kostet. Eine grofse Macht
wird daher fast immer, mehr oder weniger,
zu Bedrückung des Volks gemifsbraucht. Dieses duldet viel und lange; theils aus dem
dunkeln Gefühl, dafs es nicht verlangen kann
die Vortheile der bürgerlichen Verfassung
ohne Aufopferungen zu geniefsen; theils weil

die Macht der Gewohnheit so viel über den
Menschen vermag, daſs ihm beynahe alles,
was sein Daseyn nicht schnell und unmittelbar zerstört, durch sie erträglich wird; theils
weil jedes einzelne Glied der Gesellschaft
sein Unvermögen, einer überwiegenden und
durch die Einbildung noch vergröſserten Gewalt zu widerstehen, fühlt, und Widerstand
in groſsen Massen durch die Verfassung unmöglich gemacht ist. Die Gewalthaber an
ihrem Theil werden indessen eben so gewohnt, keinen Widerstand zu finden, als
das Volk, keinen zu thun. Unvermerkt
räumen sie nach und nach alles aus dem Wege,
was ihnen Anfangs Schranken setzte. Die
Mittel sind unermeſslich, die der Inhaber der
höchsten Gewalt im Staat in den Händen hat,
das Volk, je nachdem die Umstände es fordern, zu täuschen, zu verführen, zu schrek-
ken, zu erhitzen, zu besänftigen, bis er es
endlich so weit gebracht hat, daſs sein bloſser
Wille die Quelle aller Gesetze wird, oder
(was eben dasselbe ist) die Gesetze nach Belieben einschränken oder ausdehnen, aufhal-
ten oder beschleunigen, und jeden, den er begünstigen will, so wie sich selbst, von ihrem
Zwang befreyen kann. Von nun an ist leidender Gehorsam das Loos des Volkes,
und überhaupt aller, die nicht auf die eine

oder andere Weise an der höchsten Gewalt Antheil haben. Da aber gleichwohl der mög-
lichste Wohlstand des Ganzen, woran nie-
manden mehr als den Gewalthabern gelegen
ist, es nothwendig macht, den Unterthanen
wenigstens einen gewissen Grad von Thätigkeit zu lassen: so mag ein großer Staat noch
immer Jahrhunderte lang bey einer solchen
Verfassung bestehen; weil das Volk, wiewohl
es in politischem Sinne nichts ist, wenigstens
einen Theil seiner Kräfte zu Vermehrung seines Privatwohlstandes, oder doch zur Erhal-
tung seines Daseyns in einem durch angeborne Gewohnheit leidlich gewordenen, wenn
gleich armseligen Zustande, anwenden kann.
Immer fortschreitende Kultur, Kunstfleiß, Ge-
werbe und Handelschaft verschaffen einem
glücklich gelegenen und mit mancherley natürlichen Reichthümern begünstigten Staate, selbst
unter einer heillosen Verwaltung, unermeßli-
che, kaum zerstörbare Lebenskräfte; selbst die
größte Ungleichheit und die ausschweifend-
ste Üppigkeit vermehren eine Zeit lang seinen
Flor und scheinen die Hülfsquellen der Machthaber unerschöpflich zu machen. Natürlicher
Weise werden diese letztern immer sorgloser
über die Folgen ihrer willkührlichen, ungerechten und unklugen Staatsverwaltung, gehen in ihren Forderungen und Anmaßungen

immer weiter, glauben alles zu dürfen und
alles zu können, und da sie gewohnt sind,
bey allem, was sie thun und wagen, die
moralischen Ursachen in gar keinen
Anschlag zu bringen, die fysische Macht hingegen für alles zu halten, so kommt ihnen
gar nicht in den Sinn, dafs diese Macht, in
deren Besitz sie sich so sicher halten, am
Ende doch nur auf der Wirksamkeit der moralischen Räder und Springfedern beruht,
und dafs der Augenblick, da das Volk zum
Gefühl seiner Kraft erwacht, der letzte seiner Tyrannen ist. Gewöhnlich werden sie
denn auch von diesem fatalen Augenblick so
ganz unbereitet überrascht, dafs sie in der
ersten Verwirrung ihrer Sinne die Hülfsmit-
tel, die noch in ihren Händen sind, entweder gänzlich aus der Acht lassen, oder einen
so verkehrten Gebrauch davon machen, dafs
man das dumpfsinnige Schwanken zwischen
Muthlosigkeit und Übermuth, wodurch sie
ihr Verderben beschleunigen, schon für den
Anfang der furchtbaren Rache halten möchte,
welche die unerbittliche Nemesis immer an
allen Grofsen und Gewaltigen genommen hat
und immer nehmen wird, die im Gebrauch
ihrer Macht und ihrer übrigen Vorzüge der Bescheidenheit und Mäfsigung vergessen; der
einzigen Bedingungen, unter welchen die vom

Glück verabsäumten Menschen ihnen ihre Vorzüge willig zugestehen, und der einzigen
Tugenden, die man von ihnen fordert.

Diefs war seit Jahrtausenden der gewöhnliche
natürliche Lauf der Dinge bey allen mehr. oder
weniger policierten Völkern. Die Menschen
fühlten die Nothwendigkeit regiert zu werden, und unterwarfen sich einer obrigkeitlichen Gewalt. Die Inhaber der letztern be-
gnügten sich nirgends an dem Mafse von
Macht und Ansehen, der ihnen vermöge der
Natur der Sache zukam. Sie dehnten beides
so weit aus als sie konnten, mifsbrauchten
ihre Gewalt immer ungescheuter, und spiel-
ten mit Einem Worte so lange den Herren,
der über seine Sklaven und sein Eigenthum
willkührlich schalten und walten kann, bis
endlich die Völker, nachdem sie lange geduld-
det hatten was nicht zu dulden war, entweder weil sie es nicht länger aushalten konnten, oder von ehrgeitzigen und ränkesüch-
tigen Menschen aus ihrem Mittel aufgereitzt,
sich auf einmahl ihrer Übermacht bewufst
wurden, das Joch mit Gewalt abschüttelten,
und an ihren Unterdrückern das Wiederver-
geltungsrecht ausübten, aber im Umgestüm
ihrer Wuth nun auch auf ihrer Seite aller
Mäfsigung vergafsen, alle bürgerliche Ord-

nung umstürzten, sich einer Gewalt anmaßten die sie nicht zu gebrauchen wußten, und so lange gegen ihre eigenen Eingeweide wütheten, bis ihnen kein anderes Rettungsmittel übrig blieb, als sich einem neuen Machthaber mit oder ohne Einschränkung zu unterwerfen; da denn, so bald die Wunden des Staats sich zu schließen anfingen, auch das alte Spiel von neuem anging, um in mehr oder weniger Zeit einen ähnlichen Ausgang zu nehmen, und auf die vorige Weise wieder anzufangen.

Menippus. Und in diesem sinnlosen Zirkel sollte das arme Menschengeschlecht sich ewig von leidendem Gehorsam und Sklaverey zu Empörung und Anarchie, und von diesen wieder zu jenen herum zu drehen bestimmt seyn?

Xenofon. Bestimmt — sagst du? Keineswegs! Keineswegs, Freund Menippus! oder die göttliche Nemesis, welche nie müde wird den frevelnden Übermuth und die wilde Gesetzlosigkeit durch die Folgen ihrer eigenen Missethaten zu züchtigen, und die Vernunft, die bey allem diesem nichts weniger als eine müßige Zuschauerin ist, müßten ewig unvermögend bleiben, den alten, schon zu lange dauernden Kampf der Sittlichkeit und Kultur mit der Thierheit und

Barbarey, welche sich bis auf diesen Tag
um die Herrschaft über die Menschen ge-
stritten haben, endlich zum Vortheil der erstern, oder vielmehr zur Ehre der menschlichen Natur und zum Heil der Welt, auf
immer zu entscheiden.

Hier hielt Xenofon ein; und indem
Menippus, wie es schien, den Mund zu
einer neuen Frage spitzte, schwand auf
einmahl die Scene zugleich mit den reden-
den Personen aus meinen Augen, und ich
befand mich wieder in meinem gewöhnlichen
Zustand an meinem Schreibtische.

# ANTWORTEN UND GEGENFRAGEN

## AUF DIE

# ZWEIFEL UND ANFRAGEN

### EINES VORGEBLICHEN WELTBÜRGERS

1 7 8 3.

Wenn es noch zweifelhaft wäre, ob es auch unächte Weltbürger gebe, die sich dieses edlen Nahmens anmafsen, ohne durch die Gleichförmigkeit ihrer Grundmaximen und Gesinnungen mit denen der wahren Kosmopoliten dazu berechtigt zu seyn, so hätte uns der ungenannte Verfasser der Neugierden eines Weltbürgers (einer vor kurzem auf anderthalb Bogen im Druck erschienenen Flugschrift) der Mühe überhoben, die Welt. über das Daseyn solcher falscher Brüder aufser allem Zweifel zu setzen.

Dieser vorgebliche Weltbürger hat zwar seine Zweifel und Anfragen ausdrücklich nur den Staatsgrüblern zur Prüfung und Beantwortung gewidmet: da aber einige der erstern (und gerade diejenigen, die ihm die meisten Wehen zu machen scheinen) so beschaffen sind, dafs sie ohne alle staats-

grüblerische Spitzfindigkeit mit blofser Hülfe
des schlichten Menschenverstandes gehoben
werden können; so finde ich mich um so
mehr bewogen, ihm diesen kleinen Dienst zu
leisten, indem diese Zweifel gerade solche Gegenstände betreffen, worüber sich die wahren Kosmopoliten durch eine gegen die seinige sehr stark abstechende Vorstellungsart
unterscheiden.

Nichts ist wohl natürlicher, als dafs in
einer Zeit, wo jedermann grübelt, manche
Sätze, welche in Jahrhunderten, wo nur
Mönche grübelten, für unzweifelhafte
Wahrheiten galten, zu Aufgaben gemacht
und genöthigt werden die Titel zu zeigen,
auf welche sich ihre so lange unangefochtene
Gewifsheit gründe. Der gemeine Verstand,
der alle Menschen instinktmäfsig lehrt was
ihnen gut oder böse sey, ist zwar für sich
selbst träge, und läfst sich nur gar zú leicht
zufrieden stellen, auch wohl unter gewissen
Umständen auf ganze Jahrhunderte einschlä-
fern. Ist er aber einmahl aufgeschreckt und
verschüchtert, so wird sein Mifstrauen eben
so grofs als seine vorige Sicherheit; er ver-
liert allen Respekt, glaubt seinen besten
Freunden nichts mehr, wittert überall Betrug
und Gefährde, durchleuchtet daher mit seinem

Lämpchen jeden finstern Winkel, fürchtet
sich aber eben so sehr vor gar zu blenden-
dem Licht als vor heiligem Dunkel, weil
ihn dünkt, dafs man in dem einen so gut
als in dem andern Gefahr laufe um seinen —
Geldbeutel zu kommen.

Dieses Mifstrauen mufs um so viel gröfser
werden, je mehr er entdeckt, dafs gewisse
Leute sich sein gutherziges Vertrauen und
seinen sorglosen Schlummer ungebührlich zu
Nutze gemacht haben. Kommt dann noch
eine naseweise Filosofie dazu, die ihn unaufhörlich mit Fragen beunruhigt, auf welche er nichts andres zu antworten weifs als,
„fragt meinen Hofmeister," die sich
aber mit dieser Abweisung so wenig befriedigen läfst, dafs sie ihm vielmehr alles, was
ihm sein Hofmeister von Kindheit an als
heilige Wahrheit eingeflöfst, eingesungen,
eingepredigt und eingeprügelt hatte, streitig
und zweifelhaft macht; eine Filosofie, die
kein Ansehen der Person und Würde, kein
Privilegium des Alters, keinen Besitzstand der
von Untersuchung des Titels befreye, gelten
läfst, nichts Verborgenes unaufgedeckt, nichts
Schimmerndes unangetastest, nichts Räthsel-
haftes unaufgelöst wissen will; die man sich
nicht einmahl durch derbe Beweise vom

Halse schaffen kann, weil sie immer den
Beweis des Beweises fordert; und ist
es endlich gar so weit gekommen, dafs diese
Filosofie ihre Wirkungen, unter dem beliebten Nahmen der Aufklärung, der Befreyung
vom Joch alter Vorurtheile, u. s. w. mit
Hülfe unzäbliger Bücher-Fabriken und Druk-
ker-Pressen über alle Stände einer grofsen
Nazion ausgebreitet und alle Arten von Köpfen
in Gährung gesetzt hat: was Wunder, wenn
endlich vor lauter Aufklärung, Freyheit zu
denken, Eifersucht gegen alles menschliche
und Mifstrauen gegen alles übermenschliche
Ansehen, die Köpfe zu schwindeln anfangen,
nichts um uns her mehr fest zu stehen
scheint, und eine epidemische Zweifel-
sucht die Welt zuletzt mit einem noch
schlimmern Zustande bedroht, als derjenige
war, worin sie sich ihrem Hofmeister blind-
lings überliefs, und eher an ihren eignen
Sinnen als an der Unfehlbarkeit ihrer Führer
zweifelte?

Augenscheinlich nähert sich ein grofser
Theil von Europa diesem Zustande mit star-
ken Schritten. · Die vorbesagte Filosofie, nicht
zufrieden sich der höhern Klassen allentbal-
ben fast gänzlich bemächtigt zu haben, macht
sich auch Wege zu demjenigen Theile des

Volks, der sich beym bloſsen Glauben immer noch am leidlichsten befunden hat. Was
zuletzt die Folgen dieses immer allgemeiner
werdenden Empörungsgeistes gegen alles Ansehen, gegen alles was unsern Vätern ehrwürdig und unverletzlich war, natürlicher
Weise seyn werden — scheint eine Aufgabe
zu seyn, deren Auflösung eines akademischen
Preises würdiger wäre, als manche andre,
womit man die dialektische Geschicklichkeit
ónsrer besten Köpfe zeither in Wetteifer gesetzt hat. Wahrscheinlicher Weise wird,
wenn man mit der Religion und der Priesterschaft fertig ist, die Reihe auch an Un-
tersuchungen kommen, die unsern weltlichen
Gewalthabern in der Folge nicht behagen
dürften; so gleichgültig auch das Gefühl ihrer
Stärke sie jetzt dagegen machen mag. Denn
auch sie wird man endlich fragen: Aus
welcher Macht thut ihr diefs und das? Von
wem habt ihr diese Macht empfangen, und
wem habt ihr Rechenschaft davon zu geben?
Worauf gründen sich eure Vorrechte, Besitz-
thümer und Ansprüche? Habt ihr die Gewalt, die uns zu Boden drückt, von der
Natur? Werdet ihr aus einer vollkommnern
Masse gebildet als wir? Habt ihr mehr
Sinne, mehr Hände und Füſse? u. s. w. Oder,
wenn sich alle eure Vorrechte (wie uns

unsre Filosofen von den Dächern herab pre-
digen) auf einen blofsen Vertrag zwischen
uns und euch gründen; wenn alles, was ihr
besitzt, blofs anvertrautes Gut ist, und euer
Ansehen keinen andern rechtsbeständigen Grund
hat noch haben kann, als eine von uns em-
pfangene bedingte Vollmacht, die wir alle
Augenblicke zurück nehmen können, so bald
wir uns auf eine vortheilhaftere Art einzurichten wissen: wie könnt ihr erwarten, dafs
so aufgeklärte Leute wie wir in der wichtigsten Angelegenheit unsers zeitlichen Lebens — (des einzigen, welches uns übrig
bleibt, nachdem uns euere Filosofen gelehrt
haben, dafs die Seele des Menschen in seinem Blute ist) — euch eine willkührliche
und unbeschränkte Gewalt über unsere Personen, unser Eigenthum und unser Leben
einräumen werden? Ehe wir euren Verord-
nungen gehorchen, wollen wir untersuchen,
ob sie uns glücklicher machen werden. Ehe
wir euch Subsidien bewilligen, wollen wir
erst wissen, wie ihr sie zu unserm Nutzen
anzuwenden gedenket. Und ehe wir uns an
die Schlachtbank führen oder in Gefahr setzen lassen, unsre Felder verwüstet, unsre Wohnungen angezündet, unsre Weiber und Töchter geschändet, und unsre Söhne in die Kriegs-
knechtschaft geführt zu sehen, wollen wir vor-

her untersuchen, was uns daran gelegen ist, ob ihr etliche Quadratmeilen mehr oder weniger zu besteuern habt oder nicht.

Ich zweifle keinesweges, daſs unsere Obern nicht im Stande seyn sollten, auf alle diese unehrerbietigen Fragen — auch ohne Knüttel, Zuchthaus und Festungsbau — sehr gültige Antworten zu geben. Aber die Geschichte der vergangenen Zeiten belehrt mich, daſs es doch immer sichrer ist, die Sachen nicht auf solche Spitzen zu treiben; daſs illuminierte Bauern und begeisterte Knipperdollinge, Kromwelle u. s. w. gefährliche Sachwalter der Menschheitsrechte sind, und, mit Einem Worte, daſs es besser ist, die wohlthätigen Wirkungen, die ein unvermerkt zunehmendes Wachsthum der Vernunft unfehlbar unter den Völkern der Erde hervorbringen wird, ruhig abzuwarten, als diesen Zeitpunkt (der doch gewiſs noch kommen wird) durch Mittel beschleunigen zu wollen, deren unüberlegte Folgen schlimmer und verderblicher seyn würden als die Übel, die man dadurch zu heben glaubt.

Der Himmel verhüte, daſs der Gedanke, der bisherigen Aufklärung unsrer Zeiten durch etwas andres als durch gesunde Vernunft und

gründliche Wissenschaften Schranken zu setzen, jemahls in denjenigen erweckt werde,
welche Gewalt über uns haben! W a h r e
E r l e u c h t u n g über alles, was den Menschen wesentlich angeht, ist unser wichtig-
stes und allgemeinstes Interesse; und V e r -
b e s s e r u n g e n sind ihre natürlichen Folgen.
Aber es giebt auch I r r w i s c h e , deren be-
trügliches Licht in Moräste führt, Selbst das
wohlthätige Sonnenlicht darf nicht anders als
mit grofser Behutsamkeit und durch fast un-
merkliche Stufen in die schwachen Augen
eines sehend gewordenen Blinden eingelassen
werden, und ein zu starker Lichtstrom blen-
det sogar ein geübtes Gesicht. Aber die eine
Hälfte der Welt in den Brand stecken, um
der andern eine schöne mahlerische Beleuch-
tung zu geben, ist ein Projekt, das nur in
so einem Kopfe sollte entstehen können, wie
jener war, der Rom an vier Ecken anzünden
liefs, um einem poetischen Gemählde vom
brennenden Troja mehr Wahrheit geben zu
können.

Die Herren, welche die goldnen Zeiten,
auf die wir schon so manches Jahrtausend
vertröstet werden, dadurch zu b e s c h l e u n i -
g e n glauben, dafs sie vor allen Dingen auf
den Umsturz d e r R e l i g i o n s v e r f a s s u n g

von Europa antragen, mögen vielleicht
ihrer eignen Meinung nach sehr kosmopoliti-
sche Absichten dabey haben: aber ihr Projekt selbst ist mit allem um nichts besser als
jener Neronische Einfall. Unsre Väter
wußten auch, und hattens schon von ihren
Vätern gelernt, daß keine menschliche An-
stalt ohne Mißbräuche, keine Religion ohne
Aberglauben ist: aber, daß man alle Religion abschaffen müsse, damit niemand Gespenster glaube, oder nach Noth Gottes wallfahrte wenn er was nöthigers zu
Hause zu thun hätte, das ließen sie sich
freylich eben so wenig träumen, als daß
man das bürgerliche Regiment abschaffen
müsse, damit Richter, Amtleute und Advo-
katen das Recht nicht länger beugen können,
und kein armes Bäuerlein mehr in den Fall
komme über Exekuzion oder Frohndienste zu
wehklagen.

Eine weitläufige Rechtfertigung unsrer
Väter über diese Denkart zu unternehmen,
würde eine unverzeihliche Verzweiflung an
dem gemeinen Menschenverstande verrathen.
Der Grundsatz, welchem sie in Beurtheilung
und Schätzung des wesentlichen und zufälli-
gen Nutzens oder Schadens der Religion folgten, geht durch alle Zweige des mensch-

lichen Lebens. Wir würden auf den Zustand
der Bewohner von Neu-Holland zurück
gebracht werden, wenn man uns alles nehmen
wollte, was durch Zufall oder Mifsbrauch
Schaden thut. Eure Filosofie selbst, ihr kurzsichtigen und voreiligen Verbesserer! — aller
Aberglaube und alle Möncherey der ganzen
Welt, von dem ersten Menschen an, der an
seine Träume glaubte oder zu einem Fe-
tisch sprach, sey mein Gott! hat nicht
halb so viel Elend verursacht, als eure Filosofie in einem einzigen Menschenalter stiften
würde, wenn bey jeder policierten Nazion
nur zwey Drittel an euern Unglauben
glauben und nach euern Grundsätzen handeln würden.

Die ewige Quelle aller Schimären und
Trugschlüsse, wodurch halb aufgeklärte Köpfe
und aufgeklärte Halbköpfe sich selbst und
andre täuschen, ist die Verwechslung
willkührlicher Abstrakzionen mit den
wirklichen Dingen dieser Welt. Man
kann sich einen Staat, eine Polizey, ein durch
Fleifs und Handlung blühendes Volk ohne
Religion denken, — also (schliefst man)
ist die Religion eine ganz entbehrliche Sache;
und eine entbehrliche Sache, die so leicht
gemifsbraucht werden kann und durch den

Mifsbrauch so schädlich ist, wird am besten
gar abgeschafft, sagen unsre raschen Kurz-
denker.

Sollten diese Herren, die sich so viel auf-
geklärter zu seyn dünken als die Gesetzgeber und Weisen aller Völker und Zeiten,
den Unterschied zwischen einem Staate, der
aus zwanzig Millionen metafysischer Sil-
houetten, und einem Staate, der aus zwanzig Millionen lebendiger Menschenkin-
der besteht, auch wohl scharf genug durch-
dacht haben, um so gewifs zu seyn, dafs
dieser eben so gut ohne Religion bestehen
könnte als jener? Oder, wenn auch ein wirklicher Staat der Religion, als politisches
Institut betrachtet, für sich selbst entbehren könnte, wie wird er gegen andre
Staaten aushalten, welche eine Religion
haben, und bey denen (einen sehr möglichen
Fall vorausgesetzt) diese Religion mit voller
Kraft wirkte?

Doch, wir wollen über alle diese Fragen
hinweg sehen. Der Bürger als Bürger soll,
wenn die Herren wollen, der Religion entbehren, soll ohne sie im Zaum gehalten
werden können: kann er sie darum auch als
Mensch entbehren? Ist der Mensch um

des Bürgers, oder der Bürger um des Menschen willen? Ist die Sorge für Nahrung
und Kleidung, die Abführung seiner bürgerlichen Schuldigkeiten, und das Bestreben nach
Reichthum und üppigem Genuſs die einzige
oder höchste Angelegenheit des Menschen?
Ist er nicht ein Wesen, das, so bald es s i c h
g a n z f ü h l t, sich einer sittlichen und geistigen Vollkommenheit fähig, und zu Geschäf-
ten, die dieser Fähigkeit entsprechen, geboren fühlt? Wollen wir diesen edlen Instinkt in ihm ersticken? ihn bloſs auf die
thierischen Triebe einschränken? ihn mit aller
Gewalt zu einer Art von Geschöpfen herab
würdigen, die bloſs dafür gefüttert werden,
daſs sie am Pfluge ziehen und Lasten tragen? Ihm die Religion nehmen ist freylich
der kürzeste Weg dazu. Aber wenn auch
Filosofen und Despoten sich mit einander ver-
einigten, diese schändliche E n t m e n s c h u n g
an ihren Untergebenen vorzunehmen, werden
d i e s e die Operazion so geduldig aushalten?
Werden sie, nachdem man ihnen ohnehin
schon fast alles genommen hat, woran sie ein
natürliches Recht mit auf die Welt brachten,
sich auch noch d a s absofistisieren lassen, was
jede Nazion des Erdbodens immer als ihre
letzte Zuflucht, als ihr heiligstes und lieb-
stes Gut, als einen Schatz, gegen welchen

in Augenblicken des Enthusiasmus das Leben
selbst für nichts geachtet wird, angesehen
haben? — den Glauben ihrer Väter, den
Glauben an eine Vorsehung die für alles
sorgt, an einen unsichtbaren Weltbeherrscher
dem alles unterthan ist, an unsichtbare Be-
schützer von welchen Hülfe zu erlangen ist
wenn sonst nichts helfen kann, an ein künf-
tiges Leben wo alles in Ordnung und Gleich-
gewicht kommt, alles, was hier gesündiget
wurde, gebüfst, alles, was hier unvergolten
blieb, vergolten werden wird? — Welch ein
Unternehmen, dem Menschengeschlechte den
Trost, der aus diesem Glauben entspringt,
rauben zu wollen? Und welch ein Wahn,
sich einzubilden dafs man es könne?

Man sage nicht, dafs ich hier Streiche in
die Luft führe; dafs die Meinung der Herren,
von denen die Rede ist, nicht sey, die Religion selbst, sondern nur den Mifsbrauch der
mit ihr getrieben werde, abzustellen. Wenn
diefs wäre, würden sie sich anders benehmen
und eine andere Sprache führen. Wenn
einer mitten unter eine ganze Nazion hintritt
und fragt:

„Stehet zu vermuthen, dafs dem respek-
tiven Gouvernement weniger Gehorsam
geleistet werden wird, dafs es weniger

gute Staatsbürger geben wird, wenn den
Völkern die Furcht vor dem Religionsgespenste genommen wird?"

so muſs man ihm wenigstens lassen, daſs er
die Gabe hat sich kurz und deutlich zu erklären; und ich sehe nicht, wie unser Weltbürger, der dieſs gefragt hat, seine Meinung
über die Religion stärker und runder hätte
heraus sagen können. Sie ist ihm bloſse Pfaffen Erfindung, ein Gespenst womit man Kinder schreckt, und womit sich nur Kinder
schrecken lassen. Und freylich, wenn sie
nichts als das ist, so kann man nicht
besser thun, als sie je eher je lieber abzu-
schaffen; so wie nichts gerechter wäre, als
die Geistlichkeit — oder, wie sich unser
After-Kosmopolit ausdrückt, die Pfaffen beiderley Geschlechts — für vo-
gelfrey zu erklären, wenn es wahr ist, daſs
sie „Feinde des Staates sind, und
Feinde des Staates ziehen." ¹)

Religion und Gespenster stehen also,
in dem aufgeklärten Kopfe des Welt - und
Staatsbürgers, der so bescheidne und wohl
überlegte Fragen an seine Mitbürger thut, in

1) Neugierden eines Weltbürgers, S. 16.

'Einer Linie. „Und sind es nicht immer Kinder die an Gespenster glauben, fährt er fort zu fragen, und grofse Leute glauben doch nicht daran?" — Wenn ich nicht irre, so war es kein Kind, sondern ein grofser Mann, ein Mann von sehr grofsem alles umfassendem und tief eindringendem Geiste, (Bakon von Verulam) der gesagt hat: „Filosofie, nur mit den äufsersten Lippen, flüchtig gekostet, berauscht den Verstand, macht Religionsverächter und Ungläubige: nur mit vollen Zügen getrunken, wird sie Licht der Seele, und dann führt sie zu Gott." — Waren Sokrates und Plato Kinder? Oder war es ein Kind, das von den Eleusinischen Mysterien sagte: „Dafs sie das beste Geschenk seyen, was Athen, die Mutter so vieler vortrefflichen und herrlichen Dinge, der menschlichen Gesellschaft gemacht habe; weil man in ihnen das, was den Menschen allein zum Menschen mache, die wahren Grundsätze um glücklich zu leben und mit befsrer Hoffnung zu sterben, gelehrt werde." 2) Das Kind, das so

---

2) *Mihi, cum multa eximia divinaque videntur Athenae tuae peperisse, atque in vita hominum attu-*

treuherzig an das Gespenst der Eleusinischen Mysterien glaubte, war einer der ersten
Männer in Rom, zu einer Zeit, wo ein Römer gegen die Männer unsrer Zeit ein Gott
war. Wenn unser Weltbürger sich die Mühe
geben wollte genauere Erkundigungen einzuziehen, so würde er finden, daſs eine erste
Ursache, die alles schafft, nährt und zu Einem
verbindet, eine alles umfassende Vorsehung,
die Verwandtschaft unserer Natur mit der
göttlichen, und die instinktähnliche Ahnung
der Fortdauer unsers wahren Selbsts über die
engen Grenzen dieses Augenblicks von Leben, Gespenster sind, an welche von jeher
unter allen Völkern und zu allen Zeiten die
gröſsten und erhabensten Geister geglaubt
haben. ³)

---

*lisse, tum nihil melius illis Mysteriis, qui-*
*bus ex agresti, immanique vita exculti ad huma-*
*nitatem et mitigati sumus, initiaque, ut appellan-*
*tur, ita re vera principia vitae cognovimus, ne-*
*que solum cum laetitia vivendi rationem*
*accepimus, sed etiam cum spe meliore moriendi.*
*Cicero de Leg. II. 14.*

3) Was der eben angeführte groſse Römer irgend-
wo von dem Glauben der Unsterblichkeit sagt:

Doch, unser Weltbürger spricht ja auch
von der Allgüte eines allweisen Schöpfers,
indem er es mit dieser Allgüte und Allweisheit nicht verträglich findet, „daſs die
Vernunft nicht hinreiche den Menschen zu führen." — Aber wenn die
Vernunft hinreicht den Menschen zu führen, wie verträgt sichs denn mit der Allgüte eines allweisen Schöpfers, daſs (wie
er meint) nur so wenig Menschen ver-
nünftig sind?" Vermuthlich will die
Allweisheit, daſs die Unvernünftigen sich
von den Vernünftigen führen lassen; so thut
denn Glauben bey jenen, was Vernunft bey diesen. Auch ists meistens
immer so gehalten worden: und wenn dieser Weltbürger die Porzion von der allgemeinen Vernunft, die ihm selbst zu Theil

„Nescio quomodo inhaeret in mentibus quasi saecu-
lorum quoddam augurium futurorum, id-
que in maximis ingeniis altissimisque
animis et existit maxime et apparet fa-
cillime," läſst sich um so richtiger von der Religion überhaupt sagen, weil jener Glauben so wenig ohne Religion, als Religion ohne jenen Glauben bestehen kann.

geworden ist, dazu anwenden wollte, sich
etwas tiefere Einsichten in die Beschaffenheit und den Zusammenhang der menschlichen Dinge zu verschaffen als seine Fragen
und Zweifel zu verrathen scheinen; so würde
er finden, daſs gerade die V e r n u n f t, die
dem Menschen zum Führer gegeben ist, die
Gesetzgeber und Weisen aller Völker dahin
gebracht hat, durch die Religion dem bürgerlichen Vertrage die Sankzion eines höhern
Gesetzgebers, der Sittenlehre die stärksten
Beweggründe; und der Tugend die höchste
Begeisterung zu geben; daſs es gerade die
V e r n u n f t dieser Weisen, ihre richtige und
lebendige Kenntniſs der menschlichen Natur
war, was sie die Unzulänglichkeit der politischen Verfassung ohne Mitwirkung der Religion erkennen machte; und daſs (sogar
ohne Rücksicht auf die sittlichen Vortheile,
welche die letztere dem Staate gewähren kann)
die bloſse Betrachtung, „daſs der Keim und
die Wurzel der Religion in der Natur des
Menschen liegt, und ein Volk ohne Religion
sich so wenig als ein Volk ohne Leidenschaften denken 4) läſst,“ hinlänglich war,

4) Ich verstehe unter d e n k e n nicht, m i t A b-
s t r a k z i o n e n spielen; denn in dieser letz-

die Vernunft der Gesetzgeber und Weisen
von der Nothwendigkeit einer Religion des
Staats, d. i. einer unter der Aufsicht und
dem Schutze der bürgerlichen Obrigkeit stehenden öffentlichen Gottesverehrung, zu überzeugen.

Man muſs sehr unbekannt mit der Ge-
schichtskunde und den Verhältnissen der
menschlichen Dinge seyn, um die Vortheile
zu verkennen, welche die Religion, das Pries-
terthum, ja sogar ehemahls das jetzt so verhaſste Mönchswesen, dem menschlichen Ge-
schlechte gebracht haben. Läſst es die Beschaffenheit unsrer Natur nicht zu, daſs wir
diese Vortheile ganz rein genieſsen; ist es
unmöglich, selbst die beste Volksreligion
immer von aller Mischung mit Schwärmerey
und Aberglauben frey zu erhalten; sind die
Priester eben darum, weil sie Menschen
sind wie wir, Leidenschaften, Entwürfen
und Handlungsweisen unterworfen, wodurch
sie von ihrer wahren Bestimmung abgeführt
und der bürgerlichen Gesellschaft nur gar

tern Bedeutung des Wortes läſst sich freylich
alles denken.

zu oft schädlich geworden sind: von welchem Institut, welchem Stand unter den Menschen läßt sich nicht das nehmliche sagen? Aber wenn hat die Vernunft jemahls gelehrt, den Gebrechen einer nützlichen und (zur Zeit wenigstens) unentbehrlichen Sache durch Zernichtung derselben abzuhelfen?

Was sollen also Fragen wie diese? —

„Würde nicht auch Gras und Korn wachsen, wenn wir an Wistnu oder Vizlipuzli glaubten?

„Wäre nicht das kürzeste Mittel, allem Ungemach des Aberglaubens und der Pfafferey abzuhelfen, wenn man dem Volke die Furcht vor dem Religionsgespenste benähme?

„Wozu die Pfaffen beiderley Geschlechts, welche Feinde des Staats sind, und Feinde des Staats ziehen?

„Verträgt sich Glauben mit Verstand?" u. s. w.

Solche Fragen thut weder ein Sokrates, der belehren, noch ein Unwissender,

der belehrt werden will! Es sind (um
ihnen den gelindesten Nahmen zu geben)
Kruditäten eines Menschen, der — im
Heißhunger nach einer schmackhaftern Nahrung als ihm von seinen Pädagogen gereicht
worden seyn' mag — auf einmahl und allzu
hastig mehr Französische Modefilo-
sofie zu sich genommen hat, als er ver-
dauen konnte.

Überhaupt hört man es diesem Weltbürger an seinem Ton an, daß er zu einem
Volke gehört, dem seit kurzer Zeit (zum
Behuf bekannter großer Absichten) eine Freyheit laut zu denken eingeräumt wurde,
die keine natürliche Frucht der Staats- und
Religionsverfassung desselben ist, und also
auch eben so schnell wieder zurück genommen werden kann, als sie gegeben wurde.
Der gegenwärtige Zeitpunkt ist eine Art von
Saturnusfest, 5) wo jedem erlaubt ist zu

5) Die Saturnalien waren zum Andenken der
goldnen Zeit eingesetzt, deren, einer uralten
Sage zu Folge, die Bewohner Italiens unter der Regierung des Saturnus genossen hatten. Die vor-
nehmste Absicht bey diesem Feste war, die natür-

sagen und drucken zu lassen was ihm einfällt. Da nun diese fröhlichen Tage vielleicht
nicht lange währen möchten; da ein jeder
wenigstens weifs, dafs man ihm den Mund
wieder zusiegeln könnte so bald Zeit und

liche Gleichheit vorzustellen, die in diesen
Zeiten unter Menschen Statt fand, die von Unterdrückung und Knechtschaft noch keinen Begriff
hatten. Daher war an den Saturnalien die Gewalt
der Herren über ihre Knechte suspendiert; sie speis-
ten zusammen an Einem Tische, und die Sklaven
hatten die Freyheit, so viele Sottisen zu sagen und
zu thun als ihnen beliebte. Dieser beynahe grausame Spafs dauerte in den Zeiten der Freyheit
Roms nur Einen Tag, welcher nach dem Festka-
lender des Königs Numa der siebzehnte Decem-
ber war. Julius Cäsar vermehrte das Saturnusfest um zwey Tage, Augustus fügte den
vierten, und Kaligula den fünften hinzu. — Die
Saturnalien dehnten sich in dem Verhältnifs aus,
wie die Freyheit ab - und die willkührliche Gewalt zunahm; welches (wie man sieht) sehr
natürlich war. So gerieth vor einigen Jahrhunderten das Christenthum in immer gröfsern Verfall,
je mehr Heilige kanonisiert und Festtage angeord-
net wurden.

Umstände es anrathen würden: so eilen die
Leute über Hals über Kopf, einem schon lange her gesammelten Groll gegen alte Miſs-
bräuche Luft zu machen; und bey dieser
wetteifernden Eilfertigkeit ist es denn sehr
natürlich, daſs mitunter auch viel unförm-
liches Zeug aufs Papier gegossen, und jede
blähende Gährung verworrener Ideen für
Drang und innerlichen Beruf, auch etwas zu
Beförderung der guten Sache beyzutragen, angesehen wird.

Wir sind so weit entfernt, irgend einem
Volke, dem es der Himmel gönnt, den Genuſs dieser glücklichen Saturnalien zu
miſsgönnen, daſs wir uns vielmehr über alles
Gute freuen, was, als eine natürliche Folge
der Freyheit des Untersuchungsgeistes und
der durch sie bewirkten Aufklärung, sich
über dasselbe verbreiten wird. *Felices sua
si bona norint!* Aber eben darum wünschen
wir, daſs die Freyheit laut zu denken mit
Bescheidenheit gebraucht werden möchte.
Man darf und soll zwar über alle menschlichen Dinge filosofieren; aber auch über alle
göttlichen, in so ferne sie durch die Vorstellungsart, Bedürfnisse und Leidenschaften
der Menschen einen Zusatz von Unlauterkeit

erhalten, oder sonst auf eine menschliche Art
und Weise zu besondern Absichten modifi-
ciert worden sind. Wer filosofieren soll, muſs
es mit **Freyheit** thun dürfen, — oder es
wäre gerade als wenn man einen Beobachter
in Pflicht nehmen wollte, am Himmel und
auf Erden weder mit bloſsen noch mit be-
waffneten Augen etwas zu sehen, worüber
**Petri Kanisii** christliche Lehre (die unserm Weltbürger so anstöſsig ist) ins Gedränge kommen könnte. Aber, ehe man
etwas Altes **verwirft**, muſs man es lange,
genau und ohne alle Vorurtheile und Leidenschaften von allen Seiten erforscht haben.
Denn, so lange bis das Gegentheil erwiesen
wird, ist die Präsumzion **für** das Alte; und
ehe man etwas Neues anfängt, muſs man
sich auf alle nur mögliche Art gewiſs gemacht haben, daſs das Neue, wenn es plötzlich und mit Gewalt an die Stelle des Alten
tritt, nicht andre Übel nach sich ziehen
werde, die vielleicht ungleich schlimmer sind
als diejenigen, denen man abhelfen will: denn,
bis das Gegentheil aufs schärfste erwiesen
worden, ist die Präsumzion immer **gegen**
die Neuerung. Die weisesten Männer aller
Zeiten haben mit Respekt und Zurückhaltung von Meinungen und Gebräuchen gespro-

chen, die entweder *consensu omnium gentium* oder *religione majorum* ehrwürdig geworden sind; und selbst Mißbräuche, die mit dem was einem Volke heilig ist und heilig seyn soll zusammen hangen, erfordern eine behutsame Hand, um ohne größern Schaden geheilet zu werden.

Italien, Frankreich, Spanien, Deutschland, wurden, vom vierten Jahrhundert an, nach und nach mit wunderthätigen Heiligen, mit Klöstern und mit Mönchen angefüllt, die in diesen Klöstern sich mit den Opfern, welche die fromme Einfalt jenen nichts mehr bedürfenden Heiligen darbrachte, mästeten. Diese fromme Einfalt unserer alten Vorfahren in den Jahrhunderten, die man die dunkeln und barbarischen nennt, ging freylich oft sehr weit. „Aber, mit allem dem (sagen wir mit den Worten eines verständigen und billigen Beurtheilers der menschlichen Angelegenheiten 6.) war diese *sancta simplicitas* nicht immer schädlich, und selbst für die Kultur und Bevölkerung Europens nicht

---

6) *Melanges tirés d' une grande Bibliotheque.* *M m. p.* 313.

ohne Nutzen. Sie hat zu vielen nützlichen
bürgerlichen und politischen Stiftungen Gelegenheit gegeben. Sie hat, indem sie die
Mönche bereicherte, zugleich das Land mit
bereichert, die Industrie aufgemuntert, das
Volk zur Tugend, und seine Unterdrücker zur
Reue über ihre Verbrechen erweckt."

Diefs ist historische Wahrheit; und was
hier von der Devozion unsrer Vorfahren
überhaupt gesagt wird, getraue ich mir gewisser Mafsen von jedem re'igiösen Gebrauch,
so sehr er auch in Mifsbrauch ausgeartet
seyn mag, selbst das Wallfahrten nach Noth
Gottes nicht ausgenommen, zu behaupten.
Nach einem Umlauf von so vielen Jahrhunderten haben sich freylich die Umstände ver-
ändert. Einer der ersten Vorwürfe, die man
jetzt dem Mönchswesen macht, ist, dafs es
der Bevölkerung und Industrie nachtheilig sey.
Vor tausend Jahren wars gerade umgekehrt.
So ists mit allen menschlichen Instituten.
Was unter gewissen Umständen der Welt Vortheile brachte, wird ihr, bey geänderten Verhältnissen, lästig und schädlich. Die Mönche,
die in einigen Zeitpunkten beynahe die einzigen Bewahrer des heiligen Feuers
waren, sind zu andern Zeiten hier und da

in Fakirn und Marabous ausgeartet, die
sich die Leichtgläubigkeit des Volkes ungebührlich zu Nutze machten, und, um ihr
betrügerisches Gaukelspiel ungestraft fort-
treiben zu können, sich allem, was Vernunft
und Aufklärung hiefs, mit Fäusten und Fer-
sen entgegen setzten. Aber auch in diesem
Stücke haben sich die Zeiten ziemlich geän-
dert; uud, wenn man die Mönche unsrer
Zeit die Verdienste ihrer Vorfahren nicht
geniefsen lassen will, ist es billig, sie die Missethaten derselben entgelten zu lassen? Wozu also die beleidigenden und ungezogenen
Ausdrücke, worin man über den ganzen
Stand herfährt? Womit will man eine solche Verfahrungsart rechtfertigen? Und was
für Wirkungen glaubt man dafs sie auf die
Gemüther des Volkes thun werden?

Man spricht und schreibt so viel von
Toleranz, und verspricht sich so grofse
Vortheile von der politischen Duldung dis-
sentierender Religionen. Ist es Ernst damit?
Wünschen diese Weltbürger, die in Rö-
misch-katholischen Staaten (wo das Mönchswesen mit allen seinen Attributen und Acci-
denzien nun einmahl so tiefe Wurzeln geschlagen hat, und mit der religiösen und

bürgerlichen Verfassung so enge verwebt
ist) so heftig und ohne alle Unterscheidung
gegen alles, was in diesem Punkt Religion
und Institut der Vorfahren ist, wüthen, wünschen diese Herren im ganzen Ernst ihre
dissentierenden Mitbürger in den Genuſs eines
gleichen Antheils an allen bürgerlichen Rechten eingesetzt zu sehen? Wünschen sie im
Ernst, daſs der grausame, die menschliche
Natur entehrende und dem Staate so nach-
theilige Religionshaſs aufhöre, die Nahmen Ketzer und Ketzerey, womit das
katholische Volk in gewissen Ländern noch
so gräſsliche Nebenbegriffe und schauderliche
Gefühle verbindet, verbannt werden, und alle,
die sich zu der mildesten und menschlich-
sten aller Religionen bekennen, einander als
Kinder Eines Vaters und Glieder Eines Staates lieben und behandeln sollen? — Wünschen sie dieſs aufrichtig: so ist wahrlich
die Erbitterung, die sie durch unbeschei-
dene Übertreibung gewisser protestantischer
Grundsätze in den Gemüthern der Römischen Geistlichkeit, und des gewiſs noch immer an ihr hangenden groſsen Haufens, unterhalten und immer schärfer und giftiger
machen, ein sehr ungeschicktes Mittel jene
Absicht zu befördern.

Endlich, (um das Wichtigste zuletzt zu
sagen) wenn unserm Weltbürger, und allen
die ihm gleichen, die Vertilgung alles dessen, was der Glückseligkeit der Völker im
Wege steht, und die Bewirkung alles dessen,
was sie befördern würde, wirklich so sehr
am Herzen liegt, und wenn sie so überzeugt sind, daß ohne Aufklärung keine
Glückseligkeit, und ohne Freyheit der Vernunft und des Gewissens keine Aufklärung
möglich ist: wie können sie so kurzsichtig
seyn, nicht voraus zu sehen, daß der Übermuth, womit sie sich der ersten Augenblicke von Freyheit bedienen, der geradeste
Weg ist, sich derselben wieder verlustig
zu machen? Diejenigen, welche Gewalt
über uns haben, und deren Gedanken sol-
ten unsre Gedanken sind, können, aus Absichten die vielleicht die besten von der
Welt seyn mögen, eine Zeit lang zu dem
Mißbrauche dieser Freyheit ein Auge zuthun. Aber wenn die schädlichen Folgen des
Mißbrauchs endlich allzu auffallend werden;
wenn Freyheit zu filosofieren in Freygeiste-
rey ausartet; wenn sie die Grundfeste
der Moralität untergräbt, und die stärksten
Bande der Gesellschaft auflöset; wenn es
endlich sichtbar wird, daß dieser Liberti-

nismus, der das Palladium aller bürgerlichen
Gesellschaft als ein Gespenst, und den
Stand, dem die Bewahrung desselben anvertraut ist, als den verächtlichsten aller Stände
behandelt, — wenn es, sage ich, sichtbar
wird, dafs dieser Libertinismus, auf einem
ziemlich geraden Wege und unter ähnlichem
Vorwande, auf den Umsturz aller andern
Institute, Gerechtsame und Vorzüge, die
ebenfalls keinen festern Grund als Meinung,
Glauben, Alterthum, fromme Einfalt, Trägheit und Geduld der Völker haben, los geht:
dann könnten unsre Erdengötter wohl, um
ihrer eignen Sicherheit willen, eben so plötzlich — den entgegen gesetzten Weg ein-
schlagen, und Mafsregeln nehmen, die aller
Aufklärung, Toleranz, Freyheit und Welt-
bürgerschaft auf einmahl ein betrübtes Ende
machen dürften.

O Geist des gutherzigen, wohlmeinenden, aber einseitigen Helvetius! Wenn
du, wie ich glaube, noch Antheil an den
Schicksalen der Menschen nimmst, die du
einst von ihren Vorurtheilen befreyen wolltest, und wenn du, wie ich nicht zweifle,
jetzt tiefer in die Natur und den Zusammenhang der menschlichen Dinge siehst, mit

welchem Auge wirst du die Unternehmungen deiner unbesonnenen Schüler ansehen?
Wer wuſte besser als du, daſs es ganz
ein anderer Despotismus ist als der hierar-
chische und mönchische, von welchem die
Menschheit in unsern Zeiten am meisten zu
befürchten hat? Wer hat dieses Ungeheuer,
mit allen seinen furchtbaren Eigenschaften
und verderblichen Wirkungen, wahrer, stärker geschildert als du? Aber wie konnte
dir, oder wie kann irgend einem deiner
Jünger verborgen seyn, daſs es nur noch
alle die schwachen Fäden — von alten
Meinungen, Vorurtheilen und Instituten, womit diese Hyder umschlungen ist, — daſs
es nur noch diese im Einzelnen schwachen,
aber zusammen genommen unzerbrechlichen
Fäden sind, welche sie verhindern, ihre
ganze Stärke zur Vernichtung aller noch
übrigen Reste der menschlichen Freyheit anwenden zu können? Und ihr glaubt der
Menschheit einen Dienst zu erweisen, wenn
ihr mit eurem Lämpchen herum geht, und
einen dieser Fäden nach dem andern ab-
sengel?

Doch, es ist Zeit daſs ich auch mein Lämpchen auslösche. Wie oft sagte ich schon zu mir selbst: Dieſs soll das letzte Mahl seyn, daſs du deine Zeit verderben willst Mohren zu bleichen! Die Menschen sind nun einmahl nicht gemacht weise zu seyn. Immer werden sie thun wie ihre Väter von jeher gethan haben, — ihre Endzwecke durch ihre Mittel zerstören, weder in Haſs noch Liebe Maſs halten, und, wie dumme Fische, sich mit goldfarbenen Fliegen locken lassen, den Angel ihres Wohlthäters, des Fischers, hinab zu schlingen. Moralische Epidemien lassen sich so wenig durch Vernunftgründe als leibliche Krankheiten durch Zauberworte heilen.

Aber alles was ist und geschieht, gehört zu einem Plane, von dem wir nichts verstehen. Groſse und Kleine, Weise und Unweise, spinnen und weben wir alle an dem unendlichen Gewebe des Schicksals, ohne zu wissen was wir machen, und befördern unbe-

kannte Endzwecke, indem wir oft gerade das
Gegentheil zu thun glauben oder scheinen.

Und so bleibe es denn dabey, was
Pope sagt:

— — *In erring Reason's spite,*
*One truth is clear: Whatever is, is right.*

ENDE DES XXVIII. BANDES.

# Leipzig,

## gedruckt bey Georg Joachim Göschen.

–